中国社会科学引文索引（CSSCI）来源集刊

制度经济学研究

总第六十三辑（2019 年第 1 期）

黄少安　主编

中国财经出版传媒集团
经济科学出版社
Economic Science Press

图书在版编目（CIP）数据

制度经济学研究．2019年．第1期：总第六十三辑/
黄少安主编．—北京：经济科学出版社，2019.5
ISBN 978－7－5218－0569－7

Ⅰ．①制…　Ⅱ．①黄…　Ⅲ．①制度经济学－文集
Ⅳ．①F091.349－53

中国版本图书馆CIP数据核字（2019）第100158号

责任编辑：于海汛　冯　蓉
责任校对：蒋子明
责任印制：李　鹏

制度经济学研究
总第六十三辑（2019年第1期）
黄少安　主编
经济科学出版社出版、发行　新华书店经销
社址：北京市海淀区阜成路甲28号　邮编：100142
总编部电话：010－88191217　发行部电话：010－88191522
网址：www.esp.com.cn
电子邮件：esp@esp.com.cn
天猫网店：经济科学出版社旗舰店
网址：http://jjkxcbs.tmall.com
北京季蜂印刷有限公司印装
787×1092　16开　16印张　310000字
2019年5月第1版　2019年5月第1次印刷
ISBN 978－7－5218－0569－7　定价：48.00元
（图书出现印装问题，本社负责调换。电话：010－88191510）

制 度 经 济 学 研 究

Research of Institutional Economics

目　录

CONTENTS

基于分层线性模型的农地租金研究*

李尚蒲　胡　凝　罗必良**

【摘　要】在二元分割的土地市场中，农地租金受到城市地价的影响。本文基于“信号—价格”理论分析和分层线性模型估计，得到实证结论如下：第一，土地出让价格的逐年攀升会使人们普遍形成土地升值预期，通过计算“噪音—信号”比率指标，发现土地出让价格上涨可以作为农地租金上涨的外部“信号”。第二，土地出让价格上涨推动了农地细碎化程度高的地区提高转出租金，减少了农地细碎化对农地转出租金贡献率的区域异质性。本文的政策建议是：农村土地要素具有资源和资产双重属性，蕴含着资产投资决策空间，一方面需要健全城市土地出让价格机制促进农地市场发育，另一方面需要对农地租金实施价格预期管理。

【关键词】**农地流转　土地出让价格　农地租金　分层线性模型**

中图分类号：**F301**　文献标识码：**A**

一、引　言

200年前学者们就提出了一个重要的问题：“什么决定了农地租金?”亚当·斯密等的古典地租理论和马克思的经典地租理论均围绕这一问题进行阐

* 基金项目：国家自然科学基金重点项目（71333004）；国家自然科学基金应急管理项目（71333004）；国家社科基金项目（18FGL025）；教育部创新团队发展计划滚动项目（IRT_14R17）；广东省自科基金项目（2017A030313437；2018A030313484）；广东省哲学社会科学“十三五”规划项目（GD16XYJ15）。

** 李尚蒲，博士，华南农业大学国家农业制度与发展研究院副教授；胡凝，华南农业大学经济管理学院硕士研究生；罗必良（通讯作者），博士，华南农业大学国家农业制度与发展研究院教授；地址：（510642）华南农业大学经济管理学院；E－mail：luobl@ scau. edu. cn。

述，至今该问题仍然备受关注。前期研究表明超过半数的农地租金[①]表现为货币形态（陈奕山，2017），农地货币租金占农业生产成本的比重逐年增长，2001～2015年，我国三种主要粮食作物（稻谷、小麦和玉米）平均单位产品总成本年均上涨6.4%，其中，人工和土地成本分别年均上涨7.2%和10.2%（叶兴庆，2017）。农地租金成本的快速提升应该受到重视，农地租金上涨是一系列因素诱导的结果，其中城市化进程是否影响农地租金，特别是城市土地价格上涨，是否会使农民形成农地升值预期，进而在农地流转中普遍提高农地租金，已有的文献并未予以足够重视。

竞租理论指出土地租金受到土地用途的影响，城市化进程引发的城郊农地用途改变和农地升值预期值（Neutze，1987）。而且城市土地价格和城市边缘区农地租金都包含一项增长奖励，即由于城市人口增长而产生的未来预期租金增长的资本化（Capozza et al.，1989）。在我国近郊的农村土地最先分享城市化成果，例如：上海郊区农户认为政府征地并没有影响其收入（史清华，2011），北京郑各庄实施了村集体主导的土地资本化分享土地增值收益（刘守英，2008）。城市增长模型同样指出农地租金受到农地未来发展的影响，伴随着城市空间扩张越来越多的远郊农地转化为近郊农地，农地租金普遍存在着看涨预期（Kang et al.，2014；Delbecq et al.，2014）。

农村土地要素具有资源和资产双重属性，蕴含着资产投资决策空间（鲍海君等，2014）。按照预期理论和实物期权理论，农民推迟农地投资、暂时拒绝农地流转，甚至是短期撂荒等行为均为等待更好的销售时机。首先，农村土地具有良好的投资回报特性。1956～1978年美国农村土地投资回报率为8%，股票市场的投资回报率仅为4%（Lopez and Andrews，1988）。其次，农地非农化蕴藏着利润空间。战后美国郊区化农业用地转换为城市用地后地租价格升高，减少农业生产性投入，增加农地囤积行为（Lopez and Altobello，1994），这种投机行为导致了美国爱荷华州的低质量的农地价格偏高（Stokes and Cox，2014）。最后，农地具有社会保障功能和财产性功能，经济发达地区的农地未来价值高，农户追求产权安全选取在当期无偿转出农地，以求在未来合适时机收回（王亚楠等，2015）。

城乡土地要素虽然在分割的市场中形成了不同的价格生成机制，但是城市土地出让价格上涨作为外部事件影响农地租金，这体现了农地"非农化"后的区位空间变化所催生的"土地红利"（郑雄飞，2017）。农地资产价值同样会受到外部信号的影响，城市地价可能通过改变农民对农地增值预期以及农地"非农化"的增值收益等判断，进而影响农民的农地流转租金决策。由于国内外学术界关于信号传递效应的考察基本限于股票和房地产市场的实证

① 农地租金包括：货币租金，实物租金，劳役租金和"零租金"等多种形式，其中，农地货币租金是农地租金的主要形式。

分析，而且相关理论分析尚属于空白，本文借鉴上述研究成果以期抛砖引玉。

本文的问题是，农地租金多大程度上受到土地出让价格的影响。（1）农地租金是否受到土地出让价格的影响，即土地出让价格上涨是否适合作为农地租金外部信号。（2）探讨农地租金受土地出让价格影响的内在机理，侧重分析城乡土地市场互动机制。（3）假设其他条件不变，测算农地租金受到土地出让价格的影响程度。因此，本文基于“信号—价格”理论模型，重点阐述农地租金是否受土地出让价格的影响，并测算其影响程度。

二、理论基础与模型设定

（一）农地租金形成与广泛的市场互动

对农地租金的科学表述可以最早追溯到重农主义学派，古典经济学派则明确提出了农地租金在形成过程中存在着非常广泛的市场互动。亚当·斯密（1776，2007）深刻地洞见到：“地租不同于工资和利润的方式进入商品价格的构成……地租的高低是商品价格高低的结果。”大卫·李嘉图（1817，2009）以劳动价值论为理论基础，指出劣等土地决定了农产品价格，即：劣等土地需要投入更多的劳动量，从而导致商品的价格上涨，继而引发地租上涨。约翰·冯·杜能（1783，1986）发展了李嘉图的理论，在孤立国模型中考察一个均质的假想空间里，农地地理位置和距离城市中心的远近引发的级差地租与农业生产方式差异。

新古典经济学创始人阿尔弗雷德·马歇尔（1890，2009）在《经济学原理》中非常重视土地要素的特殊性，他认为地租是稀缺性的表现，同时指出“地租的高低取决于土地肥力、地理位置、农产品价格及耕作边际生产率”。农地的特殊性使之不同于资本要素，不服从新古典经济学边际模型的很多假定，后续的研究者却为了数学模型的简洁与美观，在边际求导中通常忽视了土地要素的独立存在。沿袭边际分析思路，一般的地租理论是针对某一种特定地租，却忽略了土地用途是可以改变的，竞租理论则讨论了地租高低决定了土地利用方式的竞争形式。威廉·阿朗索（1964，2007）在《区位和土地利用：地租的一般理论》中借鉴竞租理论和杜能关于孤立国农业土地利用的分析思路，将其引申到城市用以解释城市内部的地租与地价的分布。其中，涉及农地租金的理论主要集中在第三章和第四章的部分内容，他假设地租与商品市场存在关联性，由于地租是收入减去成本后的剩余，当商品价格下降时地租也会随之相应减少。

卡尔·马克思（1867，2004）研究的地租主要是农地租金，并指出“租地农场主向土地所有者缴纳的地租和货币资本的借入者要支付一定利息完全一样”①。马克思认为地租的高低与社会劳动的发展相关，社会进步与非农人口的增加会促成土地生产物市场的需求增加，引发地租及土地价格的上涨。马克思主义地理学派认为城市地租拥有金融资产特征，城市地租作为类金融资产，是资本积累的关键因素并且推动着城市化进程，上述理论较为合理地解释了20世纪70年代以来发达资本主义国家普遍出现的土地及住宅价格急剧上升的现实（哈维，1982、2017；Haila，1990）。卡勒姆沃德（Ward C，2016）在关于地租理论的文献梳理中更是一针见血地指出，投资者的预期重塑着城市的发展。近期在针对农地租金的研究中“大方”地引入预期因素（Chakir et al.，2017），测算其在不同农地用途之间对农民决策的影响。

（二）农地租金上涨的外部信号

1. 土地增值预期与影响农地租金的外部信号

经济学家很早就认识到预期对分析人类经济行为的重要意义，阿瑟·庇古就指出：“商人们的预期变化，构成了产业波动的直接原因或者前导。”理性预期学派和实验经济学也认为人们采取某项行动的驱动力源于预期收益，当期决策取决于未来预期。马克思在批判地继承古典政治经济学地租理论的基础上，提出了以劳动价值论为基础的地租和地价理论，马克思认为地价以地租为前提是“地租的资本化”，农地价格是在未来农地租金折现的基础上计算而来。当农民对农地价格存在着预期增值判断，预期收益以一定折现率折算的租金现值会随之升高。

基于农户对农地增值的预期判断，农地租金和农地价格不仅与农地市场交易有关，同时受到城市土地市场的影响。首先，农户在农地流转交易决策前存在预期租金，根据期望理论，当实际租金接近期望租金时发生农地流转的概率越大，反之亦反之。其次，地方政府拥有着农地非农化和城市土地一级市场的双向控制权，农地租金是土地出让价格的成本因素。最后，土地出让价格将作为外部信号影响着农地增值预期，当农民预期未来农地价格上涨时，农地租金也随之上涨。

2. 土地出让价格作为农地租金外部信号的合意性

由于土地要素价格呈价格黏性，本文关注土地出让价格上涨与农地租金上涨之间的关系。

首先，本文将农地租金上升定义为农地转入和转出租金的年度环比上升，

---

① 马克思：《资本论》第三卷，人民出版社2004年版，第702页。

同理，土地出让价格上升定义为土地出让价格的年度环比上升，反之亦反之。由于土地出让价格上升会影响农地未来增值收益和农地价格，因此，假设土地出让价格上涨可以作为农地租金上涨的信号，并将土地出让是否上涨转化成为二元变量。

其次，土地出让价格信号对农地租金上涨的影响可能有四种结果：①指标发出正确信号的次数 A，即土地出让价格发出上涨信号，农地租金上涨；②指标发出错误信号的次数 B，即土地出让价格发出上涨信号，农地租金未上涨；③指标应该发出信号却未发出信号的次数 C，即土地出让价格未发出信号，农地租金上涨；④指标不应发出也未发出信号的次数 D，即土地出让价格未发出上涨信号，农地租金未上涨。

最后，借鉴并修正卡明斯基等（Kaminsky et al，1999）关于“噪音—信号”比率的研究思路，信号在其后 2 年内得以验证，就可以认为该信号为一个好信号，反之认为该信号为伪信号。A/(A + C) 表示有效信号概率，B/(B + D) 表示失败信号概率，定义[B/(B + D)]/[A/(A + C)]为“噪音—信号”比率，该指标越小越好，通常“噪音—信号”比率小于 1 则证明该信号可以预测使用。滞后一期的土地出让价格上涨对农地转出租金的“噪音—信号”比率为 29.39%，土地出让价格上涨对农地转入租金的“噪音—信号”比率为 74.07%。因此，滞后一期的土地出让价格较适合作为农地租金上涨的外部信号。

表 1　　“噪音—信号”比率的计算结果

类型	A	B	C	D	“噪声 - 信号”比率
农地转入租金	18	4	12	5	74.07%
农地转出租金	28	2	9	7	29.37%

资料来源：《全国农村固定观察点调查数据汇编》（1986 ~ 1999，2000 ~ 2009）；历年《中国土地年鉴》和《中国国土资源统计年鉴》。

（三）“信号—价格”理论模型

1. 农地租金的影响因素

农地租金是由流转地块属性、流转地块的地理位置、流转契约等因素共同决定，其理论形式满足：

$$R_t = f(V_{1t}, V_{2t}, V_{3t}, V_{4t}, \cdots, V_{nt}) \quad (1)$$

其中，t 表示时间，R_t 表示 t 时期的农地流转租金，V_{1t}为 t 时期的农地流转地块属性，V_{2t}表示 t 时期流转地块地理位置，V_{3t}表示 t 时期的农地契约安排，V_{4t}表示 t 时期的农业投资，V_{nt}表示 t 时期影响农地租金的其他因素。

2. 土地出让价格影响因素

地方政府拥着农地非农化和城市土地一级市场的双向控制权，通过垄断农地非农化市场和城市土地一级市场，提高土地出让价格。土地出让价格主要反映了城市土地供求关系的变化，受到滞后期的城市土地出让价格影响（Wen and Goodman，2013）。

按照《土地管理法》的相关规定①，征地补偿按照土地年产值的倍数来确定，最高为30倍，如果考虑到通货膨胀因素和土地产值逐年递增的话，土地征收补偿标准远远低于土地价格（李增刚，2015）。法定的农用地征收补偿标准只考虑前期农业租金价值而不包含土地的预期增值和选择性价值（王小映，2007）。同时，征地补偿对土地出让价格影响的相关研究较为鲜见。为研究的简洁，假设土地出让价格存在价格黏性，其同时受到由以前年份农业地租和土地前期开发等因素决定的土地出让成本的影响，其理论形式满足：

$$P_t = P_{t-1} - f(R_{t-n}, C_t) \tag{2}$$

其中，t表示时间，n表示2012年。P_t是当期土地出让价格，P_{t-1}表示前一期土地出让价格，R_{t-n}是某些年农地流转租金，C_t是土地出让的开发成本。

3. 土地出让价格对农地租金的影响机理

农地租金的决定模型包含着城市地价、影响着农地租金，其作用机理是土地价格具有“看涨预期”。该看涨预期通过参照系国有土地出让价格表征，借鉴以蛛网理论为基础的静态预期模型，前一期土地出让价格影响当期农地租金。本文假设土地出让前后期内，流转地块属性、农地地理位置等变量未发生显著改变，因此进一步在公式（1）的基础上，改写决定农地租金的公式（3）。

$$R_t = f(V_{1t}, V_{2t}, V_{3t}, V_{4t}, \cdots, V_{nt}, P_{t-1}) \tag{3}$$

假设农地租金生成为独立过程，借鉴特征价格理论，以特征价格指数表示，农地租金影响公式（3）可转换为公式（4）。

$$R_t = \alpha V_{1t}^{\gamma_1} \times V_{2t}^{\gamma_2} \times V_{3t}^{\gamma_3} \times V_{4t}^{\gamma_4} \times \cdots \times V_{nt}^{\gamma_n} \times P_{t-1}^{\beta} \tag{4}$$

其中，γ_1、γ_2、γ_3、$\gamma_4 \cdots \gamma_n$表示不随农地租金价格变动的指数系数，α表示待定系数，β为P_{t-1}的指数系数，其他变量与上文表述同。同时为模型表达简便，公式（4）可进一步调整为公式（5）。

$$R_t = \alpha \prod_1^n V_{it}^{\gamma_i} \times P_{t-1}^{\beta} \tag{5}$$

其中，$\prod_1^n V_{it}^{\gamma_i}$表示公式（4）中农地租金影响因素的乘积，其他变量与

① 2012年《中华人民共和国土地管理法（修订草案）》相关规定：征用耕地的补偿费用包括土地补偿费、安置补助费以及地上附着物和青苗的补偿费。征用耕地的补偿费，为该耕地被征用前三年平均年产值的6至10倍……土地补偿费和安置补助费的总和不得超过土地被征用前三年平均年产值的30倍。

上文表述同。

经变换，最终得到“信号—价格”理论模型：

$$\ln R_t = \ln\alpha + \gamma_i \sum_{1}^{n} \ln V_{it} + \beta_1 \ln P_{t-1} \tag{6}$$

其中，$\ln R_t$ 表示 t 时期的农地流转租金的对数，$\sum_{1}^{n} \ln V_{it}$表示农地租金影响因素的加总，γ_i 代表 $\sum_{1}^{n} \ln V_{it}$的待估系数，β_1 表示 $\ln P_{t-1}$的待估系数，$\ln\alpha$ 表示常数项，其他变量与上文表述同。

三、研究方法、数据来源和变量选择

（一）分层模型构建

在农地租金影响因素的分析中，主要集中于影响因素的判别和量化，实证研究广泛采用基于截面数据模型和面板数据模型，通过模型参数检验判断农地租金的主要因素。多数实证研究将影响各类因素归为同一层面进行处理，最终得到的结果往往是多尺度、多层次的综合作用的结果。在“信号—价格”模型中，土地出让价格是区域性数据，农地租金是入户调研的农户层面数据，适合使用分层线性模型（Hierarchical liner models①）。分层线性模型能够解决数据嵌套问题，能够有效解决群体资料可能掩盖群体内个体的差异，正确估计个体效应和组效应（环境效应）。它无须满足传统线性回归分析基本假设，并且纠正传统统计方法参数估计误差（Stepheh and Anthony，1986；Douglas and Stephen，1989），通常使用统计软件 HLM 6.0② 进行数据分析。

判断各地级市农地租金是否存在异质性是构建分层线性模型的基础。首先，本文采用“零模型”判断农地租金是否存在异质性。其次，采用“随机系数模型”筛选既显著影响因变量又有显著方差的第一层自变量。最后，利用重新调整的第一层自变量构建“以截距和斜率为结果的模型”，从而分析区域自变量对因变量的影响。

1. 零模型

在零模型中，第一和第二层模型均不含自变量，方程被分解为个体效应和组效应两部分。通过分析各层方差显著性，判断是否构建分层线性模型。

① 多层线性模型（multilevel linear models）。

② HLM 全称 hierarchical liner models，软件出版商：Scientific Software International。本文使用此软件。

带随机效应的单因素方差分析模型如下。

第一层模型:

$$Y_{ij} = \beta_{0j} + r_{ij} \tag{7}$$

其中, Y_{ij}表示 j 区域 (j = 1, 2, …, N) 农户 i (i = 1, 2, …, n) 的农地转出或者转入租金 (以下简称为"农地租金"), β_{0j}表示 j 区域农地租金均值, r_{ij}表示区域 j 农户 i 农地租金的残差值。

第二层模型:

$$\beta_{0j} = \gamma_{00} + \mu_{0j} \tag{8}$$

其中, β_{0j}表示 j 区域 (j = 1, 2, …, N) 农地租金均值, γ_{00}表示农地租金总平均值, μ_{0j}表示区域 j 的残差项。另外, 假定 μ_{0j}服从均值为 0, 方差为 τ_{00}的标准正态分布, 而 τ_{00}是代表区域层面的方差。

2. 随机系数模型

随机系数模型只包含第一层自变量, 通过检测各自变量的方差显著性, 重新筛选自变量, 调整第一层模型。第一层模型是特定区域内农地租金的影响因素分析, 第二层模型是区域性变量对农地租金的影响因素分析。

第一层模型如下:

$$Y_{ij} = \beta_{0j} + \beta_{1j}(X_{ij} - \bar{X}_{.j}) + r_{ij} \tag{9}$$

Y_{ij}表示 j 区域 (j = 1, 2, …, N) 农户 i(i = 1, 2, …, n) 的农地租金, β_{0j}表示 j 区域农地租金均值, β_{1j}是待估参数, X_{ij}是第一层自变量, $\bar{X}_{.j}$代表 j 区域层面某自变量的观测均值, r_{ij}表示 j 区域农户 i 农地租金的残差值。

第二层模型如下:

$$\beta_{0j} = \gamma_{00} + \mu_{0j} \tag{10}$$

$$\beta_{1j} = \gamma_{10} + \mu_{1j} \tag{11}$$

假设第一层模型 (9) 只有一个自变量, 因此第二层模型由方程 (10) 和 (11) 构成 (下文同)。在方程 (10) 中, β_{0j}表示 j 区域农地租金均值, γ_{00}是农地租金样本均值, μ_{0j}是方程 (10) 的残差项。在方程 (11) 中, β_{1j}是待估参数——与方程 (10) 相同, γ_{10}是区域层面特征的回归参数, μ_{1j}是方程 (11) 的随机项。

3. 以截距和斜率为结果的模型

以截距和斜率为结果的模型, 既包含重新调整后的第一层自变量, 也包括第二层自变量。通过分析该模型, 可知第一、二层自变量如何影响因变量。

第一层模型如下:

$$Y_{ij} = \beta_{0j} + \beta_{1j}Z_{1ij} + r_{ij} \tag{12}$$

Y_{ij}表示 j 区域 (j = 1, 2, …, N) 农户 i(i = 1, 2, …, n) 农地转出租金, β_{0j}表示 j 区域农地租金均值, Z_{1ij}表示重新调整后的自变量, β_{1j}是方程 (13) 的待估参数, r_{ij}表示 j 区域农户 i 农地租金的残差值。

第二层模型如下：

$$\beta_{0j} = \gamma_{00} + \gamma_{01} W_{1j} + \mu_{0j} \tag{13}$$

$$\beta_{1j} = \gamma_{10} + \gamma_{11} W_{1j} + \mu_{1j} \tag{14}$$

β_{0j}表示 j 区域农地租金均值，β_{1j}表示上文方程（12）中 X_{1ij}的待估参数，W_{1j}表示第二层模型中的区域性变量，γ_{00}、γ_{10}分别表示方程（13）和（14）的截距，γ_{01}、γ_{11}分别表示方程（13）和（14）的斜率，μ_{0j}和 μ_{1j}则分别表示方程（13）和（14）的残差项。

（二）数据来源和变量选择

课题组在 2014 ~2015 年通过指标特征比较①并结合中国地理分区，选定对广东省、贵州省、河南省、江苏省、江西省、辽宁省、宁夏回族自治区、山西省和四川省等进行入户调研，涉及 105 个县、372 个镇、595 个自然村，最终发出调查问卷 2 880 份，回收有效问卷 2 704 份，问卷有效率为 93. 89%。考虑到农地租金只存在于发生过土地流转的农户，最终选择 60 个市的 450 个转出户和 49 个市的 220 个转入户的样本。

1. 被解释变量：农地租金

现阶段农地租金的主要形式是货币租金，本次调研中农地流转发生率为 33. 10%（转出发生率 22. 71%，转入发生率 12. 06%），货币形态的租金形式为 71. 28%，非货币地租的比例为 28. 72%。货币形态的农地租金呈现租金分层和区域异质性特征。首先，农地转入租金普遍低于农地转出租金，地区平均转出租金为 712. 01 元/亩，而地区平均转入租金仅为 280. 44 元/亩。其次，农地租金呈现区域异质性，东部地区的农地租金高于中西部地区。东部省份转出租金为 1 221. 63 元/亩，转入租金为 394. 71 元/亩；中西部省份转出租金分别为 430. 17 元/亩、433. 60 元/亩，转入租金分别为 295. 53 元/亩、168. 93 元/亩。

表 2　　农地流转和农地租金的描述性统计

区域	农地转出			农地转入		
	发生率（%）	非货币地租（%）	转出租金（元/亩）	发生率（%）	非货币地租（%）	转入租金（元/亩）
东部（辽宁、江苏、广东）	21. 65	11. 47	1 221. 63	8. 64	25. 29	394. 71
中部（江西、河南、山西）	24. 17	39. 02	430. 17	12. 97	32. 58	295. 53

① 6 个特征指标分别为各省份总人口、人均 GDP、耕地总面积、耕地面积比重（耕地面积占省区国土面积比重）、农业人口占省区总人口比重和农业产值占省区 GDP 比重。

续表

区域	农地转出			农地转入		
	发生率（%）	非货币地租（%）	转出租金（元/亩）	发生率（%）	非货币地租（%）	转入租金（元/亩）
西部（贵州、宁夏、四川）	22.09	28.67	433.60	15.76	38.32	168.93
地区平均	22.71	26.71	712.01	12.06	32.52	280.44

注：（1）农地转出（转入）发生率 = 区域农地转出（转入）农户/区域总样本量；
（2）零租金占比 = 零租金样本量/发生转出（转入）行为的样本量。

2. 解释变量：农户层面数据

（1）人口统计学特征包括年龄和性别等变量。首先，前期研究认为年龄降低了农地租金，年长的农民务农经验丰富，具有农业生产经营的比较优势，他们通常从亲友邻居手中转入农地并支付较低的转入租金（江淑斌等，2013）。农村劳动力老龄化会导致农业经营能力不足，尤其是农业社会化服务体系相对滞后的地区则会激励农户转出农地，并且收取相对较低的农地转出租金（Huang et al.，2012；Yan and Huo，2016）。其次，性别对农地租金的影响不确定。以农地转出租金为例：举家外出打工或者无男性青壮年常住在村的农户，更倾向于以较低的价格甚至是无偿转出农地（马贤磊等，2015）。

（2）流转地块属性变量包括耕地土壤肥力、灌溉条件和农地细碎化程度等变量。首先，根据级差地租理论，优质农田被最早开发和利用，农地产出效率越高农地租金相应较高。其次，农地是否连片经营影响农地租金，农户成员权的天赋性与公平性决定了在土地分配方案中“好田差田、远田近田搭配”，农地细碎化抑制了农业机械的广泛使用（黄祖辉等，2014）意味着需投入大量农业劳动力，因此加速农业生产成本上升，从而导致农地租金降低（陈奕山等，2017）。而考虑同一村庄或村民小组以统一租金标准流转农田时，土地细碎化造成的农田面积差异并不影响农地租金的确定（申云等，2012）。

（3）流转地块地理位置变量包括农地交通状况和距离镇中心的距离变量。交通状况对农地租金的影响不确定。以转出租金为例：在级差地租Ⅰ中，农业所需生产资料（如化肥、种子等）与农产品需通过运输完成交易，交通状况好意味着运输成本低，农地租金也相对较高。但是，交通条件较好的地区容易产生噪音和灰尘抑制农业物种植，同时距主干道近的地区的劳动力非农化造成弃耕情况较多（冯艳芬等，2010），也有可能降低农地转出租金。

（4）农地流转契约包括农地流转期限、合同签订方式及流转对象等变量。首先，前期研究表明农地流转期限对农地租金的影响不确定（申云等，2012；朱文珏等，2016）。其次，契约形式影响农地租金，规范化合同有利于提高农户的产权意识从而收取更高的农地租金（邓大才，2007）。最后，中国乡土社会存在着基于血缘、地缘的差异化格局（费孝通，2008），呈现出明显的农地租金分层现象（江淑斌等，2013；田先红等，2013）。

（5）农业投资变量表征为拥有的农业机械价值。前期研究表明农业投资越多，农地租金越高。首先，在级差地租Ⅱ中，农户出于改善农地状况（如土壤肥力）考量，连续对同一块土地追加投资，致使农地产生高生产率进而形成超额利润。其次，在农村劳动力大量转移的背景下，农业生产中逐步实现了资本对劳动力的替代（仇童伟、罗必良，2018）。

3. 区域层面数据

（1）流转地块的区域特征包括期望租金和土地出让价格两个变量。期望租金表征为某一地区农户愿意接受或支付的农地租金的地区均值。土地出让价格是地级市土地一级市场“招拍挂”价格。借鉴静态蛛网理论，假设上一时期的土地出让价格影响当期的农地租金，选取2014年各地级市的作为影响2015年农地流转市场的外部信号。

（2）农地产权制度变量表征为耕地近五年是否调整过。农村产权制度也是制约农地租金高低的关键因素（叶剑平等，2006；Hendricks et al.，2012）。农地调整降低了农户关于地权的稳定预期（田传浩、贾生华，2004），特别是当预见到未来农地价值快速升值，农户为追求产权安全，甚至可能在当期无偿转出农地（王亚楠等，2015）。

表3　解释变量选择和描述性统计

变量		定义	农地转出		农地转入	
			平均值	标准差	平均值	标准差
农户层面						
人口变量	户主性别	分类变量：1 = 男；0 = 女	0.59	0.49	0.71	0.46
	户主年龄	岁数	44.28	15.44	43.12	12.54
地块属性	土壤肥力	分类变量：1 = 较好；0 = 其他	0.94	0.24	0.68	0.47
	灌溉条件	分类变量：1 = 较好；0 = 其他	0.81	0.39	0.87	0.33
	农地细碎程度	地块面积均值（亩/块）	1.87	2.37	—	—
	转入地是否与自家地连片	分类变量：1 = 连片；0 = 其他	—	—	0.60	0.49

续表

变量		定义	农地转出		农地转入	
			平均值	标准差	平均值	标准差
农地位置	交通状况	分类变量：1 = 较好；0 = 其他	0.91	0.29	0.82	0.38
	镇中心距离	距离镇中心距离（公里）	5.29	6.06	5.28	4.08
农地契约	流转年限	分类变量：1 =3 年以上；0 = 其他	0.48	0.50	0.31	0.46
	契约形式	分类变量：1 = 书面；0 = 其他	0.59	0.49	0.40	0.49
	流转对象	分类变量：1 = 亲戚邻居；0 = 其他	0.22	0.42	0.58	0.49
农业投资	农机投资	农机具和设施的货币价值（元）	2 930.53	15 476.37	18 221.32	75 708.64
区域层面						
产权制度	农地调整	分类变量：1 = 调整，0 = 其他	0.22	0.42	0.49	0.51
区域特征	平均期望租金	区域平均期望租金（元/亩）	1 103.51	2 611.25	582.28	563.31
	土地出让价格	土地“招拍挂”价格（元/亩）	815 426.79	1 196 698.55	566 210.60	32 098.04

四、实证分析Ⅰ：农地转出租金决定

（一）零模型

在零模型中，第一层和第二层模型均不存在解释变量，研究只关注个体差异造成的个体效应与群组差异造成的群组效应。该模型将各地级市农地流转租金的总方差分解为农户个体和区域两个层次，以期检验各层方差比例是否显著，并在此基础上构建第二层模型。

组内相关系数可表示为区域农地转出租金差异化比重（见表4）。在固定效应中测算农地转出租金总平均数的加权最小二乘法估计值是 1 082.58，标准误（σ^2）为 378.53。测算随机效应中，μ_{0j}表示区域平均农地转出租金（β_{0j}）的残差项，其方差值（τ_{00}）为 8 130 591.17。在不考虑农地转出租金等其他影响因素的条件下，农地转出租金间的差异大约 79.74% 可表征为区域间差异，即农地转出租金异质性 79.74% 可由区域层面自变量解释。

表 4　　以农地转出租金为因变量的第一层次回归结果

	固定效应		方差分析		
	回归系数	标准误	方差成分	χ^2	P 值
零模型					
转出租金均值	1 082.58	378.53	8 130 591.17	1 338.56	0.00
组内相关系数	79.74%				
随机系数模型					
性别	25.85	70.01	39 029.30	0.63	>0.50
年龄	-0.20	1.59	0.63	1.34	0.25
交通状况	10.56	83.02	93 772.03	3.65 *	0.05
离镇中心距离	22.34	18.80	22 804.65	4.73 **	0.03
土地细碎化	16.31 *	9.15	3 300.13	5.05 **	0.02
土壤肥力	730.32	500.99	14 762 396.75	4.61 **	0.03
灌溉条件	208.70	149.37	959 897.19	2.16	0.14
契约形式	-50.44	155.41	1 019 005.85	3.76 *	0.05
转出年限	26.81	91.83	496 111.91	4.80 **	0.03
流转对象	269.18	291.88	4 985 264.34	11.66 ***	0.00
农机投资	11.24 **	5.41	480.73	0.33	>0.50
截距	1 088.58 ***	377.66	8 524 655.51	118.77 ***	0.00

注：(1) *** 、** 和 * 分别表示在 1%、5% 和 10% 水平上显著。(2) 固定效应的样本自由度为 59；方差分析的样本自由度为 10。

（二）农地转出租金随机系数模型

随机系数模型不包括第二层模型的解释变量，其作用是为了确定第一层回归系数在第二层上是否存在显著差异，该模型的方差成分显著性水平是建立第二层模型的依据。在第一层模型中加入预测变量回归分析，再根据第一层自变量的方差成分显著性水平筛选预测变量。

结合固定效应和方差分析的回归结果，农地细碎化变量同时通过随机系数模型的固定效应和方差分析检验，可以纳入调整后的第一层模型中，避免了以截距和斜率为结果的模型只存在固定效应。随机系数模型的固定效应表明，土地细碎化程度和农机投资通过显著性水平检验，且农地细碎化程度对农地转出租金有负向影响，农机投资对农地转出租金有正向作用。随机系数模型的方差分析表明，交通状况、镇中心距离、土地细碎化、土壤肥力、契约形式、转出年限和流转对象等变量通过了变量显著性检验。

（三）农地转出租金以截距和斜率为结果的模型

在农地转出租金以截距和斜率为结果模型中，既包括第一层（农户层面）的土地细碎化变量，也涵盖第二层（区域层面）的解释变量，该模型旨在说明第二层变量如何影响第一层变量与被解释变量的相关关系。具体测算结果，详见表5。

（1）在模型Ⅰ中，期望转出租金通过显著性水平检验。说明期望转出租金高的地区，农地转出租金均值也相对更高。

（2）在模型Ⅱ中，农地调整、转出期望租金、土地出让价格通过显著性水平检验。①在农地平均调整频率越低的地区，农地细碎化对转出租金的负向影响被削弱。这说明地权稳定，在一定程度上弱化了农地细碎化对农地转出租金的负向影响程度。②在转出期望租金越高的地区，农地细碎化对转出租金的负向影响程度越大。③在土地出让价格越高的地区，农地细碎化对转出租金的负向影响被削弱。这体现出土地要素价值增值的普遍性，甚至削弱了农地细碎化这类地块属性变量对农地转出租金的影响。

表5　以农地转出租金为因变量的第二层次回归结果

模型	(1)	(2)	(3)
模型Ⅰ：转出租金均值			
农地是否调整	-453.34 (490.41)	14.05 (102.56)	-34.31 (114.22)
转出期望租金		1.05*** (0.02)	1.07*** (0.01)
土地出让价格			-180.17 (119.85)
模型Ⅱ：土地细碎化与转出租金斜率			
农地是否调整	-185.45 (144.57)	-246.51** (105.38)	-235.59** (90.21)
转出期望租金		0.39*** (0.12)	0.43*** (0.1014)
土地出让价格			-57.14** (23.79)
解释方差比例（%）	—	69.72	19.67

注：***、**和*分别表示在1%、5%和10%水平上显著。

通过测算解释方差比例，考察农地细碎化变量的区域异质性，及其对转出租金的影响。本文选择逐步回归的方法，在模型Ⅱ的第（2）行回归结果中，转出期望租金和农地调整变量共同解释了69.72%农地细碎化贡献率的区域异质性。在模型Ⅱ的第（3）行增加土地出让价格变量，变量联合解释农地细碎化贡献率的区域异质性下降为19.67%。这体现出土地出让价格对农地转出租金影响程度较大，土地出让价格上涨影响了农户对农地增值预期的判断。当土地出让价格提高时农地租金普遍上涨，削弱了农地细碎化对农地转出租金的负向影响，并且减少了土地细碎化对农地转出租金贡献率的区域异质性。

五、实证分析Ⅱ：农地转入租金决定

（一）零模型

组内相关系数可表示为区域农地转入租金差异化比重（见表6）。在固定效应中测算，农地转入租金总平均数的加权最小二乘法估计值是498.84，标准误（σ^2）为71.79。测算随机效应中，μ_{0j}表示区域平均农地转入租金（β_{0j}）的残差项，其方差值（τ_{00}）为228 303.92。在不考虑农地转入租金等其他影响因素的条件下，农地转入租金间的差异大约75.20%可以表征为区域间差异，即各地区农地转入租金异质性75.20%可由区域层面自变量解释。

表6　　以农地转入租金为因变量的第一层次回归结果

	固定效应		方差分析		
	回归系数	标准误	方差成分	χ^2	P值
零模型					
转入租金均值	498.84	71.79	228 303.92	383.45	0.00
组内相关系数	75.20%				
随机系数模型					
性别	-141.46*	70.75	190 740.56	31.06***	0.00
年龄	-1.27	0.85	6.84	3.78*	0.05
交通状况	-82.57*	45.36	36 152.03	1.18	0.28
离镇中心距离	-1.48	3.16	119.73	7.28**	0.01

续表

	固定效应		方差分析		
	回归系数	标准误	方差成分	χ^2	P 值
土壤肥力	37.71	27.14	2 678.97	0.33	>0.50
灌溉条件	30.04	50.58	29 283.90	2.16 **	0.04
转入地是否与自家农地连片	90.57 **	39.20	37 876.70	3.11 *	0.07
契约形式	190.13 ***	31.45	4 716.15	0.71	>0.50
转入年限	61.36 *	31.83	22 143.74	2.39 *	0.08
流转对象	-40.95 *	22.92	6 786.60	1.26	0.12
农机投资	4.45	4.46	277.87	1.91	0.26
截距	507.65 ***	74.82	269 231.37	90.50 ***	0.00

注：(1) ***、** 和 * 分别表示在 1%、5% 和 10% 水平上显著。(2) 固定效应的样本自由度为 48；方差分析的样本自由度为 1。

(二) 农地转入租金随机系数模型

结合固定效应和方差分析的回归结果，性别、农地连片、转入年限变量同时通过随机系数模型的固定效应和方差分析检验，纳入调整后的第一层模型中，避免了以截距和斜率为结果模型只存在固定效应。随机系数模型的固定效应表明，性别、交通状况、农地连片、契约形式、转入年限和流转对象通过显著性水平检验，其中：性别、交通状况、流转对象对农地转入租金有负向影响；农地连片、契约形式和转入年限对农地转出租金有正向作用。随机系数模型的方差分析表明，性别、年龄、镇中心距离、灌溉条件等变量通过了变量显著性检验。

(三) 农地转入租金以截距和斜率为结果的模型

在农地转入租金以截距和斜率为结果模型中，既包括第一层（农户层面）的性别、农地连片转入年限变量，也涵盖第二层（区域层面）的解释变量，该模型旨在说明第二层变量如何影响第一层变量与被解释变量的相关关系。具体测算结果，详见表 7①。

① 前文阐述中性别与转入年限变量对农地租金的影响尚不确定，因此本文不加赘述。

表 7　以农地转入租金为因变量的第二层次回归结果

模型	(1)	(2)	(3)
模型Ⅰ：转入租金均值			
农地是否调整	40.39 (148.79)	-37.01 (38.11)	-29.34 (42.65)
转入期望租金		0.86*** (0.10)	0.85*** (0.05)
土地出让价格			42.43 (30.10)
模型Ⅱ：农地连片与转入租金			
农地是否调整	125.8962 (103.9002)	78.9764 (56.0958)	94.8125* 52.7772
转入期望租金		0.3991*** (0.1191)	0.4452*** (0.1203)
土地出让价格			-51.2010 (56.1209)
解释方差比例	—	86.99%	94.15%

注：***、**和*分别表示在1%、5%和10%水平上显著。

在模型Ⅰ中，转入期望租金通过显著性水平检验。说明在转入期望租金高的地区，农地转入租金的均值也相对较高。在模型Ⅱ中，转入期望租金通过显著性水平检验。说明转入期望租金在一定程度上加强了农地连片与农地转入租金的正向影响程度。

通过测算解释方差比例，考察转入期望租金变量的区域异质性，及其对转入租金的影响。本文选择逐步回归的方法，在模型Ⅱ的第（2）行回归结果中，转入期望租金解释了86.99%农地连片贡献率的区域异质性。在模型Ⅱ的第（3）行回归结果中，农地调整和转入期望租金解释了94.15%农地连片对农地转入租金的影响。这体现了转入期望租金对农地转入租金影响程度较大，转入期望租金上涨影响了农户对农地增值预期的判断。当转入期望租金提高时，农地连片的农地租金更高。

六、结论与启示

什么决定了农地租金是一个古老却又长青的科学问题，它在不同历史时期被赋予了迥异的时代特征。结合城市地价不断攀升的现实，以及人们普遍形成对土地要素的升值预期的时代背景下，本文探讨了城乡二元分割的土地市场中，城市地价上涨是否影响农地租金这一有趣的问题。本文结合历史数据测算“噪音—信号”比率，发现土地出让价格上涨可以作为农地租金上涨的外部信号，论证了“招拍挂”地价对农地租金影响的合意性。同时，本研究利用课题组 2015 年在全国 9 省区的调研数据，结合文献梳理寻找农地租金主要影响因素并构建“信号—价格”理论模型，使用分层线性计量模型测算土地出让价格对农地租金的影响。具体研究结论如下。

（1）区域期望租金是农地租金的影响因素。

区域期望租金均值高的地区，农地租金（转出或转入）均值也相对较高。在分层线性模型分析的以截距和斜率为结果的模型中，区域期望转出租金上涨加剧土地细碎化程度对农地转出租金的负向影响。

（2）城市土地一级市场的“招拍挂”价格是农地租金的重要影响因素。

土地出让价格上涨推动农地细碎化程度高的地区的转出租金上涨，并且减少了农地细碎化程度对农地转出租金贡献率的区域异质性。

（3）农地租金的其他影响因素。

作为本研究的控制变量，回归结果与以往文献计量结论基本一致，部分体现了模型的稳健性。其中：①农地细碎化程度对农地转入和转出租金均存在着负向影响；②亲友邻居作为流转对象的农地转入租金普遍较低，农地流转年限对农地转入和转出租金均存在正向影响；③农地调整频繁对农地转出和转入租金均存在着负向影响。

因此，政策建议如下：首先，城乡分割的土地制度是城乡土地要素价格差异的根源，如何妥善推进农村土地市场发育值得关注，统筹二元分割的城乡土地要素市场，完善农地租金生成机制及其市场基础。其次，正视农村土地要素的资源和资产属性，过快上涨的农地租金尽管有助于农民的财产性增收，但却可能形成对农地市场扩展的抑制。城市土地价格上升会产生农地租金上涨预期，农村土地要素具有资源和资产双重属性，蕴含着资产投资决策空间，需要多部门协同配合对农地租金实施预期管理。再次，厘清政府和市场的作用边界，有效发挥政府在城乡土地市场化中的监管作用。提高城市土地出让过程中地方政府决策的科学化水平，提升村民自治组织的民主管理水平，完善农业产权交易信息服务平台，建立透明公开的信息披露体系。

本研究仍存在较多不足，未来研究方向集中在：一是完善农地流转和农地行为分析的微观数据库，弥补本研究仅使用区域性调研截面数据的缺陷，未来的研究将考虑农地租金的价格黏性。二是完善城乡土地市场互动的相关理论分析，进一步拓展影响农地租金的“信号－价格”模型。三是需要探索能够影响农地租金的其他信号，并拓展和完善描述区域期望租金的数据指标体系。

参考文献

1. 鲍海君、袁定欢、庄红梅:《土地督察与开发商囤地:策略抉择的演化博弈》,载于《中国土地科学》2014年第2期。

2. 陈奕山、钟甫宁、纪月清:《为什么土地流转中存在零租金?——人情租视角的实证分析》,载于《中国农村观察》2017年第4期。

3. 邓大才:《农地流转的交易成本与价格研究——农地流转价格的决定因素分析》,载于《财经问题研究》2007年第9期。

4. 大卫·李嘉图:《政治经济学及赋税原理》,光明日报出版社2009年版。

5. 大卫·哈维:《资本的限度》,中信出版社2017年版。

6. 冯艳芬、董玉祥、王芳:《大城市郊区农户弃耕行为及影响因素分析——以广州番禺区农户调查为例》,载于《自然资源学报》2012年第5期。

7. 费孝通:《乡土中国》,人民出版社2008年版。

8. 黄祖辉、王建英、陈志钢:《非农就业、土地流转与土地细碎化对稻农技术效率的影响》,载于《中国农村经济》2014年第11期。

9. 江淑斌、苏群:《农地流转"租金分层"现象及其根源》,载于《农业经济问题》2013年第4期。

10. 刘守英:《集体土地资本化与农村城市化——北京市郑各庄村调查》,载于《北京大学学报(哲学社会科学版)》2008年第6期。

11. 李增刚:《前提、标准和程序:中国土地征收补偿制度完善的方向》,载于《学术月刊》2015年第1期。

12. 马歇尔:《经济学原理》,商务印书馆2009年版。

13. 马克思:《资本论》第三卷,人民出版社2004年版。

14. 马贤磊、仇童伟、钱忠好:《农地产权安全性与农地流转市场的农户参与——基于江苏、湖北、广西、黑龙江四省(区)调查数据的实证分析》,载于《中国农村经济》2015年第2期。

15. 仇童伟、罗必良:《农地调整会抑制农村劳动力非农转移吗?》,载于《中国农村观察》2017年第4期。

16. 史清华、晋洪涛、卓建伟:《征地一定降低农民收入吗:上海7村调查——兼论现行征地制度的缺陷与改革》,载于《管理世界》2011年第3期。

17. 田先红、陈玲:《地租怎样确定?——土地流转价格形成机制的社会学分析》,载于《中国农村观察》2013年第6期。

18. 田传浩、贾生华:《农地制度、地权稳定性与农地使用权市场发育:理论与来自苏浙鲁的经验》,载于《经济研究》2004年第4期。

19. 申云、朱述斌、邓莹、滕琳艳、赵嵘嵘:《农地使用权流转价格的影响因素分析——来自于农户和区域水平的经验》，载于《中国农村观察》2012 年第 3 期。

20. 王亚楠、纪月清、徐志刚、钟甫宁：《有偿 VS 无偿：产权风险下农地附加价值与农户转包方式选择》，载于《管理世界》2015 年第 11 期。

21. 王小映：《土地征收公正补偿与市场开放》，载于《中国农村观察》2007 年第 5 期。

22. 威廉·阿朗索：《区位和土地利用：地租的一般理论》，商务印书馆 2007 年版。

23. 亚当·斯密：《国民财富的性质与原理：英汉对照全译本（二）》，中国社会科学出版社 2007 年版。

24. 叶兴庆：《我国农业支持政策转型：从增产导向到竞争力导向》，载于《改革》2017 年第 3 期。

25. 叶剑平、蒋妍、罗伊·普罗斯特曼等：《2005 年中国农村土地使用权调查研究——17 省调查结果及政策建议》，载于《管理世界》2006 年第 7 期。

26. 约翰·冯·杜能：《孤立国同农业和国民经济的关系》，商务印书馆 1986 年版。

27. 郑雄飞：《地租的时空解构与权利再生产——农村土地"非农化"增值收益分配机制探索》，载于《社会学研究》2017 年第 32 期。

28. 朱文珏、谢琳、邱泽元、罗必良：《农地租约中的期限与租金及其相互关联性——理论分析与实证检验》，载于《南方经济》2016 年第 10 期。

29. Capozza D R and Sick G A, 1994, The Risk Structure of Land Market, *Journal of Urban Economics*, 35 (3), pp. 297 – 319.

30. Capozza D R and Helsley R W, 1989, The Fundamentals of Land Prices and Urban Growth, *Journal of Urban Economics*, 26 (3), pp. 295 – 306.

31. Chakir R and Lungarska A, 2017, Agricultural Rent in Land-use Models: Comparison of Frequently Used Proxies, *Spatial Economic Analysis*, 12 (2 – 3), pp. 1 – 25.

32. D W Kang, K Miyoung, C Deokho and L Seongwoo, 2014, The Effects of Urban Development Pressure on Agricultural Land Price: Application of a Mixed GWR Model, *Journal of Rural Development* , 33 (4) pp. 63 – 82.

33. Delbecq B A, Kuethe T H and Borchers A M, 2014, Identifying the Extent of the Urban Fringe and Its Impact on Agricultural Land Values, *Land Economics*, 90 (4), pp. 587 – 600.

34. Haila A, 1988, Land as a Financial Asset: The Theory of Urban Rent as a Mirror of Economic Transformation, *Antipode*, 20 (2), pp. 79 – 101.

35. Huang Jikun, Gao Liangliang and Rozelle Scott, 2012, The Effect of

Off-farm Employment on the Decisions of Households to Rent out and Rent in Cultivated Land in China, *China Agricultural Economic Review*, 4 (1), pp. 5 - 17.

36. Hendricks N P, Janzen J P, Dhuyvetter K C, 2012, Subsidy Incidence and Inertia in Farmland Rental Markets: Estimates from a Dynamic Panel, *Journal of Agricultural and Resource Economics*, pp. 361 - 378.

37. J. Douglas Willms, Stephen W Raudenbush, 1989, A Longitudinal Hierarchical Linear Model for Estimating School Effects and Their Stability, *Journal of Educational Measurement*, 26 (3), pp. 209 - 232.

38. Kaminsky G L, Reinhart C M, 1999, The Twin Crises: The Causes of Banking and Balance - Of - Payments Problems, *American Economic Review*, 89 (3), pp. 473 - 500.

39. Lopez R A, Adelaja A O and Andrews M S, 1988, The Effects of Suburbanization on Agriculture, American, *Journal of Agricultural Economics*, 635 (2), pp. 346 - 358.

40. Lopez R A and Altobello M A, 1994, Amenity Benefits and the Optimal Allocation of Land, *Land Economics*, 70 (1), pp. 53 - 62.

41. Neutze M, 1987, The Supply of Land for a Particular Use, *Urban Studies*, 24 (5), pp. 379 - 388.

42. Stokes J R, Cox A T, 2014, The Speculative Value of Farm Real Estate, *Journal of Real Estate Research*, 36 (2), pp. 169 - 186.

43. Stephen Raudenbush and Anthony S. Bryk, 1986, A Hierarchical Model for Studying School Effects, *Sociology of Education*, 59 (1), pp. 1 - 17.

44. Ward C, Aalbers M B, 2016, Virtual Special Issue Editorial Essay: The Shitty Rent Business: Whats the Point of Land Rent Theory?, *Urban Studies*, 53 (9), pp. 1760 - 1783.

45. Wen H and Goodman A C, 2013, Relationship between Urban Land Price and Housing Price: Evidence from 21 Provincial Capitals in China, *Habitat International*, 40 (7), pp. 9 - 17.

46. Xiaohuan Yan and Xuexi Huo, 2016, Drivers of Household Entry and Intensity in Land Rental Market in Rural China: Evidence from North Henan Province, *China Agricultural Economic Review*, 8 (2), pp. 345 - 364.

Farmland Rent Decision based on Hierarchical Liner Models

LI Shangpu HU Ning LUO Biliang

(South China Agricultural University, National School of Agricultural Institution and Development, College of Economics and management, 610542)

[**Abstract**] In the binary division of rual and city land market, farmland rents are affected by urban land prices. Based on the theory of "signal-price" and the hierarchical linear model estimation, the empirical conclusions are as follows: First, the gradual increase of land transfer price will lead to the widespread expectation of land appreciation. By calculating the "noise-signal" ratio indicator, Land transfer price increases can be used as an external "signal" of farmland rent increases. Second, the increase of the land transfer price has promoted the increase of the rents in areas with high degree of fragmentation of farmland and reduced the contribution rate of the fragmentation of farmland to the transfer of rents from farmland Regional heterogeneity. The policy recommendations of this paper are as follows: rural land resources have the dual attributes of resources and assets, which contain the space for decision-making of assets investment. On the one hand, we need to improve the urban land transfer pricing mechanism to promote the development of agricultural land market, on the other hand we need to forecast the price of agricultural land rent management.

[**Key Words**] Farmland Circulation Land Bidding Price Farmland Rent Hierarchical Liner Models

JEL Classifications: Q15 R14

不完全合约下的产权、收益分配与市场风险*

——一个关于土地托管制的个案分析

邓宏图　杨　芸　赵　燕**

【摘　要】本文在不完全合同理论视角和分析框架下考察了农业托管制问题。本文认为，托管制本质上是委托人和受托人所缔结的有关权利的合同，旨在降低经营风险、减少交易成本、生产成本、销售成本，提高产出率和各方盈利能力。托管制若要为交易双方所选择，需要其所带来的预期收益高于其他缔约结构导致的预期收益，并且需要通过合理设置托管价格避免合同不稳定。这是因为土地托管合同会因为不确定性因素（市场价格）而存在违约（敲竹杠）风险，因此需要将托管价格置于一个合理的区间以避免产生效率损失的行为。本文还指出，农产品的市场价格以及生产成本会影响企业（合作社）与农户选择托管制的程度。对于文中提出的命题，我们通过对调研中观察到的土地托管案例进行分析且予以了解释和验证。

【关键词】土地托管　不完全合同理论　产权　市场风险

中图分类号：F325.12　文献标识码：A

---

* 本文是国家社会科学重大攻关项目（项目编号：17ZDA067）的阶段性研究成果。本文的结论得自实地调研和案例分析。感谢河南省濮阳市南乐县人民政府办公室对调研的大力支持。感谢徐宝亮、马太超、柳昕、李康等对论文提出的宝贵意见。

** 邓宏图，经济学博士，广州大学金融研究院、经济与统计学院教授，地址：（510006）广州大学金融研究院、经济与统计学院；E－mail：hongtudeng@126.com；hongtudeng@nankai.edu.cn；dengyanggezhi@126.com。杨芸、赵燕，南开大学经济研究所，博士生；地址：（300071）南开大学经济研究所。

一、引　言

本文要在不完全合同理论视角和分析框架下考察农业托管制问题。在农业生产经营中，出现过各种形式的缔约结构，如“龙头企业＋农户”“龙头企业＋基地＋农户”“龙头企业＋合作社＋农户”，无不是张五常所论证过的固定租金合同、固定工资合同，以及分成合同的变种或混种。从一般性的自然条件、技术条件和市场条件出发，在地权“私属”（私人所有）的情况下，农户和地主所缔结的合同结构无疑脱离不开这三种形式，但是，给定产权的复杂性，进一步给定农产品市场的多维性，以及技术进步和人均收入提高导致消费者对农产品质量和服务的需要的多层次性和递进性（即对质量和服务变得更挑剔了），缔约结构将变得越来越复杂而多元，合同结构（或缔约结构）本质上是对各种约束条件的反应与“对冲”。一种合同结构被舍弃，而另一种合同结构被选择，或多种合同结构被同时选择，均与缔约各方的风险偏好和所面临的各种约束相关。托管制的出现或被缔约各方所选择，同样遵循“规避风险，降低交易成本，提高双方预期盈利能力”的经济逻辑。

托管制，顾名思义，是一种（事关）委托管理的制度安排（缔约安排）。调研表明，托管制作为合同结构之所以被（交易各方）选择，既是农场或合作社等农业生产经营单位对规模化、土地连片化经营的需要，也是因为农业技术进步，包括农业机械化作业中的不可分割性，以及农业生产经营过程的监控技术不仅在很大程度上解决了信息不对称问题，还能够有效地实现产、供、销诸环节的有效对接。同时，农产品和相关服务的市场日益扩大，对质量和数量的要求不断地提高和精确化，使小农式的、原子式的家庭生产模式与农业生产的社会化、规模化的要求存在着不可解决的冲突，因此，规模化经营、连片化经营成为必然选择，与此相对应的是，如何把大量的、由农户（家庭）拥有承包经营权的土地通过某种方式转而由某个农业企业或合作社规模化经营，以适应市场的需求和农业生产技术所创造出的生产力水平，便成为农业产业化和农业现代化的关键问题。无论何种农业合同结构，或无论何种农业模式，最终被农户和农业生产经营单位或交易各方所选择，既内生于市场需求结构，亦受制于农地的产权性质，还要满足于技术进步导致的生产力水平对于交易关系、交易结构、合同安排和激励机制的特定要求。

本文的研究发现，托管制本质上是委托人和受托人所缔结的有关权利的合同，旨在降低经营风险、减少交易成本、生产成本、销售成本，提高产出率和各方盈利能力。如托管制为交易双方所选择，意味着托管制所带来的预期收益要高于其他缔约结构导致的预期收益，并且需要通过合理设置托管价格消减合同不稳定的因素。实地调查表明，不能简单地仅仅把托管制理解为合同工具箱的一种可选形式，只有考察清楚了这种合同被选择的约束条件（限制性条件或前提条件），才能理解这种合同为什么被缔约的各方同时接受并最终选择。在本文看来，这些约束条件既包括交易各方所面临的制度和区位等参数，如土地所有制及其各类衍生形态，交易品的自然属性，交易市场的基本规则，政府所颁行的政策，也包括了交易各方内在要求所诱致出来的供给及其结构，以及需求及其结构，例如对地权的需要，对融资的需要。此外，信息分布的偏在性也使交易各方所拥有的信息是不对称的，这同样构成了对缔约人的信息约束。在诸多约束下，缔约各方经过谈判，将选择出合适的合同结构，以规范交易行为，减少不确定性。

当前学术界对土地托管制的研究少之又少，经济学方面的考察接近空白。基于此，本文以不完全合同理论为基础，通过对土地托管制的理论分析及案例研究，阐析其背后的经济逻辑。

二、文献综述

实现农业产业化的主要途径是实现规模化生产，无论是土地托管、土地入股还是土地流转，其目的均是通过高度互补性的生产要素的结合实现更高收益。潘劲（2011）认为，合作社产生的一个重要原因是对潜在利润的追求。而在农地产权约束与信贷约束的背景下，异质性大户（企业）的专用性资产与同质性农户的土地具有高度互补性（邓宏图，2015），两者之间合作产生的效率改进正是实现潜在利润的来源。新古典经济学有关规模经济的讨论一般地限定在单个企业，即使讨论多个企业，甚至行业，也并未考虑企业之间的交易过程，因此，呈现的只是成本曲线或产量曲线的变化，但是，问题的实质在于，生产经营中的规模化一般地总是交易后的结果，交易涉及交易各方的讨价还价，因此，规模的扩张不仅仅是数量的增加，更关涉到不同归属的产权的融合，既包括不同产权主体之间对交易中的产权的定价，也包括定价后融合了的产权如何运行以便实现交易各方的预期利益和现实的或潜在的目标。以此观之，规模化本质上就是交易各方缔约和按合同行事的结果。科斯（Coase，1937）发现，尽管价格机制能够引导资源实现有效配置，但并不是无成本的，而是有代价的，因此，假定结果一样，通过市场（价格）机制配置资源导致的成本高于通过企业内部的治理结构配置资源导致的成本，那么，企业就可以替代市场而被当事人选择。自此，通过治理结构的视角分析不完全契约的理论体系得以建立（杨瑞龙、聂辉华，2006）。张五常就说，企业本质上是以资本雇佣劳动为核心的多组合同安排。威廉姆森（Williamson，2002）以交易费用为分析对象，从资产专用性、不确定性与交易频率三个方面研究交易属性，从而得出节省交易费用的最优治理结构。国内农业经济组织的诸多研究都是交易费用经济学（TCE）的应用和拓展。在一定程度上，这些研究也验证了交易成本经济学在解释现实经济问题中的合理性。邓宏图等（2017）认为，环境参数、交易属性以及两者间的组合和相互作用会决定交易成本，进而导致缔约效率性的差异。万俊毅（2008）通过对温氏案例的研究，认为紧密型的纵向一体化的组织结构以及包括声誉、互惠、沟通在内的关系治理机制能够降低交易成本。这些文献均是TCE下的逻辑推演，本质上是对不同合同条款、相关利益方、交易属性等条件下契约密致性差异的分析。这类研究从交易而非产权角度入手①，有助于具体化现实中的契约结构与组织形态，但默认了一体化对降低交易成本的必然性，随之而来的问题就是这种分析逻辑难以解释现实中商品契约与要素契约并存的现象②，因此也就难以解释土地、劳动力等要素能够为不同的所有者利用，这些不同的所有者根据合同的赋权分配他们的控制权与索取权。

一个值得关注的问题是，互补性要素是否能以不同种方式相结合？张晓山等（1998）很早就注意到了不同产权结构的股份合作制企业的稳定性差异，邓宏图（2008）在研究合作经济组织演进时就重点关注了产权的多重属性，比如土地的私产属性实际上可以与多种合约结构（分成合约、固定租金合约、固定工资合约）相配套。周立群、曹利群（2002）则注意到了农业产业化过程中商品契约与要素契约之间的替代性。这类研究对于现实中存在的农业产业化组织给出了合理的经济学解释，比如联合生产中“统一经营”的性质（邓宏图，2008）以及商品契约稳定性的可能（周立群、曹利群，2002），但却没有给出一个统一的分析框架用于比较不同合约模式之间效率的优劣。产权理论（GHM）的应用在这一点上得以突破。格罗斯曼和哈特（Grossman and Hart，1986）认为合同的权利分为特定权利（specific rights）与剩余权利（residual rights），所有权本质是剩余权利的归属问题。剩余权利无论如何分配都会导致扭曲，从中就产生了不同契约（所有权的差异）的效率比较问题。哈特和摩尔（Hart and Moore，1990）在此基础上分析了不同的控制权结构下的激励与分配问题。产权理论的分析范式对理解中国农业形态的演变趋势和农村经济组织的内在本质更具有针对性和现实意义，不仅对单

① 国内诸多研究遵循交易成本的分析传统，从交易方的异质性、同质性，以及所拥有的禀赋角度切进农业组织之研究，或从交易频率、资产专用性、交易半径、不确定性等维度深入考察合同结构为什么被选择的历史与现实诱因。其本质上仍然涉及产权的融合化或联合化，但以交易为视角的研究很少从边际上分析产权归属变化所导致的效率损失。

② 虽然邓宏图等（2017）的案例研究观察到了理性的“不合作”，而这种“不合作”主要根据交易属性作出的基于成本与收益比较后的经济学判断，因此其理论基础依旧肯定了一体化对于降低交易成本的作用（一定前提下），而并未关注产权属性。

一要素的所有权的定价与转让，甚至对多种要素所有权，以及要素之间因为交易而形成的联合所有权的定价与转让，还有由此而来的激励问题，都能提供经验观察、理论判断和历史逻辑相统一的经济学解释，因而在当前的研究中有诸多应用。聂辉华（2012）正是以 GHM 理论为基础，在一个统一的关系合同分析框架下比较了不同缔约结构的生产绩效。还有研究以产权理论为基础，根据专用性资产、土地、人力资本在生产中的边际影响（邓宏图，2015）以及交易方讨价还价的能力（高雪萍等，2017）倒推出最优的控制权结构。

产权理论对于本文分析土地流转极具借鉴意义。GHM 理论更加关注由资产专用性带来的事前投资无效率问题，但在农业产业化经营过程中，在交易各方缔结有关农业生产经营合同时，资产（本）投入，例如机械设备、农田水利设施都是确定性条件，有关这些投入品的信息对双方来说，也是透明的、可知的。那么，给定上述条件，则合同的稳定性和效率就与事前投资关联不大，此时更要注意合同的不完全性导致合同的赋权与当事人所能感知到的实际赋权的不一致性导致事后交易中的效率损失。GHM 的研究重心在资源配置效率的优劣上（方面），因为最优产权结构等同于最优资源配置效率，于是，一个顺理成章的推论就是，企业物质资产的控制权和剩余权的分配才是十分紧要的。相比于 GHM 理论，哈特（Hart，2008）的参照点（Reference Point）理论对解决事后“敲竹杠”的问题更具解释力。该理论引入了行为经济学的元素，认为参与人会将初期的合同定价视为参照点（也可能以外部某个相关联的标准为参照点），交易时任何对初期价格的偏离都会使参与人认为自身利益受到了侵害，从而产生“折减”行为（shading）甚至“敲竹杠”，进而导致合同的效率损失。在此基础上，哈特（Hart，2009）进一步考虑了交易双方再协商、重新订立合同的可能性。哈特等把交易看成是前后相随的过程，既有交易之始，亦有缔约之中，更有缔约之后双方的行动（实施）及其后果（即剩余权的实际分配状态），由此在理论上便衍生出了事前和事后问题，于是，事后分配权和控制权的分布会反推出事前的非效率（事前准备的非效率，或事前针对缔约前景而需要的（初始）投资的非效率）。此时重开谈判会可以影响双方的预期和可能的收益，现实中，可能会创设更具弹性的合同，但同时会对双方的行动提供一个合意区间，从而使合同是弹性和刚性的“结合”。该研究思路可用于分析合同的稳定性、效率、定价等问题，而这正是现有关于农业经济组织的研究文献所忽视的。比如在黄胜忠（2008）的实证研究中注意到了合作社成员在资源禀赋、参与目的、成员角色方面的差异会最终导致产权、控制权以及利益分配机制上的高度异质性，但并未对这种异质性给予理论刻画。将产权理论与参照点理论用于土地托管制度的分析，既考虑了产权对于效率的影响，也注重了商品契约下“敲竹杠”行为带来的效率损失。此外，土地托管模式与以往模式的另一处差异在于，无论是土地流转还是土地入股，交易的对象均是土地这种生产要素，而一旦这种交易达成，就默认了土地与劳动力（生产）的结合①。但土地托管中交易的对象变为“生产服务”，这就将土地要素与劳动（机械）要素剥离开并对“生产服务”进行合理定价，而要定价则又需要充分考虑市场价格、成本收益等诸多因素。基于此，本文在不完全契约理论的基础上，尝试构建一个包含市场价格、生产成本以及所有权等因素在内的统一的分析框架，探讨土地托管制度背后的经济逻辑。

三、产权、“敲竹杠”与托管定价

（一）托管制

当前，农业生产组织在形式上展现出多元化特征。“农户 + 市场”“农户 + 基地 + 市场”“农户 + 合作社”等形式的组织模式不一而足。土地托管制作为一种新兴发展起来的模式，是拥有土地承包经营权的农户（或家庭）把全部或部分的土地经营权委托给农场、农业企业或合作社，由后者（即受托方）经营，后者组织生产经营活动并取得收益，再根据委托方和受托方所签协议（或合同）按一定比例分配这些收益，一般认为，这些收益是双方合作带来的盈余。托管合同有效地规避了土地所有权和承包权的转让，使得具有专业经营能力的企业、农场或合作社不必要通过高额投入（占用过多的现金流）即可获得土地经营权，扩大生产规模，实现规模收益或范围经济。

文献梳理与案例研究均发现，组织形式的差异主要取决于三个本质问题：由谁生产？按何种要素分配？控制权归属如何？这三者共同决定了不同形态的组织形式和内部治理结构。由谁生产决定了农业生产的规模化与专业化程度，既可以是大农场的现代化农业生产，也可以是传统小农的精耕细作。生产方的确定直接影响了农业生产经营的成本、讨价还价能力（即定价权）、生产规模、市场半径以及销售渠道和市场终端的锁定方式。如何分配的问题是在要素联合投入的情况下，要素所有者怎样分配他们在联合生产经营中所得到的利润，这涉及投入要素的种类、性质以及在联合生产经营中的边际贡献。控制权，也即所有权归属问题，关乎交易各方的信息披露情况、当事人（要素所有者）的谈判能力等等。

---

① 在诸多研究中，劳动力与土地的捆绑都是一种固有搭配。如张五常的“佃农理论”中，虽然合约的形式具有选择性，但任意合约下劳动与土地的结合都是默认的。

图1对于不同组织形式进行了一个简要的划分，如图所示，由于生产方、参与分配要素性质以及所有权归属的差异而产生的不同形态的组织模式。上方的组织模式均带有规模化特点，因为由企业生产本身就意味着生产要素的联合，但规模化的程度既取决于生产经营技术，也取决于要素的结合方式，即当事人以何种形式来缔结合同，以在技术给定下最小化交易成本，最大化盈利能力，上述诸多因素共同决定生产经营的规模。不同的缔约方式，既受制于技术和金融约束，也与各种要素的配置方式和技术决定下的企业内的分工与专业化程度相关。此外，值得一提的是，不同模式的组织形态的搭配组合还能形成更复杂的组织治理结构，比如，劳动雇佣模式与土地流转模式的结合会产生大农场经营模式，而生产合作社模式与土地流转模式的结合则可能产生“龙头企业＋农户”或者“龙头企业＋基地＋农户”的合同结构。

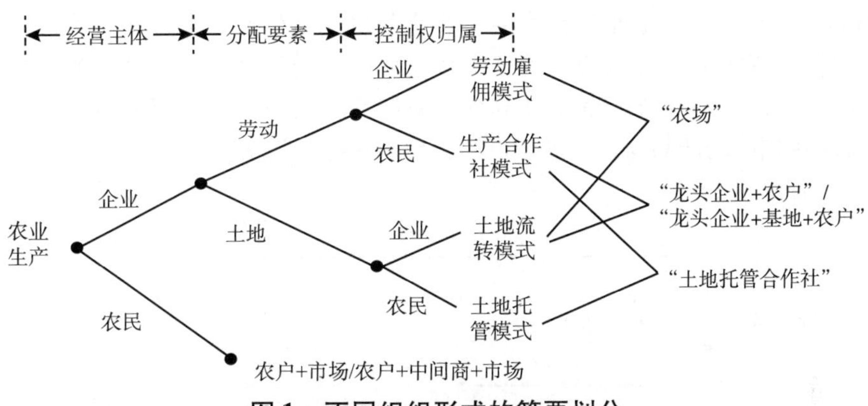

图1　不同组织形式的简要划分

根据图1所示，土地托管是以企业牵头生产，按照土地要素进行分配，而土地的控制权归属农民的一种合同结构。这种要素联合并由企业生产的方式在生产效率上必然高于以农户为主体的经营模式。通过对比“农户＋市场”模式（或者其衍生模式）以及托管模式可以发现，后者同所有的规模农业组织一样，能够克服小农生产经营的固有缺陷。企业的规模大于家庭，更多的源于技术和管理，技术上可以使更多要素结合在一起，而管理则使诸多要素充分有效地实现联合。家庭同样拥有各种不同要素，但由于家庭所面临的资金约束，使它无法合理地利用技术并实施规模管理。土地托管制的合同安排避免了家庭的局限性，同时又通过合同有效地利用了家庭所拥有的土地承包经营权，相应地扩大了生产规模，却同时又不用支付土地流转成本。规模化与现代化的生产经营有利于降低农业生产成本，提高产业并有利于提高市场议价能力，锁定市场终端①。若不考虑组织化生产经营对产量的提升，假设在两种模式下农业产业市值均为 v，在“农户 + 市场”模式下，农业生产成本为 c_1，在土地流转模式下，生产成本为 $c(c_1 < c)$，那么表明在通过土地流转，农户与土地流转合作社的净收益增加为 $c - c_1$，那么在保留原有分配的基础上再对 $c - c_1$ 在农户与企业之间分配就一定能够实现一种帕累托改进。

（二）土地托管、土地流转与不确定性

我们进一步对土地托管过程进行一个简要的说明，以分析同样作为规模性生产方式，土地托管模式与土地流转模式之间的异同②。如图 2 所示，我们将农民与合作社的交易过程抽象为 3 个时间点。在土地托管制中，在 0 时刻，农民（委托人）向托管企业或合作社（受托人）购买农业生产服务，并转移托管费用 P③。托管企业承接托管业务后开始生产，生产成本为 C。在 -1 时刻，农产品产量与市场价格等信息明晰，托管合作社会以一个约定的价格从农民手中回购农产品，支付农民费用 W_0。在 1 时刻，托管合作社将从农民手中回购的产品与客户进行市场交易，获得收益 W。

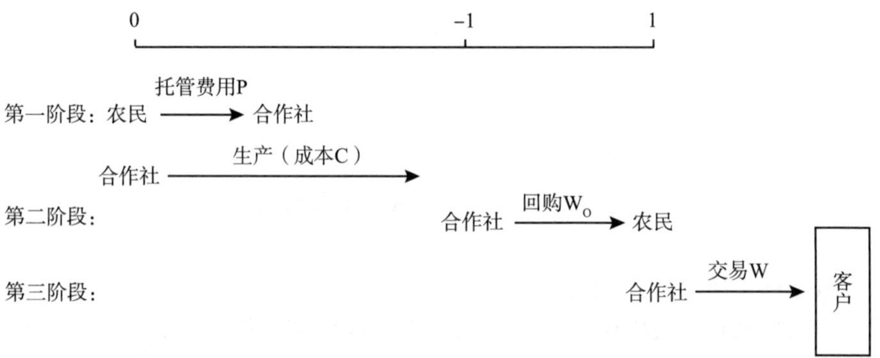

图 2　土地托管模式

图 3 表示的是土地流转模式下的交易过程。在 0 时刻，公司或者合作社从农民手中流转土地经营权，向农民支付一笔费用 T。接着公司或者合作社在流转的土地上进行农业生产，并付出生产成本 C。在 1 时刻，公司或合作

---

① 托管制并不必然地会锁定市场终端，只是相较而言，它比家庭更有市场上的主动权和谈判权，因而，较易建立起特有的销售渠道，使得锁定市场终端的概率大大提高了。

② 托管业务可以分为全部托管与部分托管。在这里所谈的托管为全部托管。部分托管业务在托管流程与交易过程上与全部托管无异，因此在成本收益的分析上两者无异，但所有权归属的差异同样会导致效率的差异，这一点我们会在后文进一步分析。

③ 这里我们先将托管价格视为给定，该价格如何确定我们将在后文进一步讨论。

社将生产的农产品进行市场交易，同样获得收益 W。

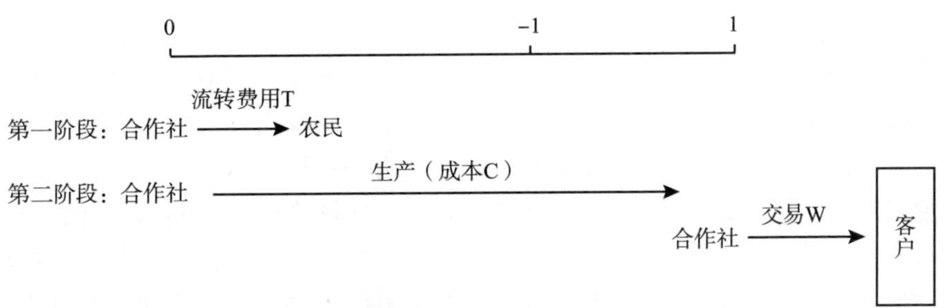

图3　土地流转模式

设市场利率为 r，从成本收益的角度分析：

在土地托管制中，企业收益为（折算为终值）：$W+(\bar{P}-\bar{C})\times(1+r)-W_0$。

土地流转模式中企业收益为：$W-(\bar{T}+\bar{C})*(1+r)$。

已知当 $W_0-(1+r)\bar{P}<(1+r)*\bar{T}$ 时，土地托管要优于土地流转，该式可以变形为 $W_0<(1+r)*(\bar{T}+\bar{P})$，所以，当土地流转费用 $\bar{T}$ 越高、托管价格 $\bar{P}$ 越高或者利率 r 越高时，企业选择土地托管会获得更高的收益。反之，则土地流转的可得收益更高。此外，W_0 表示托管企业回购农产品支付给农户的费用，若市场价格波动大导致 W_0 无法确切进行估计，选择土地流转可以规避这种不确定性，从而给风险规避的交易者带来更高的效用。

基于此，本文提出命题 1。

命题 1：相比于农户经营模式，土地托管与土地流转均能大幅降低农业生产成本或者提高产量，提高交易双方的净收益。当土地流转费用、托管价格、利率越高，同时市场价格波动较小，没有造成预期的不确定时，土地托管更易被选择。

然而，以上的分析并未考虑托管价格可能会受到农产品市场价格的影响，同时，从交易成本经济学的角度来看，土地托管模式中的交易环节更多，可能意味着由于谈判（讨价还价）而产生更高的交易费用。而从合同的角度来看，土地托管制下的合同是不完全的，因为市场价格、产量等因素无法在缔约初期得以确定，土地流转制却更像是一个完全合同，从而能够规避诸多不确定性带来的讨价还价的效率损失。因此，研究托管制仍然需要重点关注有关合同不完全性的两个问题，其一是托管合同的定价，其二是合同的稳定性和有效性。

（三）不完全合约、“敲竹杠”与托管定价及其区间

本文进而考虑土地托管过程中可能发生的效率损失问题。由于农业生产的季节性与周期性特点，农产品的生产与价格的发现之间存在一个较长的时间跨度，这表明在生产决策的时候，交易价格是难以写入合同的，因此我们借鉴哈特的参照点理论对这一过程进行分析。如图 2 所示，将农业生产与交易过程抽象为 3 个时间点，在 0 时刻，农户或者企业做出生产以及投资决策。此时农户与企业之间可以签订合同，但由于事前无法预知未来可能发生的情形，比如农产品市场价格、自然风险、产量等信息均未呈现，所以该合同是不完全的。在 -1 时刻市场状态明晰，农户与企业均能够通过现有的状态计算自己能够获得的收益。如果双方认为此时的收益与预期相符合，会按照合同事先的约定开展交易（采取行动，落实合同条款）。若有一方认为并未获得预期的合同赋予的权利与收益，那么会在 -1 时刻进行再谈判，或者终止交易。在土地托管模式下，0 时期农民与合作社签订土地托管协议，并向合作社缴纳一笔托管费。在 0 到 -1 时刻，合作社行使托管权利，开展生产。在 -1 时刻市场价格明晰，若农户对于市场价格感到满意，则合作社会以略高于市场的价格回购农产品并销售给客户。若农户认为市场价格远低于预期，则会在 -1 时刻要求再谈判（即“敲竹杠”）。这一过程就是我们在上文分析的基础上，引入缔约过程从而对托管制度进行更抽象的刻画。通过借鉴哈特的理论构建土地托管模型，有利于我们将产权问题、市场风险问题以及道德风险问题纳入一个统一的分析框架。

以 A 代表农户，B 代表合作社。设 0 时刻农户向合作社交纳托管费用 P。合作社进行农业生产的成本为 C，根据农业生产投入的特点，这里假设 C 为定值。在 -1 时刻，市场价格为 x，合作社会以高于市场价格 ε_0 的价格回购农产品。由于价差 ε_0 的存在，农民与合作社的交易价格总高于在市场上的零售价。因此若农户 A 与合作社 B 之间达成托管交易，则农户 A 的收益 V 可以表示为：

$$V = (x + \varepsilon_0)(Q + \varphi) \tag{1}$$

其中 Q 表示土地的平均产量。一般而言，土地质量越高则产量也会越高，因此本文也用 Q 来代表土地的质量。φ 可以被认为是对于产量有影响的因素，满足 $\varphi \sim N(0, \sigma^2)$，因此 $Q + \varphi$ 表示当年的实际产量。

根据以上设定，若满足 $C < P < V$，则托管合同就有可能达成。令 U_A 与 U_B 分别表示 A 与 B 在托管交易中所得的净收益，可知：

$$U_A = V - P = (x + \varepsilon_0)(Q + \varphi) - P$$

$$U_B = P - C$$

因此可得：

$$U_A + U_B = (x + \varepsilon_0)(Q + \varphi) - C$$

农业生产决策与合同的签订是事先决定的，而产出和价格却是事后发现的。只有到 -1 时期，农民才能够知道自己的确切收益（V - P）。此时农民会将托管制度下所得的收益与独立经营的收益进行对比，我们将独立经营所得收益记为保留收益 r_A。若 $V - P < r_A$，也就是在土地托管制度下的收益低于自己耕种的收益，农民则会认为未得到合同中赋予自己的权利，从而产生重新缔约的要求。在土地托管中，受托企业由于机械化作业的缘故，对于土地连片的要求高。这表明一般而言企业会倾向于与农户签订多期合约。若农户退出托管，则在降低企业收入的同时还会增加托管服务的成本。而当 $V - P < r_A$ 的情况出现时，农户的选择退出托管的威胁是可置信的。因此当农户提出再缔约时，企业同意与之再缔约，会成为一个纳什均衡。我们将这种再缔约的要求视为"敲竹杠"行为（hold-up），虽然从农民角度而言这种行为是在争取应得的权利，但它同时也违反了合同订立初期的原则。

"敲竹杠"行为必然影响合同双方的交易关系，在合同不完全的条件下，双方均对于合同中不可缔约的事项拥有一定的自由裁量权。也就是说，企业与农户再缔约后，企业会在一些交易活动中选择消极而非积极的行为，而这些行为具有可观察不可证实的特点，并会对农户的收益产生影响。令 λ 表示"敲竹杠"行为使净收益损失的比例。

因此，"敲竹杠"后的净收益为：

$$(1 - \lambda)[(x + \varepsilon_0)(Q + \varphi) - C]$$

若 A 与 B 之间选择不发生交易，则 A 的收益为 r_A，B 的收益为 r_B，在这里，保留收益 r_A 与 r_B 可以视为 A 和 B 的外部参照点。于是有

$$\begin{cases} V - P < r_A \\ (1 - \lambda)[V - C] > r_A + r_B \\ V' - P' > r_A \end{cases}$$

上面三个不等式中第一个不等式表明：农户收益小于保留收益；第二个不等式：企业与农户不发生交易的收益低于农户敲竹杠后双方的净收益；第三个不等式：在敲竹杠后农户的收益达到保留收益，其中 V′代表"敲竹杠"后的可得收益值，P′代表再缔约后的托管价格。如果满足上述三个不等式，事后"敲竹杠"行为一定会发生。

令 $G = (1 - \lambda)(V - C) - r_A - r_B$，并假设农户与企业为 50∶50 的谈判地位，所以"敲竹杠"行为发生时有以下两式成立：

$$U_A = r_A + \frac{1}{2}G$$

$$U_B = r_B + \frac{1}{2}G$$

由于 $G>0$，故有 $U_A>r_A$，“敲竹杠”的动机成立。

假如此时合同能重新把价格进行调整，令 P_H 表示价格调整的一个临界值，此时对农户 A 而言，是否“敲竹杠”没有差异，即：

$$V-P_H=r_A+\frac{1}{2}G \tag{2}$$

同样，令 P_L 表示价格调整区间上的另一个临界值，对合作社 B 而言，是否“敲竹杠”没有差异，即：

$$P_L-C=r_B+\frac{1}{2}G \tag{3}$$

由（1）式与（2）式可得，$P_H=V-r_A-\frac{1}{2}G$，$P_L=r_B+\frac{1}{2}G+C$

若 $P_L<P<P_H$，则敲竹杠行为不会发生。

这里，我们假设

$$r_A=\alpha_A+\beta_A V+\gamma_A\eta_A \tag{4}$$

$$r_B=\alpha_B-\beta_B\cdot C+\gamma_B\eta_B \tag{5}$$

上式中 α_A、α_B、β_A、β_B、γ_A、γ_B 均为常数，η_A 与 η_B 为影响外部保留收益的随机因素，假设其服从正态分布。该式表明若在托管交易中农户可以获得的收益 V 越高，则农户的外部保留收益也越高；合作社在交易中需支付的成本越高，则其可能获得的外部保留收益就越低。假设背后的含义是，农户自耕的收益取决于市场价格，而托管合同中农户获得的收益 V 同样主要受市场价格影响，因此两个之间一定存在正相关关系。由于保留收益是农户或者合作社在不参与土地托管交易的情况下所得收益，如果外部保留收益越大，那么加入土地托管对该参与者而言吸引力就越小，而希望达成土地托管协议的另一方需要付出的努力（比如利润分配）就越大。因此，外部保留收益越大实际上也意味着一方在托管缔约中的谈判地位也将越高。

联立（1）~（5）式可得：

$$\begin{aligned}P_H&=(x+\varepsilon_0)(Q+\varphi)-r_A-\frac{1}{2}(1-\lambda)(V-C)+\frac{1}{2}r_A+\frac{1}{2}r_B\\&=\frac{1}{2}[\alpha_B-\alpha_A+\gamma_B\eta_B-\gamma_A\eta_A+(1+\lambda-\beta_A)(Q+\varphi)\cdot\varepsilon_0\\&\quad+(1-\lambda-\beta_B)\cdot C+(1+\lambda-\beta_A)(Q+\varphi)\cdot x]\end{aligned} \tag{6}$$

$$\begin{aligned}P_L=&\frac{1}{2}[\alpha_B-\alpha_A+\gamma_B\eta_B-\gamma_A\eta_A+(1-\lambda-\beta_A)(Q+\varphi)\cdot\varepsilon_0\\&+(1+\lambda-\beta_B)\cdot C+(1-\lambda-\beta_A)(Q+\varphi)\cdot x]\end{aligned} \tag{7}$$

至此，我们得出了托管合同的定价区间［P_L，P_H］，当托管价格处于这一区间时，能保证农户收益高于其保留收益从而没有“敲竹杠”的风险。

由（6）式与（7）式可得，

$$\frac{\partial P_H}{\partial x} = (1 + \lambda - \beta_A)(Q + \varphi) \tag{8}$$

$$\frac{\partial P_L}{\partial x} = (1 - \lambda - \beta_A)(Q + \varphi) \tag{9}$$

$$\frac{\partial P_H}{\partial C} = 1 - \lambda - \beta_B \tag{10}$$

$$\frac{\partial P_L}{\partial C} = 1 + \lambda - \beta_B \tag{11}$$

(8)~(11) 式表明市场价格与生产成本的变动均会影响临界值 P_H、P_L。在托管制下，需要合理确定托管价格 P 使农民与合作社达成一个稳定、有效的合同。但上式表明市场价格的波动可能导致托管定价 P 处于区间［P_L，P_H］之外，从而产生“敲竹杠”行为，最终达成一个具有效率损失的合同①。

命题 2：在托管模式下，农户与托管合作社（公司）之间达成的协议具有不稳定性，这是因为农户会将托管制下的收益与保留收益（如自耕收益）进行比较。若托管收益未达到保留收益水平，便会发生“敲竹杠”行为。为避免“敲竹杠”行为的发生，必须合理设置托管价格，直到合作社与农户处在稳定的托管合同之中，就是说，托管合同是稳健的，是可执行的。而在现实中应当能够观察到托管价格会随过往期的农产品市场价格而发生变化。

（四）引入产权：选择什么样的托管制

首先对土地托管制下的产权进行定义。农村土地为集体所有，农户拥有土地的承包权与经营权。在发生土地流转时，公司或者合作社流转了农户土地的经营权。而在托管制下，土地承包权与经营权的归属均未发生转移。通过土地托管合同，农户向合作社购买了生产服务，合作社因此得到了合同规定的开展特定生产经营活动的权利，比如播种、杀虫、除杂、收割等。剩余控制权是对订立合同时没有明确规定的或然事件出现时做出相应决策的权利。哈特认为，产权归属于谁主要看哪一方拥有剩余控制权。在土地托管制中，合作社看似并未拥有土地的经营权，但却拥有相当的自由裁量权以及一定的剩余控制权。比如合作社能够自主决定生产何种农产品，以及将产品销售给哪一家公司，而这些决策是不会受到参与土地托管的农户的干预。农户同样保留一部分剩余控制权。因此，土地托管虽然未发生经营权的转移，但实质上依然是农户在合同期限内将土地的一部分产权让渡给合作社的行为。而土

① 这里没有进一步讨论 $P > P_H$ 或者 $P < P_L$ 的情形。因为合作社期望与农户签订一个稳定、有效的长期合同，如果合同稳定性较差，并极可能导致损失，合作社会放弃土地托管模式而采用土地流转模式以避免这种不确定性，因此本文主要讨论合同稳定性的条件。

地托管的项目越多，这种产权转让的程度就会越大。

在前文托管定价的基础上，分析不同程度的产权归属会对最终的结果产生何种影响。用 A 表示所有资产的集合，A_a 与 A_b 分别表示属于农户 A 与合作社（公司）B 的所有资产的集合，农户的资产为土地，合作社的资产为用于生产的劳动力、机械设备等，两者之间在功能上具有高度互补性，该集合满足：

$$A_a \cap A_b = \varnothing$$
$$A_a \cup A_b = A$$

从经济含义上，可以认为，当一方所拥有的资产越多，则在无交易的情况下，该方所获得的外部保留收益也会越大，因为拥有资产的多寡本质上代表一方所有的剩余控制权，当交易无法达成时，更多的剩余控制权保证了一方在外部市场上具有更大的选择集合。因此，可以认为：β_A 是集合 A_a 的非递减函数；β_B 是集合 A_b 的非递减函数。

A 与 B 签订土地托管合同时，会发生土地产权的转移。设想在合同订立初期，A 与 B 签订的是半托合同，也就是只将一部分生产服务委托给合作社。从该合同出发，若农户 A 要求更多的托管业务，那么就有更多的土地产权向 B 转移。图 4 给出了由于托管业务的不同而发生的产权转移问题。

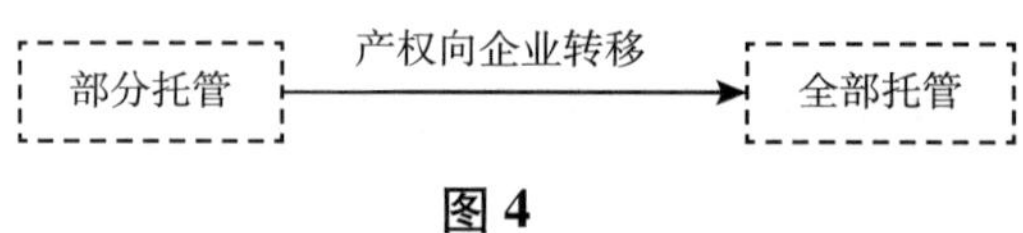

图 4

以初始合同为部分业务托管合同为例。当农户 A 要求获得更多的土地托管服务时，会逐步将土地产权转移至 B，那么根据 β_A 和 β_B 的性质可知，此时 β_B 会增加，β_A 会减少。根据（8）~（11）式可知：

$$\frac{\partial P_H}{\partial x}\uparrow；\frac{\partial P_L}{\partial x}\uparrow；\frac{\partial P_H}{\partial C}\downarrow；\frac{\partial P_L}{\partial C}\downarrow$$

由前文的分析可知，P_H 与 P_L 是避免双方发生“敲竹杠”行为的价格的上下界，$\frac{\partial P_H}{\partial x}$与$\frac{\partial P_L}{\partial x}$均增加说明了 P_H 与 P_L 对于市场价格的变动在此时变得更加敏感，$\frac{\partial P_H}{\partial C}$和$\frac{\partial P_L}{\partial C}$的变化说明 P_H 与 P_L 对于农业投入成本的变动的敏感度降低。P_H 与 P_L 对于市场价格变动的敏感度提高表明 P 处于区间［P_L，P_H］的概率降低了，进而说明当价格变化时发生“敲竹杠”行为的可能性增加了。这意味着当市场价格波动大时，由于全部托管合同相较于部分托管合同稳定性更差，因此部分托管模式更能适应外部的市场环境从而也就会被选择。P_H，P_L 对 C 的敏感度降低，可知，即便生产成本有较大变动，合同也是更加趋于稳定的。

农户在决定是否进行土地托管以及进行何种业务的土地托管时，都会考虑自己可能获得的收益，而选择不同项目的托管服务也意味着农户潜在收益是有差异的。这是因为，农户要求的托管服务越多，向托管合作社让出的产权也会越多，那么农户也就更少地拥有自主权以决定农产品的生产与销售。举例来说，如果农户仅从合作社购买了一项播种服务，而其余生产过程全部是由农户自己完成的，那么农户受到合作社决策的影响就很小。那么在农产品市场价格走高的情况下，农户也更易通过个人出售而非通过合作社进行市场交易。反之，当农户选择全部托管时，农户与合作社就“捆绑”在一起，从而自主决策的范围也就更小了。换言之，农户选择托管程度的大小的同时也决定了其外部可能获得的保留收益，这正是（4）式以及为 A_a 的非递减函数背后的经济含义。

根据以上分析，在不同市场条件下，农户会调整土地托管策略以最大化个人收益。当市场价格变动较大时，未预期的农产品价格的增加会提高农户的收益，此时，选择半托业务有利于自己灵活地选择何时出售、向谁出售农产品，甚至退出土地托管以增加保留收益，反之，当市场价格稳定，套利空间较小时，选择全部托管获得可预期的稳定收益对农户而言更为可取。从生产成本角度而言，从半托到全托对生产成本的敏感度降低，表明对于那些生产成本稳定、可控的过程，农户更倾向于由个人或者家庭完成，而将另一部分成本高并可能波动的生产服务选择委托给合作社。当合同为全部托管时，企业或合作社承担了主要的生产成本，一方面，由企业承担所有成本会使合同更加稳定，避免“敲竹杠”的行为；另一方面，企业由于资金与技术实力，也更易控制生产成本。

据以上分析，本文提出命题3。

命题3：农户选择何种程度的土地托管会受到市场价格以及生产成本的影响。当市场价格波动较大时，可能获得的产品溢价会使农户更倾向于选择部分托管以增加外部保留收益、提高谈判能力，当市场价格趋于稳定时，农户则倾向于更高程度的土地托管以获得可预期的稳定收益；在选择托管业务时，农户还倾向于将成本可控的生产过程由自己承担，而将成本易波动的业务委托给土地托管合作社。

命题3的进一步说明：根据本文的分析逻辑，托管制的程度不同实际上表示的是农户与托管企业拥有产权状态的差异。更高程度的土地托管表明土地产权由农户向企业让渡。而市场价格和生产成本的波动都代表了可能承担的风险大小，选择不同程度的托管模式即是选择了生产资料产权的分割，而产权的分配差异会直接影响交易中的“敲竹杠”行为与讨价还价的地位。因此，这本质上可以看作是通过所有权的不同配置降低交易主体所承担的市场风险，从而减少交易中的无谓损失。

四、现实中的案例：南乐县鑫农种植专业合作社

（一）南乐县鑫农种植专业合作社

濮阳市南乐县鑫农种植专业合作社，于2011年9月成立。该合作社的主营业务包括良种繁育、订单农业、配方施肥、机械作业、烘干存储、科技推广、信息咨询等，经营服务区域涉及河南、河北、安徽、江苏、山东、陕西等地。其经营模式以土地托管为主，小面积地进行土地流转。该合作社基础设施与机械设备均较为完善，场院面积15 000平方米，拥有标准仓库9座（面积3 800平方米），晒场2个（面积6 500平方米），各种农业机械236台（套），飞防航空器8架（用于统一的病虫害防治），烘干机3套，检验仪器117件，种子加工生产线1条，精选机3台，种子包衣机4台，参混肥生产线1套。除了农机设备，农业技术也同样受到重视，例如该合作社采用了测土配方施肥，提高了施肥的精准性。合作社还拥有繁育部、质检部、技术服务部等专业性部门，拥有高级农艺师、农业经济师、基地技术带头人等若干名。

鑫农种植专业合作社的社员总数达到3 180户，遍布8个乡镇。其经营的主要作物为优质麦与麦种。其中，小麦种子占地1.5万亩，优质麦占地3万亩。对于所托管的土地，合作社采用“整村推进，一村一种”的方式。合作社提供小麦种子，并实行统播统收，避免了劣质种子、化肥与农药等带来的损失，既提高了品质，也提升了产量。在市场交易方面，合作社会在期末分别以高于市价0.1元和0.12元的价格从农民手中回购优质麦和小麦种子，并在销售终端上也进行“锁定”。该社与北京金色农华、安徽隆平高科、中国种子集团、联创种业等公司进行合作，保证了经营渠道的广泛性，也就保证了麦种销售价格的稳定性。

（二）三个命题的验证

鑫农种植专业合作社一直未开展大规模土地流转，而是采用土地托管模式开展农业现代化经营。选择土地托管的原因之一就是受限于开展土地流转所需的投入资金。由于当地地处平原，同时耕地质量好、位置佳，土地流转的费用也相对较高，每亩地的流转费用在1 500元上下，远高于国内大部分地区500～1 000元的流转价格。土地托管为合作社节省了一笔用于土地流转

的费用。同时提供托管服务还能在生产初期获得一笔土地托管费用，有利于合作社将资金投资于基础设施的建设和机械设备的采购，保证了规模化经营，提高了农业生产效率。技术水平的上升使得资本替代水平也提高了。土地托管制下的经营统一了生产标准，保证了农产品质量，提高了合作社在市场上的议价能力。从鑫农种植专业合作社的案例中还可以看到规模化经营的巨大优势。土地托管制将土地连片面积扩大，这时，加大对基础设施和机械设备的投入，有利于增加农机有效工作时间。合作社对于托管土地进行统一播种，以便更好掌握播种密度；大型农机能够一次性完成灭茬、深松、碎土、镇压等工序；合作社下的烘干厂能够实现地里产出直接烘干，每天作业量达500吨。据统计，这种托管制下的农机耕种效率提高50%以上，大型农机提高了劳动生产率并缩短了工作日。而普通农民一则受到资金约束无法实现这种机械化操作，也就没办法以资本替代劳动；二则单个农户也很难扩大规模降低成本。相比于农户，合作社的资金更加充裕，有条件购置农机器具以实现农业现代化生产经营，从而通过规模经济提升利润空间（命题1）。

鑫农种植专业合作社会在初期与农户签订一个优质麦或麦种回购合同，规定农民在期末以略高于市价的价格将托管土地上的产出售与合作社。但据该合作社理事长介绍，的确存在极个别的农民违背合同要求将农产品售与合作社以外的第三方。这一现象表明土地托管合同的确存在一些不稳定因素，可能会由于市场价格波动或者农民预期收益与实际收益的差额而产生毁约或“敲竹杠”等行为。但理事长同时也指出，合作社开展土地托管的初期，必须与每一个参与托管的农户逐一签订托管合同，而当土地托管运行若干年后，合作社与农户之间则不再需要签订合同。从需要合同到不要合同，反映的是托管制趋向并最终呈现出的稳定性。这种稳定性的出现有两方面的原因：一方面，由于交易是长期进行的，农户会在进行土地托管的前几期观察、判断该模式下的收益水平，若能够实现更高的利润，那么这种重复博弈下的长期利润就能够使农民偏离机会主义行为，不会出现追求单期利润最大化的短视行为；另一方面，该专业合作社实现稳定、可预期的交易还要归因于农产品性质及其市场价格的特点。首先，该合作社经营的是优质麦和麦种，其品种均经过严格挑选，合作社在农业机械与技术方面的投入也是对农产品质量的可靠保证。其次，合作社对于终端进行了锁定，事先就确定了销售渠道与价格，并且这种协议价格是要高于市场价格的。因此，合作社能够向协议公司提供优质的农产品，并保证了销售价格的稳定性。可预期、稳定、较高的市场价格使农户参与土地托管获得的收益（在支付了托管费用后）高于自耕收益，从而避免了合同不稳定的问题（命题2）。

另一个值得注意的问题是，并非所有农户都选择全托业务，还有相当一部分农户只选择半托业务。并且，相比于种植麦种，土地托管用于种植优质麦的农户中，又有更大的比例选择半托。现实中观察到的这一结果实际上源于所种植农产品的特性以及随之而决定的市场行情。这是因为，麦种具有一定的特殊性，不同于普通农作物，市场对于其成品率和质量有着更高的要求。种子的需求与供给相比于一般农产品弹性也要更小。因此，一旦合作社提供的产品能够满足作为种子的质量要求，也就意味着其能够在市场交易中获得一个高于普通农产品且更为稳定的价格。正是因为优质麦不具备这一特点，其价格更易受供需影响而呈现一定的波动，因此，农户倾向于保留更多的产权以便在适当的时机获取产品溢价，或者保留更多的自主权以便在后续的交易中提高自己的谈判能力。此外，农户在选择何种业务进行托管时也有迹可循。比如许多农户会购买合作社的播种、农药等生产服务，而由个人或家庭自主承担田间除杂、收割等项目。这是因为，生产成本也会决定托管程度的高低。生产成本波动较大时，由于对生产成本更加敏感，农户会倾向于选择托管程度更高的合同。换言之，若给定托管程度为半托，其合理的做法是将成本高昂且波动的业务委托给合作社，比如播种环节，对农户而言，既需要较大的劳动力投入，也会受到种子市场价格波动的影响；同时，将成本可控的生产过程留给农户自己，如田间除杂仅需投入较少的劳动力，且成本也是可控的（命题3）。

五、简短的小结

本文分析了土地托管制产生的原因和条件，并借鉴哈特的参照点理论，研究土地托管制中可能存在合同不稳定的问题。本文认为，土地托管相比于土地流转具有节省初始资金投入的优点，并通过成本收益分析比较了选择土地托管与土地流转的条件。本文还指出，土地托管合同具有内在不稳定性，存在违约（“敲竹杠”）风险，需要将托管价格置于一个合理的区间以避免产生任何效率损失的行为。同时，市场价格以及生产成本的特点会影响农户和合作社选择什么样的托管制。最后，我们通过对调研中观察到的土地托管合作社的案例进行了分析，并对本文提出的三个命题进行了验证。

参考文献

1. 尹成杰：《关于农业产业化经营的思考》，载于《管理世界》2002年第4期。

2. 潘劲：《中国农民专业合作社：数据背后的解读》，载于《中国农村观察》2011年第6期。

3. 邓宏图、王巍：《农业合约选择：一个比较制度分析》，载于《经济学动态》2015 年第 7 期。

4. 杨瑞龙、聂辉华：《不完全契约理论：一个综述》，载于《经济研究》2006 年第 2 期。

5. 威廉姆森：《资本主义经济制度》，商务印书馆 2002 年版。

6. 邓宏图、马太超、徐宝亮：《理性的合作与理性的不合作——山西省榆社县两个合作社不同命运的政治经济学透视》，载于《中国农村观察》2017 年第 4 期。

7. 万俊毅：《准纵向一体化、关系治理与合约履行——以农业产业化经营的温氏模式为例》，载于《管理世界》2008 年第 12 期。

8. 张晓山、苑鹏、国鲁来：《农村股份合作企业产权制度研究》，载于《中国社会科学》1998 年第 2 期。

9. 邓宏图、崔宝敏：《制度变迁中土地产权的性质与合约选择：一个有关合作经济的案例分析》，载于《管理世界》2008 年第 6 期。

10. 周立群、曹利群：《商品契约优于要素契约——以农业产业化经营中的契约选择为例》，载于《经济研究》2002 年第 1 期。

11. 张五常：《佃农理论》，商务印书馆 2000 年版。

12. 聂辉华：《最优农业契约与中国农业产业化模式》，载于《经济学季刊》2012 年第 1 期。

13. 高雪萍、周波、翁贞林：《关系专用性资产、剩余控制权配置和效率提升——以江西绿能模式为例》，载于《农林经济管理学报》2017 年第 5 期。

14. 黄胜忠、徐旭初：《成员异质性与农民专业合作社的组织结构分析》，载于《南京农业大学学报（社会科学版）》2008 年第 3 期。

15. Coase R H. The Nature of the Firm. *Economica*, 1937, 4 (16): 386 - 405.

16. Grossman S J, Hart O D. The Costs and Benefits of Ownership: A Theory of Vertical and Lateral Integration. *Journal of Political Economy*, 1986, 94 (4): 691 - 719.

17. Hart O, Moore J. Property Rights and Nature of the Firm. *Journal of Political Economy*, 1990, 98 (6): 1119 - 1158.

18. Hart O, Moore J. Contracts as Reference Points. *Quarterly Journal of Economics*, 2008, 123 (1): 1 - 48.

19. Hart O. Hold - Up, Asset Ownership, and Reference Points. *Quarterly Journal of Economics*, 2009, 124 (1): 267 - 300.

Property Rights, Income Distribution and Market Risk under Incomplete Contracts

——A case study on land trusteeship

DENG Hongtu

(Institute of Finance; School of Economics and Statistics, GuangZhou University, 510006)

YANG Yun　ZHAO Yan

(Institute of Economics; Collaborative Innovation Center for China Economy, NanKai University, 300071)

[**Abstract**] This paper examines the issue of trusteeship in agricultural production under the perspective of incomplete contract theory. This article holds that the trusteeship system is essentially the relevant rights contract concluded by the trustor and the trustee, aiming to reduce business risks, reduce transaction costs, production costs, and sales costs, increase the output rate and the profitability of all parties. If the trusteeship system is chosen by the two parties in the transaction, the expected return it brings will be higher than the expected return caused by other contracting structures, and the trusteeship contract should properly set a price that will prevent the contract from becoming unstable. This is because the land-trusteeship contract is subject to default risk (hold-up) due to uncertainties (market prices). Therefore, it is necessary to place the trusteeship price within a reasonable range to avoid any loss of efficiency. This article also points out that the market price of the agricultural products and the production cost will affect the type of the land trusteeship contract that is chosen by the company (cooperative) and the farmers. For the propositions proposed in the article, we explained and verified them by analyzing the land trusteeship case observed in the survey.

[**Key Words**] Land Trusteeship　Incomplete Contract Theory　Property Rights　Market Risk

JEL Classifications: L14

农业服务的差异化定价机制何以存在？

仇童伟*

【摘　要】针对中国农业社会化服务市场呈现的本地服务价格高于外地服务价格的现象，文章从农业经营主体的“有限理性”和两类服务供给的信息传递结构出发，构建了因信息费用存在而导致的农业经营预期损失的理论模型。分析表明，本地服务较外地服务在识别突发性事件和不确定性上，更具比较优势。一个重要的原因在于，农业经营的分散化和跨区服务的不确定性，造成专注于外地服务成本优势的经营主体将面临更大的经营不确定性。借助于群体内的频繁互动和社会关系网络的“嵌入性”，本地服务可以大幅降低农业经营主体的觅价成本和信息费用，并能从该部分成本缩减中获得服务溢价。值得注意的是，如果外地服务的供给变得稳定或经营主体处理突发事件的时滞缩短，那么本地服务和外地服务的价格将趋同。本文表明，农业分工市场的形成有赖于农业经营的特性及由此诱发的信息费用，缓解分散化、多中心和间断性供给造成的信息识别风险，是深化农业分工的可能路径。

【关键词】**农业服务　差异化定价　信息结构　信息费用　合约选择**

中图分类号：**F304.7　F069.9　F061.3**　文献标识码：**A**

一、引　言

传统分工理论主要关注的是，专业化分工的经济绩效及其与市场容量的互动关系（亚当·斯密，1994；Young，1928）。进入20世纪70年代中后期，新古典经济学陷入试图构建规模经济性与消费者多样性偏好之间的两难困境，

* 仇童伟，华南农业大学国家农业制度与发展研究院博士生；地址：（510642）广东省广州市天河区五山路483号华南农业大学国家农业制度与发展研究院；E-mail：15150561782@163.com。

剖析专业化分工的最优社会构成（Dixit and Stiglitz，1977；Krugman，1979）。在此基础上，杨小凯、史鹤凌（Yang and Shi，1992）从分工的经济性及其造成的交易费用出发，探讨了社会分工的形成逻辑。就分工发展的组织问题，杨小凯、黄有光（1999）在张五常（Cheung，1983）的研究基础上，从市场与企业的合约性质层面给予了解释。这些研究的显著特征是，均把市场作为一种外生的因素，试图以社会化分工来满足消费者需求或改变经济效率。但是，就分工过程中同质产品或服务的定价问题来说，从来都是以不变价格作为基本假设的，从而忽视了分割市场情景下竞争不足造成的差异化定价问题。

但这一差异化定价问题已经出现在了中国的农业社会化服务市场之中，而且表现得尤为明显。据笔者对安徽、河南和江西等地的农户访谈资料得知，这些地区出现了本地服务价格与外地服务价格相等或前者大于后者等多种组合形式。数据资料显示，2017 年，河南省农户在整地和收割环节购买的外地服务价格为亩均 109. 33 元，本地服务价格则为亩均 130. 79 元①。尤其是在目前中国农业社会化服务市场快速发展的阶段（向国成、韩绍凤，2007；罗必良等，2017；Luo，2018），缺乏竞争和服务市场垄断显然不能作为农业服务定价差异化的有力解释。实际上，虽然发展农业社会化服务已成为中国农业转型和实施规模经营的重要途径（仇童伟、罗必良，2018a），但学界对于农业分工理论的研究显然严重滞后于实践。而且，该类研究仍在遵循亚当·斯密（1996）和杨格（1928）的传统范式，且未脱离瓦尔拉斯均衡的基本假定（向国成、韩绍凤，2007；罗必良，2017a；仇童伟、罗必良，2018b）。即依靠现有分工理论可能难以解释竞争性市场中的差异化定价问题。

关于市场价格的形成问题，新古典价格理论暗含的基本假设是，在完全竞争市场中，成交价格等于市场出清价格。之所以出现成交价格偏离市场出清价格，主要的原因是存在垄断。其中，形成垄断价格的原因除了静态竞争和古诺双寡头竞争外，产品的横向差异化（Hotelling，1929）和纵向差异化等也极为重要。但“价格歧视”是供给方在不同的市场或群体中实施的差异化定价，而非多方供给主体在同一市场中对同质化的产品或服务进行的差异化定价，这显然不符合“三级价格歧视”的基本定义。此外，在农业生产的同质化环节（如收割、整地等），农户几乎不存在对服务类型的选择性偏好（除了价格）②。如果是这样，那么“一级价格歧视”和“二级价格歧视”也都无法对农业服务市场中出现的差异化定价做出合理性解释。就垄断的难度而言，农业的分散化经营特征也使得觅价和排挤其他服务商面临高昂的交易费用，垄断理论显然不具有足够的解释力。

相反，如果将价格的形成和产品的交易抽象为合约的制定和实施问题，

---

① 数据来源于课题组 2017 年组织的对河南省小麦主产区 6 个县 3 987 户农户的微观调查。

② 这说明，产品的横向差异化和纵向差异化是无法解释农业服务市场的差异化定价现象的。

那么就可以对差异化定价现象做出合理性解释。科斯（Coase，1937）和张五常（1983）认为，市场价格机制和企业科层制本质上都是合约问题。关键在于，哪种合约的选择更具经济性。实际上，交易双方签订合约的一个重要原因是，为了规避风险。但是，由于交易费用的存在，合约的选择必须权衡预期收益和当前成本（张五常，1969）。很显然，合约的选择源于交易费用的存在，而交易费用中最为主要的部分是信息费用（张五常，2014）。与该观点具有一致性逻辑的是，阿罗（Arrow，1969）和威廉姆森（Williamson，1971，1981，2002）关于企业型合约之所以可以替代市场型合约的重要原因在于：人的"有限理性"。因为存在"有限理性"，信息就不会是完全的，完全竞争市场理论必然存在失灵的可能。而且，如果市场型合约的稳定性不足，且市场的供给呈现碎片化，或者供给方存在"敲竹杠"的可能性，那么经营者为购买生产资料就必须重新进行觅价或者寻找替代性要素，这会导致巨额的信息费用。这无疑是隐含在科斯（1937）所阐述的企业是对市场的替代背后的逻辑。

事实上，1980 年关于美国和日本汽车制造业的讨论就为上述推断提供了有力支撑。阿萨努马（Asanuma，1985a，1985b，1988a）研究表明，美国汽车制造业的纵向一体化程度比日本高很多，且美国汽车制造商与其次级承包商的关系类似于市场供需关系，且制造商会高频率地要求承包商压缩成本。这一合约安排导致的直接后果是，美国汽车制造业的技术创新和风险应对能力显著低于日本。在青木昌彦（Aoki，1986）看来，实际上是信息结构的问题，美国汽车制造业的合约安排形成了一种自上而下的信息传递结构，突发事件处理的及时性取决于决策者的能力。相反，建立在关系型合约基础上的日本汽车制造业，具有扁平化的信息传递结构，能够准确应对突发事件。结果是，日本汽车制造业中的次级承包商被要求压缩成本的频率要低于美国，且更具创新能力（阿萨努马，1988b）。这种建立在关系型合约基础上的稳定供给关系无疑降低了觅价成本和信息费用，也提高了制造商应对突发事件或不确定性的能力。作为代价，次级承包商获得了部分溢价收益。

上述理论和经验证据无疑为农业服务供给中的合约安排和价格形成机制提供了重要启示。农业经营是一种分散化程度极高的经济活动，其生产组织不仅具有空间上的隔离性，还受制于农作物的生命节律（罗必良等，2017）。这些独特的性质使得农业社会化服务市场具有典型的"时空"特性，且易形成碎片化和多中心的区域性布局特征（罗必良，2017a；仇童伟、罗必良，2018）。对于农业经营主体而言，他们从市场上，尤其是外来服务商那里购买农业服务的性质类似于市场价格的合约安排。至少从目前中国农业社会化服务市场的发展来看，跨区域且面对市场容量更大的服务商，它们的组织化程度和市场化程度均较本地服务商更高。但农业的经营特性决定了，外来服务商虽然能够按照市场价格提供服务，但他们的服务供给是不稳定的。尤其是对于中国这样一个国土面积巨大，且农业布局调整频率较高的国家，外来农业服务商每年的运行路线都会做出适时调整，给农业经营主体的生产活动造成了较大的不确定性。

相反，本地服务商就不会受限于农业经营存在的空间和距离障碍。尤其是长期处于特定区域内的农业经营主体和服务商，频繁的互动和生产经营行为的相互适配，能够最大限度地降低突发事件发生的可能性。这对外来服务商无疑构成了挑战。农业生产具有严格的周期性，一旦错过节令，那么整个生产链就断了，基本上无可补救。当外来服务商供给服务的稳定性不足时，农业经营主体如果仍坚持采用他们的服务，将面临较大的不确定性。归根结底，外来服务和本地服务的供给差别在于，农业经营主体的信息识别准确性和承担的风险是不同的。采用市场型合约（即使用外来服务供给）虽然具有更低的价格，但面临的风险是巨大的，农业经营主体事后处理突发事件的信息成本可能更是高昂的。采用关系型合约（即使用本地服务供给），通过长期的互动，并借助本地服务的空间距离优势，可以降低服务供给的不确定性，从而减少因不确定而造成的预期损失。很显然，关系型合约的优势使得其服务价格会高于市场型合约，以弥补规模不经济造成的损失。由此表明，信息结构差异（对应于不同的合约安排）造成的不确定性差异及信息费用，是农业服务差异化定价现象出现的内在逻辑。

为了系统地剖析农业服务市场中何以出现本地服务供给和外地服务供给的差异化定价机制，下文首先将模型化面对事后不确定性完全可识别和完全不可识别状态下，农业经营主体所面临的预期经营性损失，以刻画服务供给差异化定价的参照系；其次，文章将从农业经营主体识别不确定性的“有限理性”出发，刻画随机扰动状态下关系型合约和市场型合约造成的预期农业经营损失，从而得出农业服务供给溢价的可能区间；最后，文章进一步对农业服务供给差异化定价中蕴含的经济学含义进行讨论。本研究的意义在于，通过阐释中国农业社会化服务发展过程中出现的差异化定价问题，拓展了农业分工理论的研究范畴，并为科学看待农业分工市场中两类服务供给主体并存的合理性，进一步深化农业社会化分工提供了理论参考。

二、信息识别风险与经营性损失

当我们将农业经营主体（农户或新型农业经营主体，但不考虑实施纵向一体化的经营主体）视为生产农产品的“母公司”，服务商自然就成为“母公司”需求服务的次级“承包商”。如果不考虑服务商存在的“敲竹杠”行为，那么农业经营主体因服务供给不确定性而承担的风险实际上是自其处理突发事件能力的函数。很显然，外来服务商扮演的市场化供给主体，造成“母公司”与“承包商”之间的信息传递和突发事件处理类似于纵向型信息传递机制①。其原因在于，外来服务商与农业经营主体存在空间上的“隔离性”，缺乏长期且稳定的合约型供给关系，这会造成服务商在地理距离和合约距离上因突发事件而无法供给服务的风险增加。相反，本地服务商因为地理距离的“接近性”和社会关系网络的“嵌入性”，使得信息的扁平化处理更为便易，关系型合约也更为稳定（尤其是村庄内部的熟人之间），即预期的损失和确定性更低。但是，信息识别和突发事件处理的能力是很难做出具体界定的，外来服务商和本地服务商如果不存在上述能力的区别，那么采用更加市场化和专业化的外来服务，与采用现场处理能力更强但市场化程度并不很高的本地服务可能并不存在效率上的显著差异（青木昌彦，1986；阿萨努马，1988a，1988b）。

为了将由信息识别差异造成的损失风险识别出来，并借此阐明本地服务商的服务供给价格为什么高于外地服务商，首先假定农产品生产需要外包 n 个环节，每个服务商仅提供一项专业性服务。其次假定 $x_i(i=1, \cdots, n)$ 为第 i 个生产环节外包产生的效益。参照青木昌彦（1986）的做法，可以将由生产 x_i 的成本设置为二次型方程。与之不同的是，青木昌彦（1986）是用生产效益矩阵与一个正半定矩阵相乘来刻画成本函数的，为了简化分析，本文将采用单位矩阵替代正半定矩阵。其原因在于，首先，正半定矩阵是包含单位矩阵的，即在性质上不会影响模型的基本设置。其次，目前中国农业的生产环节能够进行服务的相对单一，且能够满足本文所探讨跨区服务和本地服务的供给类型更是有限的，因此作出相似类型服务存在标准化成本结构的假定是合理的。因此，可将成本函数设置为：

$$C_i(x_i, u_i) = [x_i - u_i]'\beta_i[x_i - u_i] + A_i(i=1, \cdots, n) \tag{1}$$

其中，β_i 为单位矩阵与某常数的乘积，可表示为 αI_i，A_i 为常数矩阵。u_i 表示成本的不确定性，且有 $E[u_i]=u_i^*$，$E[(u_i-u_i^*)(u_i-u_i^*)'] = varu_i$，$E[(u_i-u_i^*)(u_j-u_j^*)']=0$，即不同服务商的信息识别和不确定性是相互独立的。需要指出的是，除特殊说明外，本文中的符号均表达为矩阵。很显然，农业经营主体购买服务是为了取得最大化的经营性收益：

$$x^* = \sum x_i \tag{2}$$

其约束条件为预期成本的最小化：

① 这里的纵向型信息传递机制是立足于威廉姆森（1971）阐述的企业科层制结构，但本文所表达的纵向型合约实际上是借助市场价格机制购买服务，然后进行计划指令性运作的农业生产。逻辑上说，这是市场和公司合约之间的替代和转换关系（张五常，1983）。

$$E[C(x, u)] = \sum E[C_i(x_i, u_i)] \tag{3}$$

其中，$u=(u_1, \cdots, u_n)$，且假定其为事后可观测的，即出现突发事件时经营主体可以迅速识别并作出替代性措施（如无差异地寻找其他服务商或自行处理）。那么经营性收益可表示为①：

$$n[x_i^a - u_i] = [x^* - \sum u_i](i=1, \cdots, n) \tag{4}$$

由式（1）到式（4），以及 u 为事后可观测的假定可知，农业经营的预期总成本为：

$$C^a = \left(\frac{\alpha}{n^2}\right)E\{\sum [x^* - U]'[x^* - U]\} + \sum A_i \tag{5}$$

式（5）处理可得：

$$C^a = \left(\frac{\alpha^2}{n^3}\right)[x^* - U^*]'[x^* - U^*] + \left(\frac{\alpha^2}{n^3}\right)E\{\sum [U - U^*]'[U - U^*]\} + \sum A_i \tag{6}$$

其中，$U^* = \sum u_i^*$。为便于分析，做如下简化：$C^* = \left(\frac{\alpha^2}{n^3}\right)[x^* - U^*]'[x^* - U^*] + \sum A_i$ 和 $V^a = \left(\frac{\alpha^2}{n^3}\right)E\{\sum [U - U^*]'[U - U^*]\}$。即式（6）可变换为：

$$C^a = C^* + V^a \tag{7}$$

但式（4）的假设在突发事件无法及时识别和处理的情景下，u 将无法作为针对个别服务商的不确定性识别变量。此时，农业经营主体预期的损失是根据服务商供给不确定性的期望值进行计算的，即将式（4）中的 u_i 替换为 u_i^*：

$$n[x_i^b - u_i^*] = [x^* - \sum u_i^*](i=1, \cdots, n) \tag{8}$$

将式（8）代入式（1）可得：

$$C^b = \left(\frac{\alpha}{n}\right)\sum E\{[x_i^b - u_i]'[x_i^b - u_i]\} + \sum A_i \tag{9}$$

将式（9）处理可得：

$$C^b = \left(\frac{\alpha^2}{n^3}\right)[x^* - U^*]'[x^* - U^*] + \sum A_i + \left(\frac{\alpha^2}{n}\right)E\{[u_i - u_i^*]'[u_i - u_i^*]\} \tag{10}$$

令 $V^b = \left(\frac{\alpha^2}{n}\right)E\{[u_i - u_i^*]'[u_i - u_i^*]\}$，式（10）可变为：$C^b = C^* + V^b$。

① 在青木昌彦（1986）的模型设置中，他们的模型设置为 $x_i^p = u_i + \beta_i^{-1}\beta[x^* - U]$，本文将 $\beta_i = \alpha I_i$ 代入该式，即可得到式（4）。

式（6）和式（10）分别给出了农业经营主体可以准确应对外包服务环节出现的问题并及时作出调整，以及完全无法作出适应性调整情形下的预期经营成本。这两类成本分属两个极端，绝大部分的农业服务由供给不确定性造成的损失都介于二者之间。通过比较 C^a 和 C^b 可知，如果有 $varU = n^2\sum varu_i$，那么 C^a 和 C^b 是无显著性区别的。其中一个特例是 $u_i = 0$，即不存在突发性事件时，农业经营的预期收益将与农业服务供给的信息识别机制无关。如在黑龙江的齐齐哈尔市，截至2017年底，全市拥有农机合作社261个，农机总动力为840万千瓦，田间综合机械化率达到95.05%以上。而且，全市约有83.8%的农户加入了合作社。这样一种稳定的服务合约关系，几乎将由信息不确定造成的损失降到0，因此外来服务商的供给价格与本地服务商的供给价格并不会存在显著区别①。

除此之外，由农业经营主体信息识别和难以处理风险而造成的损失大部分处于（0，$V^b - V^a$），差异的大小则取决于 u_i 的大小。如果某种农业服务的外来供给不确定性高（如整地），那么农业经营主体主观判断其造成的经营性损失就会相对增加，该服务的本地供给价格与外来供给价格的差距就会增加；相反，如果某种农业服务的外来供给不确定性低（如收割），那么农业经营主体主观判断其造成的经营性损失就会相对减少，该服务的本地供给价格和外来供给价格的差距就会缩小。据笔者对河南省的调查资料显示，小麦整地环节参与使用了外来服务的农户比重为15.27%，本地服务供给价格和外地服务供给价格分别为72.84（元/亩）和54.66（元/亩）。类似的，小麦收割环节参与使用了外来服务的农户比重为18.18%，本地服务供给价格和外地服务供给价格分别为57.95（元/亩）和54.67（元/亩）②。而且，就农业服务的市场容量而言，参与整地服务的农户比例为73.3%，低于参与收割服务的农户比例（82.14%）。因此，如果不考虑两类机械化服务运输成本的差异，那么外来服务供给规模减小所表达的交易不确定性，确实增加了农业经营主体的预期损失，变相提高了本地服务供给的溢价水平。

三、本地服务供给的信息优势：基于现场处理的便易性

农业经营主体之所以面临不同的服务商会出现价格的显著性差异，一个

① 资料来源于《关于2017年全市农业农村工作情况介绍》（齐齐哈尔市农业委会）。

② 需要指出的是，参与外来服务的农户指使用过外来服务的农户，无论其在该环节是否使用过其他来源的服务。但考虑到农户使用了多来源的服务，在计算农业服务价格时仅采用了使用单一来源的农户样本，以避免数据的叠加。资料来源于课题组2017年8月对河南省6个县3 987户农户的微观调查。

重要的原因在于他们的"有限理性"。实际上，威廉姆森（1971）关于交易组织形式选择的分析，就将人的"有限理性"视为运用市场机制的重要约束，这也是企业为何会出现的重要原因。尤其是当交易双方签订的合约不完全且存在"道德风险"时，"有限理性"造成的应对不确定性能力的不足必然降低经济组织的运行效率，这在1980年代美国和日本汽车行业生产组织模式的对比中表现得尤为突出（阿萨努马，1988a，1988b）。与式（4）和式（8）表达的所不同的是，没有任何农业经营主体能够完全理性地识别服务供给的不确定性并及时做出替代性调整，也不存在完全无法处理事后不确定性的主体。如果前者成立，信息完全必然导致市场出清，农业服务将出现普遍一致性价格。如果后者成立，信息完全不对称将造成严重的"价格歧视"，并将出现卖方垄断市场。但二者在中国农业服务市场中并未呈现普遍性。因此，本文将在式（4）的基础上，引入农业经营主体在信息识别上的"有限理性"：

$$u_i^k = u_i + v_i (i = 1, \cdots, n) \tag{11}$$

式（11）表达的是，在可识别的事后信息基础上加上由经营主体"有限理性"造成的随机扰动项。其中，v_i 为各服务商发生突发事件的扰动项矩阵，并满足 $E[v_i] = 0$ 以及存在 $E[v_i v_i'] = \lambda E[(u_i - u_i^*)'(u_i - u_i^*)]$①。由此可将式（11）代入式（4）中：

$$n[x_i^k - u_i^k] = [x^* - \sum u_i^k](i = 1, \cdots, n) \tag{12}$$

很显然，从农业经营主体发现突发事件到及时处理是存在时滞的，也就是说，u_i 和农业经营主体的"有限理性"会使得突发事件产生一种可能的随机过程。借助亚格洛姆（Yaglom，1962）的分析，可以将 u_i 的变化设置为正交增量的随机过程。即，在不相交的区间上的增量不相关的随机过程，这与 $E[(u_i - u_i^*)(u_j - u_j^*)'] = 0$ 的逻辑是一致的。正交增量随机过程如下：

$$\dot{\mu}_i(t) = \dot{u}_i(t) + hu_i(t)dt(i = 1, \cdots, n) \tag{13}$$

由式（13）可推出：

$$E\{[u_i(t) - u_i^*][u_i(t + \Delta t) - u_i^*]'\} = e^{-h\Delta t} varu_i(t) \tag{14}$$

参照式（9）的做法，由式（12）可构建因不确定性而造成的农业经营预期成本：

$$C^c = \alpha \sum \{[x_i^k(t) - u_i(t + \Delta t)]'[x_i^k(t) - u_i(t + \Delta t)]\} + \sum A_i \tag{15}$$

经处理，式（15）可变为：$C^c = C^b + (\lambda + 1 - 2e^{-h\Delta t})(C^b - C^a)$。考虑到 C^c 为"有限理性"状态下由不确定性造成的预期损失，而 C^b 为完全无法识别不确定性状态下的预期损失，故有 $C^c < C^b$。由此可得，$\lambda + 1 - 2e^{-h\Delta t} < 0$。

① 该式表达的是 $varv_i = \lambda varu_i$，可由式（11）推出。

为了识别本地服务商与农业经营主体的长期互动关系，可以将 $\lambda+1-2e^{-h\Delta t}$ 视为由地理信息优势和长期互动而不断降低的不确定性状态。为便于分析，以 C^d 表征现场处理和互动后的不确定性损失。杨小凯、黄有光（1999）关于“熟能生巧”模型的构建，是采用时间累积量来表征专业化效率的改善①。但是，该做法无法识别各期因处理不确定性［$u_i(t)$］和互动而积累的经验。逻辑上说，本地供给商与农业经营主体的这种互动关系，使得关系型合约的稳定性更强，农业服务供给主体自发地处理突发事件，按时作业的可能性也会提高，由此降低了因不确定性造成的预期损失。首先，可以将式 $C^c=C^b+(\lambda+1-2e^{-h\Delta t})(C^b-C^a)$ 转变为：

$$C^d=C^b+f(C^b-C^a) \tag{16}$$

其次，参考青木昌彦（Aoki，1986）的做法，可将 f 的形式设置如下：

$$\frac{df(t)}{dt}=\theta f(t)\log f(t) \tag{17}$$

由式（17）可得：

$$f(t) = -e^{-\gamma e^{-\theta t}} \tag{18}$$

其中，$f(0) = -e^{-\gamma}$。将式（18）带入式（16），并减去 C^c 可得：

$$C^c-C^d=(\lambda+1-2e^{-h\Delta t}+e^{-\gamma e^{-\theta t}})(C^b-C^a) \tag{19}$$

式（19）表明，如果农业经营主体应对不确定性的时滞越短（即 Δt 越小），那么本地服务价格与市场服务价格的差距就会缩小。一个有趣的现象是，在江西省宜春市高安市（县级市）的农村地区，大量的农机服务商会在水稻收割季节集中在乡镇市集上，等待农民去购买服务。而且，对于外来服务商而言，乡镇无疑是重要的信息收集中心，因为他们自己下村只能是漫无目的地觅价，信息费用高昂。通过乡镇信息集散中心，供需双方的觅价成本会大幅下降②。理论上说，关系型合约之所以能够替代市场合约存在，主要原因在于，市场觅价的成本高于维持关系型合约的成本（张五常，2014）。那么，当市场服务的供给充足且信息不确定性较低时，信息成本的下降会加速觅价行为的发生，从而压缩关系型合约的比较优势，并使得两类服务供给的价格向竞争性价格回归。相反，在安徽省滁州市来安县的农村地区，外来农机服务商与农户都是一对一谈判，信息费用相当高。甚至在部分年份，外来服务商在水稻收割季节不会来到该地区，这使得本地服务的价格开始提升③。很显然，由信息获取成本造成的经营预期不稳定和预期损失，最终反映在了两类服务的供给价格上。

---

① 他们设置的“熟能生巧”系统为 $L_{it}=\int_0^t l_{i\tau}d\tau$，并利用 $x_{it}+x_{it}^s=(L_{it})^a$ 的生产系统识别了“干中学”诱发的专业化经济性。但是，该模型无法识别处理突发事件所引发的经验积累过程。

② 感谢华南农业大学经济管理学院陈江华博士生提供的经验资料。

③ 资料来源于笔者对安徽省滁州市地区的农户访谈。

实际上，阿罗（1969）和威廉姆森（1971）关于组织形成与交易费用关系的分析均指出，人的“有限理性”是造成信息不完全和科层制组织模式出现的重要原因。无论是在瓦尔拉斯均衡模型，还是在阿罗和德布鲁（Arrow and Debreu，1954）构建的一般均衡模型中，供需双方都是基于信息完全和价格机制运行无成本进行决策的。但是，科斯（1937）和张五常（1983）却指出，市场价格是代价高昂的竞争机制。企业之所以可以独立于市场机制之外，就是因为科层制组织的运行成本要低于价格机制的运行成本，而这种差异正是源于信息不完全可能造成的租值耗散和高昂的“价格”使用成本。式（19）就表明，本地服务商与农业经营主体的互动和信息识别速度（θ）具有提高本地与外地服务供给价格的趋势。不可否认的是，以竞争机制或价格机制来引导农业服务供给必然是最具效率的合约安排形式。但是，觅价本身并不是无成本的。尤其是对于农业这种经营分散化程度高，市场的时空特性难以准确把握的产业，服务商和农业经营主体单纯寻求服务成本最小化必然增加觅价成本。此时，一个合乎逻辑的选择是，在服务价格与预期稳定性之间寻求平衡。但必须承认的是，正如罗必良（2017a）所言，如果多中心的服务供给（交易半径概念）存在时空上的重叠，那么采用市场合约觅价的成本可能更低。相反，本地服务具备的信息获取优势和更高的突发事件处理能力将会提高本地服务的溢价收益。

四、进一步讨论：价格歧视还是服务溢价？

新古典经济学将价格歧视区分为三类，其中将市场分为两个或多个群体，分别进行定价的方式称为“三级价格歧视”（田国强，2016）。实际上，农业服务市场出现本地服务商和外地服务商差异化定价的现象并不是传统经济学意义上的“三级价格歧视”。但它们有一个共同特征，即都是根据市场主体的偏好信号进行的针对性定价，并呈现差异化的定价结果①。根据霍特林（1929）的理论分析，存在两个或多个服务商时，顾客购买产品的价格是由空间距离成本与产品生产成本共同决定的。歧视性价格也正是由这种“距离”差异（可推广至信息费用、空间距离、时间成本等多重含义）所导致的。

① 在对本地和外地服务供给价格存在差异的原因讨论过程中，部分学者认为是垄断造成的差异化定价。首先，如果从农业服务供给中本地服务商排斥外来服务商的角度来看，除非可以进行全国性封锁，否则并不能排除两类服务供给的同时存在；其次，垄断并不是一个具有解释力的经济学名词（张五常，2014），因为从宽泛的角度来看，外来服务商在专业化和技术水平上是具有垄断优势的，本地服务商则在距离和互动性上具有垄断性，实际上根本无法区分哪一种垄断类型对价格形成更具主导性。

由此引出的问题是，在竞争充分的市场环境是否会出现“三级价格歧视”？农业服务市场为何会出现差异化的供给价格？首先，“三级价格歧视”是建立在人的“有限理性”和存在信息费用的前提下的，如果市场信息的获取是无成本的，价格机制的运行也毫无成本，那么不仅不会存在企业、合约和产权，连市场也不会存在（张五常，2014）。换言之，人的“有限理性”必然造成信息不完全，既然信息不完全，那么跨市场、面对不确定性或觅价就需要考虑确证的信息费用与预期损失的大小。如果获取信息的成本过高，那么“三级价格歧视”自然就形成了。因此，价格歧视并非源于供给商的主观决策，而是消费者获取产品或服务的信息费用高昂。

其次，既然价格歧视源于消费者的信息费用，那么农业服务市场出现差异化的价格自然是源于农业经营主体的“有限理性”，即应对服务供给不确定性需要付出的信息费用。实际上，本地服务价格高于外地服务价格的部分可称之为溢价。从竞争程度和专业化程度的角度而言，外来服务商面对的市场容量和竞争都可能促使其将服务价格定位在竞争性价格附近，本地服务商的定价优势则得益于农业服务市场的分散化和外来供给的不确定性而造成的信息费用。逻辑上说，价格歧视和溢价并没有本质区别，均是信息费用的产物。

但正如阿尔钦（Alchian，1965）所言，稀缺性、竞争与产权是具有一致性的。很显然，农业服务市场中信息费用的存在使得交易稳定性变成了一种稀缺资源。但是，如果稀缺资源无法通过合约规范化或内部化，那么租值耗散无可避免。问题的关键在于，如何将信息不确定性可能造成的损失降到最低程度？20 世纪 80 年代，美国的汽车制造商试图压缩零件供应商的价格，以提升利润。但这种依靠市场价格的合约组织模式无法对冲突发事件和技术革新造成的预期风险，无疑会造成巨大的租值耗散。相反，借助关系型合约，将制造商与零件供应商的利润和风险捆绑在一起，借助供应商自发的技术变革和学习机制，则可以实现多赢。类似的，本地服务商与农业经营主体具有空间上的相邻性、互动的频繁性、社会关系网络的嵌入性，服务供给的及时性和稳定性无疑可以对冲供给不确定造成的预期经营损失。溢价的转移，实际上是一种双赢的策略。因此，从整个合约的选择上看，农业的分散化经营特性决定了外来服务供给的信息识别成本较高，单纯依靠市场型合约并不能将预期损失降到最低。相反，依靠信任等软性的关系型合约可能更有助于提升经济绩效（福山，2001）。

虽然本文一再讨论农业服务价格的形成逻辑，但必须指出的是，不同合约之间的利益分配机制并非总是通过价格来体现的（罗必良，2017b）。据笔者的访谈资料发现，在江西省高安市某村庄，农户 A 自备耕田机械，往年都会给村里农户提供翻地服务。但是，2017 年该农户仅耕作自家土地，并未向外提供服务。农户 B 是一对老人，他们无翻耕能力，希望农户 A 为其翻耕土地。农户 B 付出的代价是为农户 A 插秧，并赠送农产品。如果从目前农事活动的标准化定价来看，农户 B 付出的代价是要高于市场价格的。很显然，农时的固定性和获取农业服务信息的成本，使得农户愿意支付不高于预期损失的服务溢价。从这个角度来看，农业服务的溢价在农村是普遍存在的，嵌入社会关系网络的价格歧视实际上是以“代价”形式出现的，并集中表现为关系型合约对市场型合约的替代，这无疑与农业的经营特性和农村基于血缘及地缘的社会关系网络紧密相关。

因此，农业服务市场的价格歧视与服务溢价，本质上均是农业经营主体应对供给不确定性而付出的“代价”，无论其是否是依据市场竞争机制而形成的定价，我们都没有理由认为哪一种服务供给的合约安排更有效率（青木昌彦，1986）。而且，我们有理由相信，只要农业的经营特性不改变，农业服务市场的信息没有达到完全，那么获取农业服务信息的费用就一定会存在，农户能够随时觅价就难以实现，立基于关系型合约的本地服务供给和基于市场型合约的外地服务也就会同时存在。更有趣的是，当两种服务供给组织同时出现在市场上，且农户可以无差异地获取两类服务供给时，那么关系型和市场型合约定价将完全一致。除非存在专业化程度、技术条件和组织模式等方面的差异，否则两类服务供给在农业经营中的效率将不存在本质区别。

五、结论与思考

农业分工是一类具有先天劣势的经济活动，囿于经营的分散化，使其较工业生产具有更低的分工可能性。但随着中国农村劳动力和要素流动性的增强，以及工业化的发展，农业的分工和专业化已经具备了一定的实践可操作性。问题在于，在以竞争机制诱导农业分工的过程中，市场的价格形成和诱导机制是否能够发挥积极的作用。本文发现，中国农业分工市场存在本地服务价格高于外地服务价格的奇特现象。借助信息费用理论，可以认为两类服务的差异化定价机制主要源于服务供给的稳定性和农业的经营特性。外地服务供给虽然具有价格上的优势，但其供给的不确定性造成了农业经营主体觅价成本和信息费用大幅增加，并集中表现为预期经营性损失的提高。相反，借助于长期互动和供给的空间优势，本地服务商可以降低供给的不确定性和农业时令被违背的风险，从而降低预期经营性损失。两类服务供给造成的预期经营损失的差距，则构成了本地服务溢价收益的主要原因。

实际上，部分学者会质疑：第一，外地服务价格优势何在？第二，外地服务的运输成本为何没有考虑？第三，本地服务的高价格是否是因为其规模经济性低于外地服务?

首先，质疑一和质疑二属于一个问题的两个侧面。实施跨区作业的服务商，他们面对的市场容量和竞争较大，这会促使他们在单位作业成本降低的过程中将服务价格移到生产成本附近。尤其当市场中存在多供给主体，且服务商考虑今后持续供给服务的情况，那么其成本优势必然诱发低价格优势。类似的，当市场容量越大，作业的规模经济性就越大，跨区作业的运输成本折算在总作业规模中的单位量就会大幅下降。很显然，这部分的费用实际上会缩小本地服务与外地服务的差异。但就外地服务供给的技术和组织优势而言，其较本地服务的单位作业成本实际上并没有想象中的那么大，当然也无法解释为什么本地服务价格会高于外地服务价格。

其次，如果认为本地服务的规模经济优势不如外地服务，那么如何解释当两类服务同时存在于市场中时，它们的服务价格会趋同？市场的竞争机制决定了，一个市场上的竞争性且同质性产品的价格必然趋同，无论你的生产成本有多高。为了获取超额利润，厂商必须进行创新并降低生产成本。因此，规模经济性是无法解释两类服务供给的差异化定价机制的。实际上，规模经济性所造成的成本差异是可以通过本文的信息结构进行转换的。当外地服务的供给不确定性较高，本地服务商可以试图将其高出外地服务商的那部分生产成本加入服务溢价中。但前提是，这部分溢价不能高于两类服务不确定性造成的预期经营性损失之差，否则农业经营主体会选择觅价或寻找其他可替代的服务供给。

从新古典经济学到新制度经济学，从交易费用经济学到合约经济学，信息费用的存在都是造成经济活动偏离完全竞争状态的重要因素，甚至可以认为是唯一重要的因素。因信息费用的存在，人们试图去建立控制不确定性的合约；因信息费用的存在，价格机制是一种昂贵的交易形式，企业因此出现；因信息费用的存在，厂商可以在不同的分割市场中制定差异化的产品价格……因此，无论是提升经济绩效，还是发展农业社会化服务市场，降低因产品供给不确定性而造成的巨额信息费用，都是提高社会整体福利的重要途径。

参考文献

1. 仇童伟、罗必良：《农业要素市场建设视野的规模经营路径》，载于《改革》2018 年第 3 期。

2. 仇童伟、罗必良：《市场容量、交易密度与农业服务规模决定》，载于《南方经济》2018 年第 5 期。

3. 福山 · 弗朗西斯：《信任：社会美德与创造经济繁荣》，海南出版社 2001 年版。

4. 罗必良：《论服务规模经营——从纵向分工到横向及连片专业化》，载于《中国农村经济》2017 年第 11 期。

5. 罗必良：《合约短期化与空合约假说——基于农地租约的经验证据》，载于《财经问题研究》2017 年第 1 期。

6. 罗必良等：《农业家庭经营：走向分工经济》，中国农业出版社 2017 年版。

7. 田国强：《高级微观经济学（上册）》，人民出版社 2016 年版。

8. 向国成、韩绍凤：《分工与农业组织化演进：基于间接定价理论模型的分析》，载于《经济学（季刊）》2007 年第 2 期。

9. 亚当·斯密：《国民财富的性质和原因研究》，商务印书馆 1994 年版。

10. 杨小凯、黄有光：《专业化与经济组织——一种新兴古典微观经济学框架》，经济科学出版社 1999 年版。

11. 张五常：《经济解释》，中信出版社 2014 年版。

12. Alchian, A. A., 1965, Some Economics of Property Rights, *Politico*, 30 (4), pp. 816 – 829.

13. Aoki, M., 1986, Horizontal vs. Vertical Information Structure of the Firm, *American Economic Review*, 76 (5), pp. 971 – 983.

14. Arrow, K. J., 1969, *The Organization of Economic Activity: Issues Pertinent to the Choice of Market versus Nonmarket Allocation*, Working Paper.

15. Arrow, K. J., Debreu, G., 1954, Existence of Equilibrium for a Competitive Economy, *Econometrica*, 22 (3), pp. 265 – 290.

16. Asanuma, B (a)., 1988, *Japanese Manufacture – Supplier Relationships in International Perspective: The Automobile Case*, Kyoto University Working Paper, 1988. http://hdl.handle.net/2433/37903.

17. Asanuma, B (a)., 1988, *Manufacture – Supplier Relationships in Japan and the Concept of Relation – Specific Skill*, Kyoto University Working Paper. http://hdl.handle.net/2433/37899.

18. Asanuma, B (a)., 1985, The Contractual Framework for Parts Supply in the Japanese Automotive Industry, *Japanese Economy*, 13 (4), pp. 54 – 78.

19. Asanuma, B (b)., 1985, The Organization of Parts Purchases in the Japanese Automobile Industry, *Japanese Economy*, 13 (4), pp. 32 – 53.

20. Cheung, S., 1983, The Contractual Nature of the Firm, *Journal of Law and Economics*, 26 (1), pp. 1 – 21.

21. Cheung, S., 1968, Transaction Costs, Risk Aversion, and the Choice of Contractual Arrangement, *The Journal of Law and Economics*, 23 (42), pp. 23 – 42.

22. Coase, R., 1937, The Nature of the Firm, *Economica*, 4 (16), pp. 386 – 405.

23. Hotelling, H., 1928, Stability in Competition, *Economic Journal*, 39 (153), pp. 41 – 57.

24. Krugman, P. R., 1979, Increasing Returns, Monopolistic Competition, and International Trade, *Journal of International Economics*, 9 (4), pp. 469 – 479.

25. Luo, B., 2018, 40 – year Reform of Farmland System in China: Target, Effort and Future, China *Agricultural Economic Review*, 10 (1), pp. 16 – 35.

26. Williamson, O. E., 1981, The Economics of Organization: The Transaction Cost Approach, *American Journal of Society*, 11 (87), pp. 548 – 577.

27. Williamson, O. E., 2002, The Theory of the Firm's Governance Structure: From Choice to Contract, *Journal of Economic Perspective*, 16 (3), pp. 171 – 195.

28. Williamson, O. E., 1971, The vertical Integration of Production: Market Failure Considerations, *American Economic Review*, 61 (2), pp. 112 – 123.

29. Yaglom, A, M., 1962, *An Introduction to the Theory of Stationary Random Function*, Englewood Cliffs: Prentice Hall.

30. Yang, X., Shi, H., 1992, Specialization and Production Diversity, *American Economic Review*, 82 (2), pp. 392 – 398.

31. Young, A. A., 1928, Increasing Returns and Economic Progress, *Economic Journal*, 38 (152), pp. 527 – 542.

Why Differential Pricing Exists in Agricultural Service?

QIU Tongwei

(National School of Agricultural Institution and Development,
South China Agricultural University, Guangzhou 510642)

[**Abstract**] In view of the phenomenon that the price of local service is higher than that of foreign service, this paper establishes a theoretical model about the expected loss in agriculture caused by information costs from the perspective of bounded rationality and the information structure. Our analysis indicates local services have more advantages than foreign services in identifying emergencies and uncertainties. The reason is that the decentralization of agriculture operations and the uncertainty of cross-regional services result in greater uncertainty facing management subjects who focus on the cost advantages of foreign services. With the frequent interaction within group and social network, local services can greatly reduce the price-seeking cost and information cost, and thus obtain service premium from the reduction of costs. It should be noted that if the supply of foreign services becomes stable or the time lag for dealing with emergencies is shortened, the prices of local and foreign services will converge. This paper implies that the formation of division of labor in agriculture depends on the characteristics of agriculture operation and the information cost. And alleviating the risk of information identification caused by decentralization, multi-center and intermittent supply is a possible way to deepen the division of labor in agriculture.

[**Key Words**] Agriculture Service Differential Pricing Information Structure Information Cost Contract Choice

JEL Classifications: Q11

租金与税收

——地方政府角色选择的理论逻辑*

冯国强**

【摘　要】在效率追求的逻辑之外，化解社会压力的解释机制也同样影响着政府的角色选择。本文以煤炭产业重组作为自然实验，来检验地方政府面临资源带来的潜在收入时，会基于辖区的社会稳定情形，来选择利用市场还是发挥国企在资源开发当中的优势，进而整合资源开采行为。我们发现：当地方政府面临着更大的化解社会压力的任务时，选择市场力量整合资源，从中间接地获得税收收入能够有效化解社会压力；相反，当社会压力较低时，地方政府倾向于选择国有企业来整合资源，从中直接获得资源租金。

【关键词】**地方政府　煤炭业重组　社会压力　食租　抽税**

中图分类号：**F810.7**　文献标识码：**A**

一、导　论

矿产资源是人类意外的一笔财富。在当代中国，正式文本赋予了中央政府行使矿产资源开发的大多数权限，但在政策实践当中，地方政府才是矿产资源的实际拥有者，掌握着矿产资源开发当中最为主要的行政权力。面对资源带来的潜在收入，地方政府是选择国企直接攫取资源租金，还是寄托于市场力量间接抽取资源税收？选择前者意味着地方政府可能成为市场的掘墓人，

* 本研究受兰州大学中央高校基本科研业务费专项资金资助（17LZUJBWZY008）资助。浙江大学经济学院博士生王宁、北京大学新结构经济学研究中心博士后研究员任晓猛等参与了研究讨论与部分调查工作。北京大学社会学系刘世定教授、浙江大学社会学系曹正汉教授、中国矿业大学管理学院宋妍副教授等在不同场合对本项研究提出了批评与建议，在此一并致谢。

** 冯国强，经济学博士，兰州大学经济学院；地址：（730000）甘肃省兰州市城关区天水南路兰州大学本部家属院 12－106；E－mail：fenggq@ lzu. edu. cn。

阻碍了市场力量的进入，但同时能直接获得资源租金；选择后者，地方政府容易成为市场的守护人，维护市场秩序的同时依靠市场力量间接获取税收。那么什么因素决定了实际行使矿产资源开发权限的地方政府，是选择直接攫取资源租金还是间接地抽取税收收入？

对于上述问题，经济学给出的答案是效率机制。只有当间接地抽取的税收收入足以超过直接攫取资源获得的租金时，地方政府才会强化市场的作用，否则会利用国有企业来整合开发资源。效率逻辑能够解释采矿企业的所有制格局。从这一逻辑能够推断，对于储量丰富、开采条件相对较好的矿产资源，以国有企业为主进行开采，而其他储存条件的资源，则以市场力量开发为主。

然而，这一逻辑并不能很好地解释煤炭产业重组当中省份之间的差异。这里的煤炭产业重组是指发生在2008～2013年间，在国务院指导之下，以提高煤炭生产集中度为目标，由各省强制推行的，淘汰、关闭，以及兼并重组小煤矿，同时整合煤矿资源的行政运动。[①] 这些在产业重组中被实施整顿关闭的小煤矿，大多数是民营煤矿。如果按效率的逻辑解释，对于储存条件较好的省份，倾向于借此机会强化国有企业的地位，以此直接攫取更多的资源租金；而对于储存条件相对较差的省份，倾向于借此增强大中型民营煤矿企业的实力，以此稳固地方的税收基础。但实际的情形是，大部分省份遵照上述逻辑完成了煤炭产业重组布置的任务，但也存在例外情形，比如一些资源储存条件相对较好的省份，最终选择了增强民营企业实力的做法，包括新疆、内蒙古等地区，而另一部分储存条件相对较差的地区，却借此进一步强化国有煤矿企业的地位，比如安徽（曹正汉、冯国强，2016；冯国强，2016）。

效率机制明显无法解释上述例外情形，我们认为在效率机制之外，还存在着另一种解释逻辑，来影响着政府的行为决策，这种逻辑在一定程度上更加符合地方政府决策时的制度环境，这就是本文关注的来自辖区民众的社会压力。地方政府为确保辖区社会稳定，化解社会压力的机制一定程度上成为作用大于效率机制的显性机制，影响着地方的决策和行为。我们将论证，当地方政府面临着更大的化解社会压力的任务时，选择市场力量整合资源，从中间接地获得税收收入能够有效化解社会压力；相反，当社会压力较低时，地方政府倾向于选择国有企业来整合资源，从中直接获得资源租金。

在接下来的章节当中，第二部分为理论建构与假说部分，第三部分为研究设计与数据来源，第四部是实证结果，最后一部分为结论与进一步讨论。

---

① 参见国务院办公厅转发发展改革委《关于加快推进煤矿企业兼并重组的若干意见》，2010年10月16日。

二、关于地方政府角色选择的理论与假说

在发展经济之外，地方政府还承担着大量的其他任务，这其中就包括缓和社会矛盾、化解社会压力。发展经济的最终目的，也在于利用经济绩效来获得更大的民众支持（Acemoglu & Robinson，2005，2008；Zhao，2009；Yang & Zhao，2015）。相比中央政府，地方政府承担着最主要化解社会压力的责任，一旦“锅炉”烧爆，将直接面临中央政府的惩罚（曹正汉，2011）。在这样一个政治集权、经济与行政高度分权的治理结构中，缓和社会矛盾、化解社会压力、维护社会稳定，既是地方政府行为的主要目标，也是根本任务（曹正汉，2011，2013）。

民众施加的社会压力来自生活当中的方方面面，可以是食品卫生、药品安全、公共防疫、社会治安、公共交通、城市绿化、生态环境等公共产品供给责任的纰漏所致，也可能由个人在择业就业、收入分配、产权分割、准入机会等方面所受到的不公待遇有关（曹正汉，2011；Svolik，2012）。开发矿产资源既涉及投资者的利益，也牵涉地方民众的福利。因此，地方政府面临的与矿产资源开发有关的社会压力，主要是地方政府在行使与资源开采相关的行政权力时，由于影响到地方民众，以及投资者利益，可能引发民众（包括投资者）社会矛盾的压力。

选择国有企业来直接获得资源租金，会遭到失去投资机会的投资者的抵制；若同时影响到了地方民众的社会福利，比如就业机会、矿区征地、收入分配等时，还会加深辖区民众的社会矛盾。这两类社会压力都成为地方政府决策时面临的约束。相比之下，若利用市场来开发矿产资源，无论是投资者的投资机会，还是辖区民众的就业机会、征地、收入分配等，都可以利用市场的手段加以解决。

我们利用一个理论模型来揭示上述地方政府角色选择的行为逻辑。为简化模型，我们假定民众从施加的社会压力当中可以获得的收益为 τ，施加社会压力的成本为 θ，并且 $\tau=\tau(\theta)$，$\tau'(\theta)<0$。开采矿产资源能获得净收入为 $y-c$，其中 y 是资源开采所得，c 是资源开采成本，政府设定所得税税率为 t。根据前文的描述，当地方政府利用市场力量开发矿产资源时，地方政府可获税收收入为 $t(y-c)$，相反，地方政府一旦授权国有企业进行开采，地方政府获得资源租金为 $y-c-\tau(\theta)$。如此一来，地方政府角色选择的条件如下：

$$\begin{cases} 选择市场: \text{if } y < \dfrac{\tau(\theta)}{1-t} + c & (1) \\ 选择国有: \text{if } y > \dfrac{\tau(\theta)}{1-t} + c & (2) \\ 无差异: \text{if } y = \dfrac{\tau(\theta)}{1-t} + c & (3) \end{cases}$$

我们将均衡条件计为 $\hat{y} = \dfrac{\tau(\theta)}{1-t} + c$，当 $y = \hat{y}$ 时，地方政府选择任一角色没有差别。由于 $\tau'(\theta) < 0$，因此，$\hat{y}$ 是抵制成本 θ 的减函数，是税率 t、开采成本 c 的增函数。在 t 与 c 维持不变的情况下，θ 越小，民众所施加的社会压力越容易影响地方政府的角色选择，因此 $\hat{y}$ 就越大，条件（1）更容易满足。因此，此时的地方政府更倾向于赋予市场力量开采矿产资源，从中稳固税收基础。相反，θ 越大，$\hat{y}$ 就越小，条件（2）更容易满足，此时地方政府更倾向于利用国有企业直接获得资源租金。基于上述分析，我们提供如下假说。

假说：在资源开采成本和税率一定的情况下，当地方政府面临较大的社会压力时，会倾向于选择市场力量来开采资源，从中利用市场机制来化解社会压力，并间接地获得税收收入；相反，当社会压力较小时，地方政府会倾向于授权国有企业开采资源，从中直接获得资源开采的租金收入。

在接下来的内容当中，我们将以煤炭产业重组作为自然实验，来检验上述假说，从中揭示地方政府面对社会压力时的角色选择。

三、研究设计与数据

煤炭产业重组的主要任务在于淘汰、关闭，以及兼并重组小煤矿，主要是民营煤矿的产业重组，同时整合煤矿资源，此次产业重组导致全国小型煤矿矿山减少 11 871 个，大中型煤矿矿山增加 1 035 个，原煤产量增加 101 696 万吨，煤炭工业产值增加 62 325 800. 12 万元①。尽管国务院要求各省按照市场规律推行政策，各省围绕政策目标也纷纷制定了实施办法，但并非所有省份都选择发挥市场力量的作用，省份之间呈现出巨大的差异（Cao & Feng, 2017；曹正汉，冯国强，2016）。一些省份借此机会提高市场力量的准入条件，强推国有企业兼并整合其他市场主体，一些省份继续担当市场的守护人，维护市场力量的利益。

为揭示地方政府角色选择的机制，我们将此次产业重组当作一项自然实验，来考察在重组前和重组后市场力量是否发生变化。在控制其他变量的前

① 根据 2008 年、2014 年的《中国煤炭工业年鉴》计算得出。

提下，如果各省煤炭行业当中市场力量的变化随社会压力的变化而变化，那么我们就有理由相信地方政府利用产业重组来做大国有企业或者壮大民营企业，是由社会压力导致。

利用主要产煤省份 2008～2013 年的面板数据，我们构造以下模型来检验理论假说：

$$Marketshare_{it} = \beta_0 + \beta_1 Coalindustry_{it} + \beta_2 f(x) + \beta_3 Coalindustry_{it} \times f(x) + \lambda X_{it} + \delta_i + \mu_t + \varepsilon_{it} \quad (4)$$

模型当中，i 代表省份，t 代表时间。β_0 为常数项，β_1、β_2、β_3、λ 为待估参数。δ_i 和 μ_t 用以消除个体和时间之间的差异，其中 δ_i 为 i 省份的地区固定效应，μ_t 为时间固定效应；ε_{it}为随机扰动项。各变量的指标选取如下。

被解释变量 Marketshare 是各省民营煤矿产量占比的增长率，用以衡量地方政府的角色选择。产业重组期间，Marketshare 值越大，则市场力量增长越快，说明地方政府倾向于借重组做强大中型民营煤矿企业，以此稳定税收基础；相反，Marketshare 值越小，表明市场力量增长缓慢，说明地方政府倾向于借助产业重组做强国有煤矿企业，从中直接获得资源租金。

核心解释变量 Coalindustry 是社会压力的代理变量，为产煤省份煤炭工业总产值在全省工业总产值当中的占比。该比重越大，意味着煤炭行业及其相关产业在全省经济中的重要性越高，民众的投资与就业很大程度上依赖于煤炭行业及其相关产业，因此，地方政府一旦利用煤炭产业重组做大国有企业，并不影响辖区内民众的投资与就业机会，所遇到的社会压力相对较低；相比之下，若该比重越小，则意味着煤炭及其相关产业在全省经济当中重要性相对较低，民众的投资与就业很大程度上依赖于煤炭及其相关产业之外的其他产业，因此，一旦地方政府在煤炭行业放弃市场手段，选择做大国有企业，那么会对其他产业的市场力量带来负面的示范效应，影响辖区的投资与就业机会，从而招致更大的社会压力。x 是煤炭产业重组的执行变量，开启当年为 0，开启之前取正数，之后取负数，f(x) 是以 x 为自变量的多项式函数，用于控制各省开启煤炭产业重组的时间趋势。

X_{it}为一组控制变量，包括煤矿回采率（Miningrate）、是否开启了煤炭产业重组（Launch）、百万吨死亡人数（Mortality）、重特大事故次数（Nastyaccident）、煤炭价格指数（Coalprice）、地方的财政压力（Dec）等。其中，Miningrate 捕捉各省的开采成本，以此控制开采煤矿资源的租金规模。从理论上讲，每年矿产资源的回采率理应是当年的产量与当年可开采储量之比，回采率越高，开采收益越大、开采难度越低，但是由于各省尚未公布每年开采的储量数据，因此，我们只能以 1992～1997 年煤炭工业部第三次煤田预测的储量数据为基础，累计扣除从 1998～2012 年开采的产量作为分母，利用当年的产量作为分子，来估算各省每年的回采率。Launch 为哑变量，在各省开启煤炭产业重组之后取值 1，否则取值 0。Mortality 和 Nastyaccident 用来控制各省推行煤炭产业重组的紧迫程度。Coalprice 控制产品市场对地方政府角色选择的影响，利用原煤的出厂价格指数进行衡量。Dec 则用各省预算支出/预算收入来进行衡量，用来控制地方政府面临的财政压力。

在式（1）中，本文主要关系的系数是 β_1，其捕获了煤炭产业重组当中，社会压力对地方政府角色选择的影响。如果前文的理论假说成立，那么 β_1 的符号为负。所有变量当中，被解释变量、核心解释变量，以及 Miningrate、Mortality、Nastyaccident，Coalprice 来自 2008 ~ 2014 年的《中国煤炭工业年鉴》《中国劳动统计年鉴》《中国矿业年鉴》《中国能源发展报告》《中国价格统计年鉴》，Launch 是根据各省煤炭产业重组的文件整理而得。以上变量的统计性描述见表 1。

表 1　　各变量的统计描述

变量	均值	标准差	最小值	最大值
Marketshare	0. 1690	1. 3685	-1. 0000	10. 2207
Coalindustry	0. 1103	0. 1773	0. 0000	0. 9751
Miningrate	0. 0116	0. 0406	0. 00003	0. 2891
Launch	0. 4286	0. 4964	0. 0000	1. 0000
Mortality	1. 6453	1. 9581	0. 0000	9. 9722
Nastyaccident	0. 8631	1. 4556	0. 0000	10. 0000
Coalprice	106. 5714	11. 6678	89. 7000	128. 6000
Dec	0. 4631	0. 1731	0. 1483	1. 3407

四、实证结果

（一）回归结果

我们分别控制执行变量的线性趋势以及二次项、三次项趋势，来获得更为稳健的结果。回归中控制省份固定效应和时间固定效应。回归结果见表 2。表 2 中的模型（1）~（3）为常时间趋势，即不包含社会压力代理变量与多项式的交互项，模型（4）~（6）则包含这一交互项，即考虑煤炭产业重组前后的时间趋势是可以改变的。回归结果显示，无论是常时间趋势还是变时间趋势，社会压力对煤炭产业重组当中地方政府的角色选择，作用是显著的。这表明煤炭工业产值占比越高，地方政府利用煤炭产业重组做大国有企业所面临的社会压力越小，重组当中市场力量的产量占比上升得越慢；相反，煤炭工业产值占比越低，地方政府利用煤炭产业重组做大国有企业所面临的社会压力越大，重组当中市场力量的产量占比上升得越快。并且，在控制执行变量的线性趋势、二次项趋势与三次项趋势之后，核心解释变量的回归系数并无太大差异，说明社会压力这一因素在煤炭产业重组中的作用，并不随着重组进程的推进而发生改变。

表 2　　　　本回归结果

	(1) Marketshare	(2) Marketshare	(3) Marketshare	(4) Marketshare	(5) Marketshare	(6) Marketshare
	常时间趋势			变时间趋势		
Coalindustry	-4.0340* (0.0629)	-4.0298* (0.0640)	-4.1630* (0.0565)	-4.028* (0.0650)	-3.7934* (0.0824)	-4.1537* (0.0579)
Miningrate	-1.3605 (0.8207)	-1.2323 (0.8395)	-1.7062 (0.7782)	-1.3950 (0.8183)	-2.1954 (0.7195)	-1.6224 (0.7901)
Launch	0.4874 (0.136)	0.5012 (0.135)	0.3669 (0.325)	0.4883 (0.137)	0.5767* (0.090)	0.3751 (0.317)
Mortality	-0.0583 (0.6132)	-0.0540 (0.6468)	-0.0646 (0.5773)	-0.0573 (0.6222)	-0.0706 (0.5502)	-0.0667 (0.5674)
Nastyaccident	-0.0453 (0.5412)	-0.0514 (0.5213)	-0.0364 (0.6281)	-0.0501 (0.5675)	-0.0264 (0.7485)	-0.0256 (0.7541)
Coalprice	-0.0023 (0.9650)	0.0609 (0.1406)	0.0273 (0.6266)	-0.0022 (0.9660)	0.0714* (0.0902)	0.0291 (0.6063)
Dec	0.1927 (0.8812)	0.1425 (0.9134)	0.2235 (0.8607)	0.2000 (0.8766)	0.2042 (0.8745)	0.2131 (0.8681)
时间趋势	一次项	二次项	三次项	一次项	二次项	三次项
Within R^2	0.5960	0.5596	0.5991	0.5961	0.6072	0.6000

注：***、**、* 分别表示通过 1%、5%、10% 的显著性水平，括号里的值为 p 值。

上述结果还表明，越是在煤炭行业极其重要的省份，地方选择借煤炭产业重组做大国有企业的动机越强，而当地方民众投资与就业并非主要在煤炭行业时，地方借煤炭产业重组来做大市场力量的动机越强，这与假说的推断基本一致。当然，这样的结论是否稳健，仍然需要进一步的检验。

（二）稳健性检验

上述分析结论的一种替代性假说是，地方政府的角色选择主要受到地方官员的影响，而不是由民众所施加的社会压力所致。越是本地官员，则越倾向于维护当地市场力量的利益，以确保自身的政治生存；而越是晋升机会高的官员，则越倾向于完成上级安排的政策任务（Shih，Adolph & Liu，2012；刘明兴等，2013，2015）。为此，我们控制主管工业的省长或副省长是否从本地提拔上来，以及省委常委当中本地干部所占的比例来继续检验。回归结果仍然稳健，如模型（7）所示。

另一种替代性假说是，地方政府之所以借助于煤炭产业重组来做大市场力量，很大因素是地方缺乏省级的煤矿企业。为此，我们在模型当中控制省属煤矿的比重，回归结果仍然稳健，如模型（8）所示。另外，我们利用采煤业与煤炭洗选业年末就业数量在当地年末总就业人数当中的比重，来替代煤炭工业产值比重，以此衡量产业重组当中的社会压力，得到的回归结果仍然是稳健的，如模型（9）所示。

表 3　　稳健性检验结果

变量	(7) 控制地方官员特征 Marketshare	(8) 控制省属煤矿产量比重 Marketshare	(9) 煤炭采选业就业比重 Marketshare
Coalindustry	-4.1581** (0.0204)	-4.1392* (0.0585)	
Coalemploy			-1.2035* (0.0921)
控制变量	Yes	Yes	Yes
时间趋势	一次项	一次项	一次项
拟合优度	0.6192	0.5999	0.5735

注：***、**、*分别表示通过1%、5%、10%的显著性水平，括号里的值为p值。

由此可以得到结论，在煤炭产业重组当中，社会压力是影响地方政府的重要因素。社会压力越高的地方，地方政府越倾向于维护市场力量的利益，选择借产业重组做大民营煤矿企业，以此稳固税收基础，而在社会压力相对较低的省份，地方政府越倾向于利用煤炭产业重组来做强国有企业，从中直接攫取资源租金。因此，我们有理由相信在这场全国性的煤炭产业重组当中，社会压力影响着地方政府的角色选择，前文的理论假说是成立的。

五、结论与讨论

经济学强调从效率逻辑来理解政府行为，却忽视来自社会民众的压力对政府行为带来的影响。本文以全国性的煤炭产业重组作为自然实验，论证了在效率机制之外，化解来自民众的社会压力，维护辖区的社会稳定，也是地方政府行为的机制之一。地方政府会根据社会压力的大小，来选择做一个直接的食租者，还是做一个间接的抽税者。当来自民众，包括投资者的压力较大时，选择市场力量整合资源，既能化解社会压力，也能间接获得税收收入；相反，当社会压力较小时，地方政府倾向于选择国有企业，从中直接获得资源租金。

本文的分析方法说明，压力型体制的分析视角具有进一步拓展的潜力，不仅仅是用于分析国家治理结构的特征与方法，还能够引入地方政府的角色选择与行为决策当中，以提高其解释力（赵静、陈玲、薛澜，2013；曹正汉，2011，2012，2013；Svolik，2012）。此外，本文所论证的结论还表明，中国自改革开放以来逐步推动的市场化改革，以及在市场化改革进程当中呈现的各种特征（Montinola，Qian & Weingast 1995；Qian & Weingast，1997；周黎安，2004，2007；张军，周黎安，2008；Xu，2011；Tsai，2007；曹正汉，2006），都与当代中国政府面临的来自民众的社会压力有关。民众对更加美好生活的愿景，一定程度上构成政府的执政压力，促使当代中国政府做出保护市场、提高经济绩效的承诺，因而造就了改革开放以来的经济奇迹（Zhao，2009；Yang & Zhao，2015；姚洋，2008，2010）。

参考文献

1. 曹正汉：《从借红帽子到建立党委——温州民营大企业的成长道路及组织结构之演变》，载于《中国制度变迁的案例研究》，中国财政经济出版社 2006 年版。

2. 曹正汉：《中国上下分治的治理体制及其稳定机制》，载于《社会学研究》2011 年第 1 期。

3. 曹正汉、周杰：《社会风险与地方分权——中国食品安全监管实行地方分级管理的原因》，载于《社会学研究》2013 年第 3 期。

4. 曹正汉、冯国强：《地方分权层级与产权保护程度——一项“产权的社会视角”的考察》，载于《社会学研究》2016 年第 3 期。

5. 冯国强：《地方分权层级对产权保护程度的影响——中国煤炭行业兼并重组的省际比较》，浙江大学博士论文，2016 年。

6. 刘明兴、张冬、钱滔等:《地方政府的非正式权力结构及其经济影响》,载于《社会学研究》2013 年第 5 期。

7. 刘明兴、张冬、章奇:《区域经济发展差距的历史起源:以江浙两省为例》,载于《管理世界》2015 年第 3 期。

8. 姚洋:《中国政府与中国的经济奇迹》,载于《二十一世纪》2008 年第 107 期。

9. 姚洋:《威权政府还是中性政府》,载于《二十一世纪》2010 年第 121 期。

10. 张军、周黎安:《为增长而竞争:中国增长的政治经济学》,格致出版社 2008 年版。

11. 赵静、陈玲、薛澜:《地方政府的角色原型、利益选择和行为差异——一项基于政策过程研究的地方政府理论》,载于《管理世界》2013 年第 2 期。

12. 周黎安:《晋升博弈中政府官员的激励与合作——兼论我国地方保护主义和重复建设问题长期存在的原因》,载于《经济研究》2004 年第 4 期。

13. 周黎安:《中国地方官员的晋升锦标赛模式研究》,载于《经济研究》2007 年第 7 期。

14. Acemoglu & Robinson, 2005, *Economic Origins of Dictatorship and Democracy*, Cambridge University Press.

15. Acemoglu & Robinson, 2008, Persistence of Power, Elites, and Institutions, *American Economic Review*, Vol. 98, No. 1, pp. 267 – 93.

16. Cao & Feng, 2017, The Level of Decentralization and Property Rights Protection, *Journal of Chinese Sociology*, Vol. 4 No. 1 (1), pp. 1 – 28.

17. Montinola, Qian Y., Weingast 1995, Federalism, Chinese style: the Political Basis for Economic Success in China, *World Politics*, Vol. 48, No. 1, pp. 50 – 81.

18. Qian, Y., & Weingast, 1997, Federalism as a Commitment to Reserving Market Incentives, *Journal of Economic Perspectives*, Vol. 11, No. 4, pp. 83 – 92.

19. Shih, V., Adolph, C., & Liu, M., 2012, Getting Ahead in the Communist Party: Explaining the Advancement of Central Committee Members in China, *American Political Science Review*, Vol. 106, No. 1, pp. 166 – 187.

20. Svolik, M. W., 2012, *The Politics of Authoritarian Rule*. Cambridge University Press.

21. Tsai, L. L., 2007, *Accountability Without Democracy: Solidary Groups and Public Goods Provision in Rural China*. Cambridge University Press.

22. Xu, C., 2011, The Fundamental Institutions of China's Reforms and

Development, *Journal of Economic Literature*, Vol. 94, No. 4, pp. 1076 – 1151.

23. Yang & Zhao, 2015, Performance Legitimacy, State Autonomy and China's Economic Miracle, *Journal of Contemporary China*, Vol. 24, No. 91, pp. 64 – 82.

24. Zhao, 2009, The Mandate of Heaven and Performance Legitimation in Historical and Contemporary China, *American Behavioral Scientist*, Vol. 53, No. 3, pp. 416 – 433.

Rent-seeking & Taxation

——A Theoretical Logic of Role Choices of the Local Government

FENG Guoqiang

(Lanzhou University, College of Economics, 730000)

[**Abstract**] Beyond the logic of efficiency based on cost and benefit analysis, another logic of risk aversion influences the government's role choices. Using the empirical analysis of the coal mine industry acquisitions as a natural experiment, we find that the social risk from the mass within interjurisdiction has a significant impact on the role choices of the local government. The social force will urge the local government to exploit the market force to integrate resources and then tax them when social risk from the mass is very high, otherwise the local government might choose to continue rent-seeking directly by the state-owned enterprise.

[**Key Words**] The Local Government The Coal Mine Industry Acquisitions Social Pressure Rents & Taxation

JEL Classifications: H20 P26 P48

制度变迁、网络博弈与金融系统性风险[*]

——基于银行同业拆借担保制度对金融网络结构影响的理论考察

隋　鹏　周洪涛[**]

【摘　要】本文通过金融网络传染引发系统性风险的机理，运用网络博弈理论检验银行同业拆借担保制度变迁对均衡金融网络结构的影响。研究发现：如果同业拆借受到担保，则任何满足完全流动性风险分摊的对称网络均为均衡网络，且最为稳定的均衡网络是由多组分构成的二分网络；若同业拆借担保被取消，政府有动机救助系统性重要银行的预期，促使银行通过银行间中介提高关联程度，这样一来，单个银行倒闭会因导致系统性风险而被政府救助。银行通过内生改变网络结构，使同业拆借以政府救助的形式变为隐性担保。新的均衡网络呈现实证中普遍发现的“核心－边缘”结构。本文指出，制定金融制度需考虑政策冲击对金融机构相互关联动机的影响。否则，金融网络结构的内生变化不但可能导致该制度失效甚至会增加系统性风险。

【关键词】**网络博弈　金融传染　系统性风险　政府救助**

中图分类号：**F83**　文献标识码：**A**

一、引　言

在我国和世界范围内，由银行拆借构成的金融网络，对银行间分摊流动

* 本文为教育部人文社科青年项目“金融网络，系统性风险及金融监管制度研究”（14YJC790104）的阶段性成果。

** 隋鹏，经济学博士，山东大学经济研究院讲师；地址：（250100）山东省济南市山大南路27号山东大学经济研究院；E－mail：peng. sui@ sdu. edu. cn；周洪涛（通信作者），经济学博士，东北财经大学经济学院讲师；地址：（116025）辽宁省大连市尖山街217号，东北财经大学经济学院劝学楼332室；E－mail：hongtao. zhou@ dufe. edu. cn。

性风险起到关键作用。然而，金融网络也可以引发金融传染：一家银行破产导致债权银行因资产负债表受损而倒闭，而这些银行也会通过其拆借关系导致更多银行破产。这种多米诺骨牌式的传染性倒闭最终可能导致系统性金融风险。正如耶伦（Yellen，2013）指出，现代金融体系中金融网络对引发系统性风险起到核心作用。为防范我国金融体系中潜在的系统性风险，习近平总书记在十九大报告中更提出要“健全金融监管体系，守住不发生系统性金融风险的底线。”

什么样的金融制度可以消除系统性风险？历史上有政府派和市场派观点之争。20 世纪 90 年代以前，许多 OECD 国家通过银行同业拆借担保避免金融传染。以美国为例，任何破产银行的联邦基金（Federal Funds）借贷都会受到联邦储蓄保险公司（FDIC）的保护①。然而银行同业拆借担保由于受到理论界的批评而被取消。罗歇与梯若尔（Rochet & Tirole，1996）提出一个分散金融系统下银行同业拆借理论。他们指出银行作为金融中介需起到信贷监督的功能。同业拆借担保会由于减少银行间彼此监督的动机而增加银行体系的系统风险。卡洛米里斯（Calomiris，1998）和弗凡（Furfine，2001）从激励机制的角度提出相同建议。几位经济学家一致认为政府应通过取消担保来加大银行同业拆借的信用风险，从而激励银行间相互监督。这种观点实质上是坚信自由市场可以内生出激励机制和监督功能，反对 20 世纪 90 年代以前流行的国家干预倾向，即政府通过银行同业拆借担保避免金融传染。于是，在 20 世纪 90 年代，根据上述市场派理论，美国颁布了联邦储蓄保险公司改进法案（FDICIA）和国家存款人优先法案（NDP），其目的是通过对银行同业债务次级化取消同业担保。银行倒闭时被清算的资产首先要满足一般借款人，如消费者存款，其次才是联邦基金借款人，如债权银行②。

然而，法案颁布后的实证研究发现，如果同业拆借中的借款银行被认为“大而不能倒”，则该银行的借贷利率要明显小于平均水平（Nier & Baumann，2006；Sironi，2003；Stern & Feldman，2004）。这是因为市场相信即使该银行受到冲击也会因为政府的救助而免于破产，信贷风险因此降低。什么样的银

① 据金（King，2008）统计，20 世纪 90 年代早期之前，任何银行倒闭其债权银行收回本金的比例接近百分之百。斯特恩和费尔德曼（Stern & Feldman，2004）发现，1979～1989 年，美国共有 1 100 多家银行倒闭，这些银行 99.7% 的借贷债务通过 FDIC 得到完全保护。西罗尼（Sironi，2003）的研究提供了同时期欧洲银行业相同的证据。

② 本斯顿与考夫曼（Benston & Kaufman，1998）发现，FDICIA 法案实施后，债权银行能够从破产银行全部收回本金的比率从之前的约 100% 降到不到 30%。金（King，2008）与弗凡（Furfine，2001）发现 FDICIA 与 NDP 法案颁布后的几年中，银行同业拆借的借贷利率显著上升，侧面反映出银行拆借时开始关心信贷风险。西罗尼（Sironi，2003）同样发现欧洲的银行业在这段时间的同业拆借利率明显上升。

行会得到政府救助？“大而不能倒”中的“大”是否等同于银行资产负债表规模？米什金（Mishkin，1995）以及斯特恩和费尔德曼（Stern & Feldman，2004）总结，政府救助银行的根本原因是为了消除能够导致系统性风险的传染性倒闭。联邦储蓄保险公司（FDIC，1998）在对救助伊利诺伊大陆银行的解释中更佐证了这一点。时任美联储主席的保罗·沃克表示如果政府当时不采取救助行动，与伊利诺伊大陆银行有拆借关系的很多金融机构都会受到影响，进而危及美国金融系统的稳定①。因此，所谓的“大”而不能倒应更准确地理解为“系统性重要”而不能倒，否则该银行的倒闭会导致更多银行受到传染性倒闭。

本文基于银行同业拆借担保制度变迁和政府有动机救助系统性银行的实证结果，运用网络博弈理论检验该制度的转变对均衡金融网络的影响。文章构建了一个同质银行面临流动性风险和偿付风险的理论模型。流动性风险可通过银行同业拆借进行风险分摊，金融网络因此形成。由于每个银行都可能受到由个体冲击导致的偿付风险，金融传染会通过金融网络传播。

如果同业拆借受到担保，个体银行倒闭不会给其他银行带来负外部性。因此，银行同业拆借只为分摊流动性风险。任何满足完全流动性风险分摊的对称网络均为均衡网络，且最为稳定的均衡网络是由多组分构成的二分网络。当同业拆借担保被取消，银行拆借则需考虑三个问题：流动性风险分摊、金融传染以及政府对系统性银行的救助动机。银行可以通过银行间中介提高各银行间的关联程度。于是，任何银行的偿付风险都会导致系统性风险，从而引发政府救助。银行通过内生改变网络结构，使同业拆借由于政府的救助而变为隐性担保。这印证了格林斯潘（Greespan，2001）对 FDICIA 的担忧：“FDICIA 对鼓励银行相互监督增加市场有效性至关重要。但是，其效果取决于银行是否相信它们确实处于实际风险中。”本文指出银行可以通过改变金融网络的方式使得 FDICIA 的制度无效。文章还证明，如果中介成本为正，则新的均衡网络结构呈现“核心－边缘”的特点。“边缘”银行只与“核心”银行有拆借关系，“核心”银行不仅为自己分摊流动性风险，还为“边缘”银行提供流动性支持，充当了银行间中介的角色。

本文所展示的金融制度变迁对网络结构的影响得到一些实证结果的支持。20 世纪 90 年代早期，很多西方发达国家金融系统的统计结构都类似于对称网络，每个银行都有数量相似的拆借关系。另外，银行拆借多为直接风险分摊，并不存在银行间中介（Craig & Peter，2014）。然而，到 20 世纪 90 年代

① 美国政府在 2008 年金融危机中对美国国际集团（AIG）的救助也是基于同样的考虑。美国金融危机调查报告（Financial Crisis Inquiry Report，2011，P. 352）中指出：“没有政府救助，AIG 的违约和倒闭会导致其数量庞大的债权银行遭受传染性倒闭，进而危及整个金融体系的安全”。

后期（FDICIA 法案颁布之后），金融网络转变为“核心 - 边缘”的统计结构，且“核心”银行充当为“边缘”银行提供流动性支持的中介角色。德格里斯和阮（Degryse & Nguyen，2004）发现，比利时的银行同业拆借网络从一个对称网络变为一个具有“核心 - 边缘”特征的网络。曼娜和伊兹泽塔（Manna & Iazzetta，2009）发现意大利银行系统也自 20 世纪 90 年代起，从统计上一个类似于随机网络结构转变为非对称的“核心 - 边缘”特征的证据。同样的“核心 - 边缘”结构还在德国（Craig & Peter，2014），奥地利（Boss et al.，2004）和美国（Bech & Atalay，2008）被发现和证实。

本文对已有文献有三方面贡献。首先，在理论方面，文章在金融网络博弈中引入银行间中介。本文不但构建出银行中介在金融网络中分配流动性支持的方法，还证明了均衡网络存在“核心 - 边缘”结构以及银行间中介。文章揭示了同质个体银行能够形成一个均衡下非对称的“核心 - 边缘”结构的网络博弈。这种非对称结构不是由参与者的异质性所造成，而是受到状态环境影响的结果。具体地说，它是由金融制度变化引发的银行间拆借动机的变化所造成的。其次，在实证方面，本文把 20 世纪 90 年代 OECD 国家金融网络结构的转变和同时期金融制度的变迁关联起来，做出理论解释。最后，在制度方面，文章将政策变动冲击和内生性的结构变化结合，从宏观金融制度变迁视角，即政府是否为银行同业拆借进行担保，尝试对金融网络结构变动等微观特征做出理论分析。

以史为鉴，2008 年金融危机本质上是金融市场内生性问题的一次集中体现，危机原因之一是美联储等一些中央银行一系列决策不当所导致的结果，这些决策忽视了政策措施与金融机构主体行为之间的互动关系。本文指出，政府在做政策制定时亟须重视政策变动冲击带来的内生性的结构变化。习近平总书记在十九大报告中还指出了关于健全作为宏观调控双支柱之一的宏观审慎政策的重要性。本文希望通过对金融制度与金融网络形成互动关系的研究，为推动我国宏观审慎政策的制定和金融市场稳定发展提供新的思路。

本文的结构安排如下：第二部分对相关文献做出评述；第三部分阐述文中需用到的网络博弈及均衡概念，并展示基本模型；第四部分分别讨论同业拆借受担保和不受担保下的均衡网络。文章最后给出结论和政策建议。

二、文献评述

金融网络的研究大多集中在考察网络结构对系统性风险的影响上。艾伦、盖尔（Allen & Gale，2000）和弗雷克萨斯等（Freixas et al.，2000）指出金融传染风险会随着银行同业拆借对象的增加而减少，因此一个关联密切的金融网络可以使更多银行分摊传染性风险，从而提高金融系统的稳定性。阿西莫格鲁等（Acemoglu et al.，2015a）则认为传染性倒闭取决于银行受到的个体冲击大小。如果个体冲击较小，则更密集的连接可以提高金融系统的稳定性；而当冲击很大时，该结构会变得极不稳定。一些学者运用统计物理的方法研究复杂金融网络的传染性问题。尼尔等（Nier et al.，2007）发现在随机网络下，当互联程度较小时，增加网络连接会增加传染效应；而当互联程度很大时，更多的连接将提高银行系统抵抗风险的能力。盖伊等（Gai et al.，2011）利用数值模拟研究了统计上近似于“核心-边缘”的金融网络。相较于随机网络，“核心-边缘”结构会放大金融传染。在中文文献中，巴曙松等（2013）详细综述了金融网络的传染性对金融稳定的影响。隋聪等（2014）研究了不同银行间网络结构下银行系统性风险，通过仿真模拟发现集中度越高的网络，受传染而倒闭的银行数量越多。李政等（2016）研究发现我国金融机构的关联网络具有复杂网络性质。他们认为近年来我国金融机构的系统性风险，正随着总体关联程度上升而不断累积，甚至超过了2008年全球金融危机期间。后面两个中文文献通过实证方法，分析了我国金融网络结构对系统性风险的影响。从技术上看，本文主要侧重利用金融网络博弈模型进行理论考察。

贝布丝（Babus，2016）在艾伦与盖尔（Allen & Gale，2000）模型基础上研究银行同业拆借的均衡网络。她发现银行有动机彼此之间形成一个关联紧密的结构，从而降低传染性风险。然而，阿西莫格鲁等（Acemoglu et al.，2015b）的研究却发现银行拆借时虽然考虑金融传染带来的负外部性，但它并不考虑自身倒闭给其他银行带来的负外部性。因此，均衡网络下的社会福利并不总是帕累托最优。相较于这两篇文章，本文重点考虑金融政策对银行网络博弈的影响，而且证明均衡网络下“核心-边缘”结构以及银行间中介的存在。而关于银行同业拆借制度及其影响的中文文献并不多见，已有文献多关注拆借利率等问题。

综上所述，现有研究主要考虑金融网络外生情况下，网络结构对系统性风险的影响。此外，仅有的一些关于金融网络博弈的研究，既没有考虑金融制度变迁，也没有解释实证研究中已发现的“核心-边缘”结构特征和银行间中介的存在。政策变动冲击和内生性的结构变化，是现代金融系统中亟须重视的新课题。本文重点研究制度变迁视角下，金融网络和系统性风险的内生性问题。希望通过对金融政策与金融网络结构的互动关系研究，为推动金融体制改革和促进金融系统稳定发展提供新的思路。

三、网络博弈、均衡概念与基本模型

（一）网络博弈

首先介绍本文用到的几个网络博弈中的概念。n 个参与人同时做出关联决策。设 $\delta_{ij} \in \{0, 1\}$，$\delta_{ij}=1$ 表示参与人 i 有意与 j 形成关联，否则 $\delta_{ij}=0$。i 的一个策略集为 $\delta_i = \{\{\delta_{ij}\}_{j\in N\setminus i}\}$，其中 N 表示 n 个参与人的集合。设 Δ_i 为 i 所有策略集的集合，即 $\delta_i \in \Delta_i$。本文考虑双边网络博弈，即当且仅当 $\delta_{ij}=\delta_{ji}=1$ 时 i 和 j 形成关联。所有参与人的一组策略组合 $\delta=\{\delta_1, \delta_2, \cdots, \delta_n\}$ 产生网络结构 $g(\delta)$。$g_{ij}=1$ 表示 i 和 j 在 $g(\delta)$ 中有关联，否则 $g_{ij}=0$。设 $N_i(g)=\{j\in N: j\neq i, g_{ij}=1\}$ 为与 i 有关联的参与人的集合，$\eta_i(g)=|N_i(g)|$则表示该集合的基数。

若每个参与人的关联数量相同，即 $\eta_i(g)=\eta$，$\forall i\in N$，则该网络为对称网络。在完备网络中 $\eta=n-1$。二分网络定义如下：N 可分为 N^A 和 N^B，其中 $N^A\cap N^B=\varnothing$，$N=N^A\cup N^B$。若 $g_{ij}=1$，则 $i\in N^A$ 且 $j\in N^B$。在网络 $g(\delta)$中，若 $g_{ij}=0$，但存在一个由不同参与人 $\{i_1, i_2, \cdots, i_n\}$ 组成的 $g_{ii_1}=g_{i_1i_2}=\cdots=g_{i_nj}=1$，则 i 和 j 为路径相连。若任何两个参与人之间只有一条路径相连，则 $g(\delta)$ 为最小连接网络。若所有 i，$j\in g'$相连或路径相连，且所有 h，$k\in g''$相连或路径相连，但任何 $i\in g'$与 $h\in g''$不相连且路径不相连，则 g'与 g''为网络 $g(\delta)$中的不同组分。

（二）均衡概念

本文运用戈雅尔和雷东多（Goyal & Vega - Redondo，2007）提出的双边均衡及严格双边均衡概念对网络博弈求解①。$u_i(\delta_i, \delta_{-i})$ 表示 i 的收益函数，δ_{-i}表示除 i 以外所有参与人的策略。$\delta^*=\{\delta_1^*, \delta_2^*, \cdots, \delta_n^*\}$ 表示为均衡策略组合。

若 $g(\delta^*)$为双边均衡，则

（1）$g(\delta^*)$为纳什均衡，即 $u_i(\delta_i^*, \delta_{-i}^*)\geqslant u_i(\delta_i, \delta_{-i}^*)$，$\forall \delta_i\in\Delta_i$，$\forall i\in N$。

① 选择这两个均衡概念的原因是由于该均衡产生的网络结构更为稳健，而严格双边均衡网络比双边均衡更稳健。读者可参考杰克逊（Jackson，2008）第 11 章对于不同均衡概念稳健性的讨论。

（2）对于任何两个参与人 i，$j \in N$ 的任意策略组合 $\{\delta_i, \delta_j\}$：

若 $u_i(\delta_i, \delta_i, \delta^*_{-i-j}) \geqslant u_i(\delta^*_i, \delta^*_j, \delta^*_{-i-j})$，

则 $u_j(\delta_i, \delta_j, \delta^*_{-i-j}) < u_j(\delta^*_i, \delta^*_j, \delta^*_{-i-j})$，$\forall \delta_i \in \Delta_i$，$\forall i \in N$。

在双边均衡网络下没有任何参与人能通过单独改变关联使得收益增加，且没有任何两个参与人可以通过协调二者的关联策略使得两人的收益同时增加。

如果 $g(\delta^*)$ 为严格双边均衡，则

（1）若 $g(\delta_i, \delta^*_{-i}) \neq g(\delta^*)$，则 $u_i(\delta^*_i, \delta^*_{-i}) > u_i(\delta_i, \delta^*_{-i})$，$\forall \delta_i \in \Delta_i$，$\forall i \in N$。

（2）对于任何两个参与人 i，$j \in N$ 的任意策略组合 $\{\delta_i, \delta_j\}$ 以及任何的网络 $g(\delta_i, \delta_j, \delta^*_{-i-j}) \neq g(\delta^*)$：

若 $u_i(\delta_i, \delta_i, \delta^*_{-i-j}) \geqslant u_i(\delta^*_i, \delta^*_j, \delta^*_{-i-j})$，

则 $u_j(\delta_i, \delta_j, \delta^*_{-i-j}) < u_j(\delta^*_i, \delta^*_j, \delta^*_{-i-j})$，$\forall \delta_i \in \Delta_i$，$\forall i \in N$。

严格双边均衡表示没有任何一个或两个参与人能够在改变网络结构时保持其收益不变。

（三）模型设置

考虑一个由 n 个地区构成的经济体。每个地区有一群度量为 1 的连续消费者群体。该经济体有三个时期 0、1、2：在期 0 每个消费者拥有一单位可用于投资的消费品，消费者在期 1 的消费需求为 q，期 2 的消费需求为 $1-q$，设 $0<q<1$。每个消费者拥有存储消费品的技术手段使其能够在期 1 和期 2 分别消费 q 和 $1-q$。每个地区有一家风险中性银行 i。$\{1, 2, \cdots, n\}$ 表示银行集合，$i \in \{1, 2, \cdots, n\}$。消费者在期 0 选择将消费品投资在存储技术上或借给该地区银行。

每个银行拥有两种资产：一种为一期之后收益为 1 的无风险投资，称之为短期资产。另一种为需要两期才有收益的风险投资，称之为长期资产。如果长期资产投资成功，其在期 2 的收益为 R（$R>1$）。长期资产的风险源于期 1 受到的两类随机波动冲击。

第一类风险是长期资产依概率 $1-\varepsilon$ 面临流动性不足或过剩的冲击。该冲击的实现取决于两种状态 S_1 和 S_2，分别以概率 $(1-\varepsilon)/2$ 发生。在每一个状态下分别有 n/2 的长期资产出现流动性不足和流动性过剩。流动性过剩可归因于部分长期资产在期 1 提前获得收益 $\omega(x_i)$。流动性不足则由于长期资产需要注入额外资金 $\omega(x_i)$，其中 x_i 表示银行 i 在期 0 投资于长期资产的资金数量，设 $x_i > \omega(x_i)$ 以及 $\omega'(x_i) > 0$。流动性冲击不影响银行最终的偿付能力。如果某长期资产发生流动性过剩则期 2 的收益为 $Rx_i - \omega(x_i)$，若发生流

动性不足收益为 $Rx_i+\omega(x_i)$。但是流动性冲击使得银行需要过渡性融资。如果长期资产面临流动性不足而无法得到所需的资金注入，最终的收益为零。由于在状态 S_1 和 S_2 下总有一半长期资产面临流动性过剩，另一半面临流动性不足，因此银行 i 有动机与其他银行分摊风险。我们把这种可分摊风险定义为流动性风险。

第二类风险为影响银行偿还能力的风险，称为偿付风险。依据概率 ε，某一个长期资产需要注入 $\gamma(x_i)$ 数量的资金，其余 n-1 长期资产则不受任何风险影响。设 $Rx_i<\gamma(x_i)$，该冲击使得期 2 的收益无法偿还期 1 的流动性注入，因此银行受到偿付能力的冲击。如果该资产收到 $\gamma(x_i)$ 流动性注入，则在期 2 得到 Rx_i，否则为零。每个银行依概率 ε/n 受到该个体冲击，设 $1-\varepsilon>\varepsilon$。表 1 详细展示个体银行受到流动性风险和偿付风险的状态。用 $\{\tilde{S}_1, \tilde{S}_2, \cdots, \tilde{S}_n\}$ 表示个体冲击的集合，其中 $\tilde{S}_i$，$\tilde{S}_i\in\{\tilde{S}_1, \tilde{S}_2, \cdots, \tilde{S}_n\}$ 表示银行 i 承受个体冲击时的状态。如果长期资产没有受到任何冲击，则可在期 1 以价格 r 被变卖，设 $1>r\geqslant 0$①。

表 1　　银行流动性风险与偿付风险

概率	状态	1	2	…	n/2	(n+2)/2	(n+4)/2	…	n
$(1-\varepsilon)/2$	S_1	$-\omega(x_1)$	$-\omega(x_2)$	…	$-\omega(x_{n/2})$	$\omega(x_{(n+2)/2})$	$\omega(x_{(n+4)/2})$	…	$\omega(x_n)$
$(1-\varepsilon)/2$	S_2	$\omega(x_1)$	$\omega(x_2)$	…	$\omega(x_{n/2})$	$-\omega(x_{(n+2)/2})$	$-\omega(x_{(n+4)/2})$	…	$-\omega(x_n)$
ε/n	$\tilde{S}_1$	$\gamma(x_1)$	0	0	0	0	0	0	0
ε/n	$\tilde{S}_2$	0	$\gamma(x_2)$	0	0	0	0	0	0
ε/n	⋮	⋮	⋮	⋮	⋮	⋮	⋮	⋮	⋮
ε/n	$\tilde{S}_n$	0	0	0	0	0	0	0	$\gamma(x_n)$

政府在经济体中起到两方面作用：第一，它对消费者存款进行保险以避免戴蒙德和迪布维格（Diamond & Dybvig, 1983）指出的银行挤兑的发生。第二，政府决定是否对个体银行进行救助。令 $\prod(m)$ 表示政府救助银行的负效用

$$\prod(m)=\pi(m)-\theta \tag{1}$$

其中 θ 表示救助个体银行的成本。该成本不但指政府需要帮助银行注入流动性的成本，还有由于提供资金而产生的税收增加或巨额政府赤字的财政成本。另外还可以是因为违背其事前承诺不救助个体银行而导致的政府声誉

① 在阿西莫格鲁等（Acemaglu et al., 2015a）中 $r\approx 0$。为确保模型的一般性，这里设 $1>r\geqslant 0$。

损失的成本。$\pi(m)$ 表示政府由于个体银行的倒闭而引发其他 $m-1$ 个银行倒闭所带来的负效用。这种负效用可以被解释为政府关注整个金融系统的正常运转，因此银行倒闭的数量增多使得系统性风险加大，对整个金融体系越具有破坏力[①]。设 $\theta>\pi(1)$ 且 $\pi'(m)>0$。令 m^* 为 $\theta=\pi(m^*)$，因此如果银行 i 的倒闭会引发 m^*-1 个银行倒闭，政府会对 i 实施救助。设 n 与 m^* 为偶数且 n/m^* 为整数可除。

如果消费者在期 0 把消费品借给当地银行，银行会给每位消费者提供一份非状态依赖的存款合同。由于消费者存款受到政府保险，每个银行最优的策略是在期 1 为消费者提供 q 数量的消费品，在期 2 则提供 $1-q$ 数量的消费品，以便达到消费者的保留效用。消费者把消费品借给当地银行所得到的回报不差于把其放到存储技术上。若银行无法履行合同则倒闭。

令 y_i 表示银行 i 在短期资产的投资，银行在期 0 有如下预算约束：

$$x_i+y_i=1 \tag{2}$$

银行期望收益随着 x_i 变大而增加。然而，当处于状态 S_1 和 S_2 时，银行不得不满足每个消费者取款 q 的消费需求，并面临来自长期资产的流动性不足或剩余 $\omega(x_i)$。为满足期 1 流动性需求，银行需要在短期资产上投入一定数量的资金。对于每一个银行，期 1 的流动性需求为 $\omega(x_i)+q$ 或者 $\omega(x_i)-q$，期望流动性需求为 q。我们设如果 $x_i>(1-q)$，则 $q<\omega(x_i)+y_i$。该假定施加了如下条件，即如果银行在长期资产上的投资量超过 $1-q$，该银行会在期 1 倒闭。假设条件意味着银行会从与其他银行分摊流动性风险中受益，而不会选择自我封闭。既然银行希望有效利用短期资产且流动性需求在期 1 的平均水平为 q，则每个银行能够达到的个体最优资产分配为：在长期资产投资 $1-q$，在短期资产投资 q。即

$$(x_i,\ y_i)=[(1-q),\ q],\ \forall i\in N \tag{3}$$

式（3）表明所有银行在长期和短期资产上的投资分配数量相同，即 $\omega(x_i)=\omega$，$\forall i\in N$ 以及 $\gamma(x_i)=\gamma$，$\forall i\in N$。

（四）银行拆借及流动性风险分摊

在状态 S_1 和 S_2 下，尽管每个银行面临流动性风险，但是整个经济体的流动性总量保持不变。在期 1 总有 n/2 银行面临流动性需求 ω，以及 n/2 家银行面临流动性剩余 ω。虽然银行在期 0 并不知道自己的类型，但它们了解银行间流动性波动的相关性，即银行了解与那些银行为流动性正相关

① 该假设反映引言中提到的米什金（Mishkin，1995）等学者对政府救助动机的论述。此外，由于消费者存款受到政府担保，因此越多银行倒闭会引发政府偿还消费者存款的成本越高。这也使得政府更有动力救助最初倒闭的银行。

和负相关。这使得银行可以通过与流动性负相关的银行相互拆借进行风险分摊。

银行可以通过直接和间接两种机制进行流动性风险分摊。直接风险分摊指银行仅通过与其有直接拆借关系的银行分摊风险，而间接风险分摊则允许银行通过银行间中介同其组分中所有银行进行风险分摊。然而，间接风险分摊会使中介产生一定的交易成本 C，因此，任何需要中介进行风险分摊的银行需对每个中介银行支付 C 以便对其进行补偿①。我们举例说明银行如何通过两种机制消除流动性风险。

1. 直接流动性风险分摊

设 d_{ij} 为银行 i 在银行 j 存放的存款数量，则 $d_{ij}=d_{ji}$。

N_i 表示与银行 i 有直接拆借关系的银行的集合，N_i^{neg} 表示与银行 i 流动性负相关的银行集合，$N_i^{pos}=N_i \setminus N_i^{neg}$ 则表示与银行 i 正相关的银行集合。

例 1：n/2 个组分的二分金融网络（图 1. a）：$n=8$、$\eta_i=1$、$d_{ij}=\omega$。

在该网络下每个银行只与一个负相关银行相互拆借 ω。不失一般性，设银行 A 和 B 相互拆借。设银行 A 在期 1 有高流动性需求，A 需满足消费者取款数量 q 且要对长期资产注入 ω。总流动性需求为 $q+\omega$。银行 A 自身流动性资产为 $q-\omega$，以银行 B 存储在 A 的银行间存款形式的流动资产为 ω，银行 A 可以从银行 B 取出存款 ω。A 的流动性供给为

$$(q-\omega)+\omega+\omega=q+\omega \tag{4}$$

流动性需求等于流动性供给，因而超额需求为零。银行 B 需满足消费者的取款数量 q，并要满足银行 A 的提款 ω。总流动性需求为 $q+\omega$。银行 B 有流动性资产 $q-\omega$，银行 A 存在 B 的银行间存款 ω，以及长期资产提前到期收益 ω。我们有

$$(q-\omega)+\omega+\omega=q+\omega \tag{5}$$

银行 B 超额需求也为零。

在期 2，银行 A 面临消费者的取款需求为 $1-q$，银行 B 的取款为 ω。从长期资产得到的总回报为 $R(1-q)+\omega$。因为 $R>1$，于是有

$$R(1-q)+\omega>(1-q)+\omega \tag{6}$$

银行 A 可以满足消费者和 B 的取款需求且得到收益 $(R-1)(1-q)$。对于银行 B，我们有

$$[R(1-q)-\omega]+\omega>(1-q) \tag{7}$$

其中不等式左边为来自长期资产和在银行 A 的银行间存款的总回报，而右边为消费者取款需求。银行 B 得到与 A 相同的收益 $(R-1)(1-q)$。

① 网络博弈对于中介成本的探讨请参考戈雅尔（Goyal，2007）与戈雅尔和雷东多（Goyal & Vega－Redondo，2007）的研究。

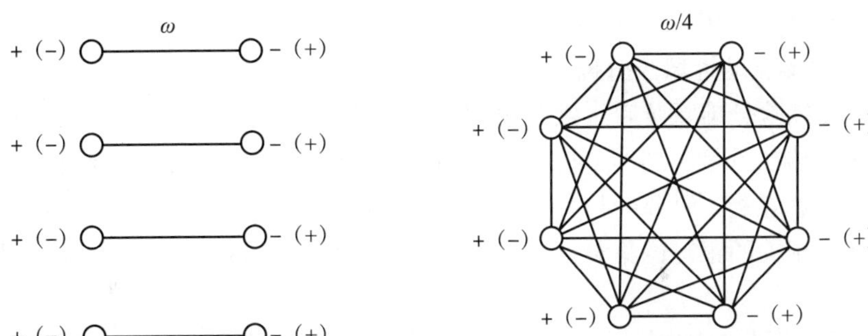

a.二分金融网络：每个银行只与一个负相关银行拆借ω

b.完备金融网络：每个银行与其他所有银行分别拆借ω/4

图 1

例 2：完备金融网络（图 1. b）：$n=8$、$\eta_i=7$、$d_{ij}=\omega/4$。

每个银行 i 同其他 $n-1$ 个银行互换 $\omega/4$ 的银行间存款。于是有：

$$\sum_{j\in N_i} d_{ij} = \frac{1}{4}\omega\cdot\sum_{h\in N_i^{pos}} g_{ih} + \frac{1}{4}\omega\cdot\sum_{k\in N_i^{neg}} g_{ik} = \frac{1}{4}\omega\cdot 3 + \frac{1}{4}\omega\cdot 4 = \frac{7}{4}\omega \quad (8)$$

考虑一个在期 1 有高流动性需求的银行。其需要满足消费者取款数量 q、在长期资产上注入 ω 资金，以及满足其他高流动性需求的银行的取款。从供给的角度，银行 i 自有流动性资产为 $q-(7\omega/4)$，能够从每个银行取回 $\omega/4$ 并可以使用银行间存款 $7\omega/4$。于是有：

$$q+\omega+3\cdot\frac{\omega}{4}=\left(q-7\cdot\frac{\omega}{4}\right)+7\cdot\frac{\omega}{4}+7\cdot\frac{\omega}{4} \quad (9)$$

其中等式左边为银行 i 的总流动性需求，$3\omega/4$ 为正相关银行取回银行间存款的数量。等式右边为流动性供给，因此没有超额流动性需求。对于一个具有低流动性需求的银行，我们有：

$$q+3\cdot\frac{\omega}{4}+4\cdot\frac{\omega}{4}=\left(q-7\cdot\frac{\omega}{4}\right)+7\cdot\frac{\omega}{4}+3\cdot\frac{\omega}{4}+\omega \quad (10)$$

等式左边为流动性需求，即消费者提取存款 q 总额加上正相关的三个银行取款需求 $3\omega/4$，以及负相关的四家银行取款需求。等式右边为流动性供给，其包括银行自有流动性资产数额 $q-(7\omega/4)$，银行间存款 $7\omega/4$，从正相关银行提取的存款 $3\omega/4$，以及来自长期资产的提前到期的收益 ω。没有任何银行存在超额需求。

在期 2，期 1 时有高流动性需求的银行，面临消费者取款 $1-q$ 和其负相关的银行的银行间取款 $4\omega/4$。于是有：

$$R(1-q)+\omega>(1-q)+\omega \quad (11)$$

银行收益为 $(R-1)(1-q)$。对于在期 1 有着低流动性需求的银行，我们有

$$[R(1-q)-\omega]+\omega>(1-q) \quad (12)$$

银行收益也为 $(R-1)(1-q)$。

2. 间接流动性风险分摊

间接风险分摊意味着，银行可以通过中介与其组分内路径相连的所有银行分摊流动性风险。用 $C_i(g)$ 表示与银行 i 同属一个组分的银行集合，$C_i^{neg}(g)$ 则为在银行 i 组分中与其负相关的银行集合，则 $C_i^{pos}(g)=C_i(g)\backslash C_i^{neg}(g)$ 为与其正相关的银行的集合。在期 0，每个银行拿出 ω 作为银行间同业拆借款项。

例 3：串联金融网：$|C_i(g)|=4$、$|C_i^{pos}(g)|=|C_i^{neg}(g)|=2$（图 2）。

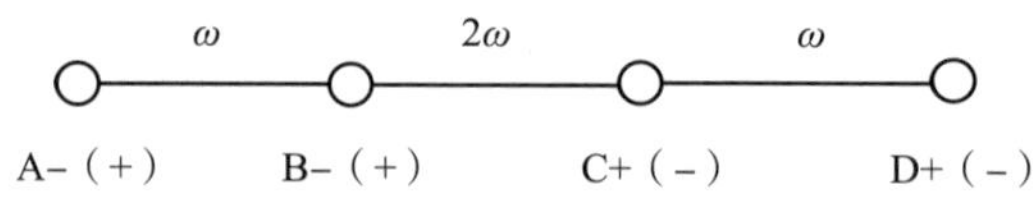

图 2　银行 B 与 C 为中介的串网

不失一般性，设银行 A、B 同银行 C、D 为负相关。在该金融网络中银行 B 与 C 作为中介不仅彼此拆借，同时也为银行 A 与 D 提供流动性支持。首先，银行 A 和 D 在银行 B 和 C 存款 ω，然后银行 B 和 C 互换 2ω，最后，银行 B 和 C 在银行 A 和 D 存款 ω。银行 A 和 B 以及银行 C 和 D 的相互拆借 ω。作为中介的 B 与 C 互换 2ω（见图 2）。每个银行在其资产负债表上的银行间拆借为 ω。

设银行 A 和 B 经历高流动性需求而银行 C 和 D 经历低流动性需求。银行 A 和 B 需分别支付 q 给消费者并在长期资产上注入 ω，总流动性需求为 q + ω。供给方面，银行 A 的短期资产为 q − ω，以银行 B 存款形式的流动性资产数量为 ω，以及在银行 B 中的银行间存款 ω。银行 A 总的流动性供给为 q + ω。银行 A 可以满足流动性需求。银行 B 需要消费者支付 q 并在长期资产上注入 ω。另外，其要满足银行 A 取回银行间存款 ω 的要求。总流动性需求为 q + ω + ω。供给方面，银行 B 自有流动性资产为 q − ω，以银行间存款形式的流动性资产为 ω，以及可以提取在银行 C 的存款 2ω。总供给为（q − ω）+ ω + 2ω。银行 B 同样可以满足流动性需求。银行 C 需支付消费者 q，同时需要支付给银行 B 2ω。流动性总需求为 q + 2ω。供给方面，银行 C 自有流动性资产为 q − ω，长期资产提前到期带来的资金量 ω，以银行间存款形式的流动性资产 ω，以及存在银行 D 的银行间存款 ω。总供给为 q + 2ω。所以银行 C 也不存在超额流动性需求。对于银行 D，其需要支付消费者 q 并满足银行 C 的提款 ω。我们有 q + ω，其流动性供给由自有流动性资产 q − ω，长期资产提前到期资金量 ω，以及以银行间存款形式存在的流动性资产 ω 所构成。总数也为 q + ω。该网络总超额流动性需求为零。

在期 2，银行 A 面临消费者取款 1 − q，银行 B 取款 ω。其长期资产的总

收益为 $R(1-q)+\omega$。由于 $R>1$，所以

$$R(1-q)+\omega>(1-q)+\omega \tag{13}$$

银行 A 能够满足消费者和银行间存款提取的需求，并获得 $(R-1)(1-q)-2C$ 的收益，其中 2C 是其需要支付给银行 B 和 C 的中介费用。对于银行 B，除了消费者需求 $(1-q)$，其需要满足银行 C 的银行间存款提取 2ω 的要求。来自长期资产的总回报为 $R(1-q)+\omega$。银行 B 能从银行 A 取回 ω，于是有

$$R(1-q)+\omega+\omega>(1-q)+2\omega \tag{14}$$

银行 B 的回报为 $(R-1)(1-q)-C$，其中 C 是银行 B 的中介成本。银行 C 对于其消费者的需求也是 $1-q$。除此之外，还需返还 ω 给银行 D。其总收益为 $R(1-q)-\omega$ 以及从银行 B 得到的支付款 2ω，于是有

$$R(1-q)-\omega+2\omega>(1-q)+\omega \tag{15}$$

银行 C 的收益也为 $(R-1)(1-q)-C$。银行 D 也面临来自消费者的取款 $1-q$。总收益为长期资产的 $R(1-q)-\omega$ 以及从银行 C 的取款 ω。银行 D 的收益为 $(R-1)(1-q)-2C$。

（五）金融传染及系统性风险

只有在金融系统不存在超额流动性需求时，同业拆借才能够起到风险分摊的效果。如果在状态 $\{\tilde{S}_1, \tilde{S}_2, \cdots, \tilde{S}_n\}$ 下发生不可分摊的偿付风险，则金融网络会导致传染性倒闭。我们通过引入违约损失（Loss Given Default，LGD）度量银行倒闭给其他银行带来的损失。这里分别用例 1 和例 3 描述传染性倒闭过程。

在例 1 中，设银行 A 在期 1 受到个体冲击，其流动性需求为 $q+\gamma$，而其他银行则仅面临来自消费者的取款需求 q。银行 A 有 $q-\omega$ 的流动性资产，可以使用银行 B 在其存储的流动性资产 ω，并且还可以取回在银行 B 的存款 ω。然而，因为银行 B 也有流动性需求 q，所以银行 B 也需要取回在银行 A 的存款 ω①。我们有：

$$q+\omega+\gamma>(q-\omega)+\omega+\omega \tag{16}$$

其中不等式左边为银行 A 的流动性需求，该需求大于不等式右边的流动性供给。所以当偿还风险发生时，银行间的相互拆借不能起到风险分摊的作用。银行 A 因为不能满足期 1 的流动性需求而破产。

在对银行 A 进行清算时，由于银行间存款相对于消费者存款为次级债务，银行 A 须先满足期 2 消费者取款 $1-q$。由于 $(1-q)>\omega$，银行 B 于是

① 银行间存款的收益为 1，而长期资产的收益在期 1 为 r、期 2 为 R，因此在发生金融传染时银行会首先清算银行间存款。

受到违约损失 ω。这意味银行 B 的流动性资产不能满足其消费者的取款需求 q，其面临流动性赤字 ω。银行 B 唯一能做的就是变卖一些价值为 ω 的长期资产。但是当变卖长期资产时，其还要保留足够的长期资产以供满足期 2 消费者的取款需求 1 - q，否则银行 B 会因不能履行合同而破产。把银行在确保不会破产的情况下所能得到的最大流动性称之为缓冲资本，表示为 CB（capital buffer）。于是有：

$$CB = r \cdot \left[\frac{(R-1)(1-q)}{R}\right] \tag{17}$$

式（17）的中括号里表示银行在确保不倒闭下可变卖的长期资产数量，其取决于期 2 消费者取款数量以及长期资产收益。银行缓冲资本的多少还取决于长期资产在期 1 的提前清偿率 r。对于银行 B 来讲，如果缓冲资本小于违约损失，即 CB < ω，则会导致传染性破产。一般来讲，银行 i 会由于以下条件成立而导致传染性破产。

$$CB < LGD_i \tag{18}$$

不等式（18）中的LGD_i 表示银行 i 因金融传染受到的违约损失。

再来考虑例 3。与以上逻辑相同，如果银行 A 受到个体冲击，则会因不能满足流动性需求而破产①，银行 B 承受违约损失 ω。为满足消费者取款 q，银行 B 需从 C 取走存款 2ω。然而，同样的原因使得银行 C 也需要清算其在 B 的存款 2ω，所以有

$$q + 2\omega > (q - \omega) + 2\omega \tag{19}$$

不等式右边为银行 B 的流动性供给，左边为其流动性需求。银行 B 面临超额流动性需求 ω。如果缓冲资本满足不等式（18），则银行 B 倒闭。银行 B 的总流动性供给为变卖的长期资产，价值为 r(1 - q)、短期资产 q - ω，以及存在银行 C 的银行间存款 2ω。其流动性需求则为来自消费者取款 1，以及来自银行 C 的银行间存款提取 2ω。如果 r 值很小，则：

$$r(1-q) + (q+\omega) \leqslant 1 \tag{20}$$

当条件（20）满足，银行所有的流动性全部属于消费者，银行 C 则承受违约损失 2ω。银行 C 的流动性供给为自有短期资产总额 q - ω、银行 D 在银行 C 的存款 ω 以及存在银行 D 的银行间存款 ω，且扣除违约损失 2ω。所以总的流动性供给为 q - ω。而流动性需求则为消费者存款提取 q，和来自银行 D 的银行间存款提取 ω。银行 C 需要变卖等价于 2ω 的长期资产。由于 CB < ω，银行 C 也要倒闭。总流动性供给为 r(1 - q) + (q - ω)。给定条件（20），该值小于 1。银行 D 因此受到违约损失 ω，根据上述分析，该银行也将倒闭。这样，银行 A 的个体冲击导致了该网络下所有银行相继倒闭，即引发了系统性风险。

① 在该串网中任何一个银行受到个体冲击都会产生同样的结果。

四、同业拆借有无担保下的均衡网络

（一）同业拆借受担保下的均衡网络

政府担保银行间拆借意味着银行受到的违约损失为零，因此单个银行倒闭不会导致金融传染问题。而金融传染的消失使得银行拆借的目的只是分摊流动性风险，因此均衡网络独立于状态 $\tilde{S}_i$。由于银行间中介会产生交易成本，所以如果可以直接分摊风险，没有银行愿意支付额外的中介成本。我们将在命题一中说明，当存在银行间存款担保，双边纳什均衡下的银行拆借形式总是直接分摊风险。

每个银行需要确保，当其面临流动性赤字时，可以拿到至少 ω 数量的银行间存款，从而达到完全风险分摊。由于流动性风险分摊只能通过与其负相关的银行来提供，所以流动性风险可完全分摊的条件应满足

$$\sum_{j \in N_i^{neg}} d_{ij} \geqslant \omega \tag{21}$$

用 $I_{\{\sum_{j \in N_i^{neg}} d_{ij} \geqslant \omega\}} \in \{0,\ 1\}$ 表示衡量银行 i 是否满足条件（21）的指示函数，满足条件（21）时取值1，否则为0。个体银行的期望收益函数可以写为

$$u_i(g) = (1-\varepsilon)\left[\frac{1}{2}(R-1)(1-q) + \frac{1}{2}(R-1)(1-q)I_{\{\sum_{j \in N_i^{neg}} d_{ij} \geqslant \omega\}}\right] + \frac{\varepsilon(n-1)}{n}(R-1)(1-q) \tag{22}$$

期望收益函数（22）中第一项为银行在状态 S_1 和 S_2 下的期望收益。方括号中的第一项为银行 i 面临流动性剩余时的期望收益。第二项为面临流动性赤字时的期望收益，此时银行需要 ω 的流动性才会在期 2 得到收益。最后一项表示银行在状态 $\tilde{S}_i$ 的期望收益。由于银行不会受到拆借银行倒闭的影响，以及政府不会对单个银行进行救助 $\theta > \pi(1)$，所以银行 i 以 ε/n 的概率受到个体冲击而倒闭。我们能够证明：

命题一：若银行同业拆借受到担保且中介成本为正，则双边均衡金融网络不存在银行中介；所有双边均衡网络均满足 $\sum_{j \in N_i^{neg}} d_{ij} = \omega$，且满足该条件的所有对称网络均为双边均衡。唯一严格双边均衡网络为由 n/2 个组分组成的二分网络。

证明详见附录一。命题一的证明思路如下：在状态 S_1 和 S_2 下，总流动性剩余等于总流动性赤字。所以在任何网络中，如果银行 i 不满足条件（21）

则必定有至少一家与银行 i 负相关的银行，如银行 j，也不满足条件（21）。该网络结构不满足双边均衡定义，因为银行 i 与 j 可以通过相互协作，去掉它们既有的所有拆借关系转而彼此拆借 ω。根据收益函数（22）二者均可提高收益。由于银行和其正相关银行的拆借对风险分摊没有任何影响。因此，凡满足 $\sum_{j \in N_i^{neg}} d_{ij} = \omega$ 的对称网络结构，均为双边均衡网络，如图 1。具有 n/2 组分的二分网络（图 1. a）则为唯一严格的双边均衡网络。在任何其他均衡网络下，任何负相关的两个银行总可以通过相互协作，去掉既有拆借关系转而彼此拆借 ω。该策略虽然改变网络结构，但没有改变二者的期望收益，因此不满足严格双边均衡定义。

（二）同业拆借无担保下的均衡网络

银行拆借无担保意味着个体冲击会导致金融传染。然而，银行知道，如果金融传染导致系统性风险，政府会对银行实施救助。因此，同业拆借会得到隐性担保。政府决定是否救助个体银行受到两个因素的影响。第一，取决于缓冲资本和违约损失的比较，只要条件（18）满足，金融传染就会发生，因此设 CB < ω。第二，政府是否对个体银行实施救助取决于其效用函数（1）。

银行进行拆借时会把政府实施救助的动机考虑进去。为了能够明确写出银行的期望收益函数，设：

$$r(1-q)+q+(m^{*}-2)\omega \leqslant 1 \tag{23}$$

令 $I_{\{|C_i^{pos}(g)\cup i|=|C_i^{neg}(g)|\}} \in \{0, 1\}$ 为指示函数，如果在银行 i 的组分中与 i 正相关的银行数量等同于与其负相关的银行数量，则该函数得 1，否则为 0。$I_{\{|C_i(g)| \geqslant m^{*}\}} \in \{0, 1\}$ 表示如果银行 i 所属组分中银行的数目不小于 m^{*}，则该函数取值为 1，否则为 0。$I_{\{|C_i(g)| < m^{*}\}} \in \{0, 1\}$ 则正好相反。用 $e(i, j \in C_i(g))$ 表示银行 i 进行间接风险分摊所需要的银行间中介的数量。存在银行间中介的银行期望收益函数为：

$$\begin{aligned} u_i(g) = {} & (1-\varepsilon)\left[\frac{1}{2}(R-1)(1-q)+\frac{1}{2}(R-1)(1-q)I_{\{C_i^{pos}(g)\cup i=C_i^{neg}(g)\}}\right] \\ & +\varepsilon(R-1)(1-q)\left[\frac{n-|C_i(g)\cup i|}{n}I_{\{|C_i(g)|<m^{*}\}}+I_{\{|C_i(g)|\geqslant m^{*}\}}\right] \\ & -e(i, j\in C_i(g))\cdot C \end{aligned} \tag{24}$$

期望收益函数（24）的第一项为银行 i 在状态 S_1 和 S_2 下的期望收益。其中，方括号中的第一项为银行在期 1 面临流动性剩余时的收益，第二项为面临流动性赤字时的期望收益。第二项表示银行 i 在状态 $\tilde{S}_i$ 时的期望收益。如果银行 i 所属的组分内的银行数量少于 n^{*}，则政府不会启动对个体银行的救助。因此，给定 $CB<\omega$ 和条件（23），组分内的任何银行受到个体冲击都会使得与其路基相连的其他银行倒闭。所以，银行 i 的倒闭概率为 $\varepsilon \cdot C_i(g)/n$。如果银行 i 相邻银行的数量不少于 m^*，那么组分内任何一家银行，受到偿付冲击都会激发政府对其的救助。当 $I_{\{\lfloor C_i(g)\rfloor \geq n^*\}}=1$ 时，组分内所有银行在状态 $\tilde{S}_i$ 的时候回报均为 $(R-1)(1-q)$。最后一项代表银行 i 需要支付的中介成本。我们可以证明如下命题。

命题二：若银行拆借无担保且 $CB<\omega$、条件（23）以及 $0<C<2\varepsilon(R-1)(1-q)/n$ 成立，则严格双边均衡网络结构存在银行间中介且呈现“核心-边缘”性质。

证明详见附录二。命题二证明思路如下：如果均衡网络由几个组分构成，每个组分必然有同样数量的负相关和正相关的银行。这是因为给定期望收益函数（24）和 $(1-\varepsilon)>\varepsilon$，如果不是，则必然有两个属于不同的组分、且负相关的银行，达不到完全流动性风险分摊，这两个银行会删掉他们现有的所有拆借关系，转而彼此拆借 ω。二者都可以获得更高的期望收益，因此该网络不满足双边均衡。接下来，在一个有银行间中介的组分中，银行的数量一定至少为 m^*。否则，传染性倒闭的概率大于当银行只与一个负相关银行之间相互拆借的倒闭概率 ε/n。

接下来证明在每个组分中的银行必然是最小相连。如果存在超过两个最短路径，银行间存款互换 ω 会在这些路径中被划分。如果条件（18）满足 $\omega-\xi<CB<\omega$，其中 $\xi\approx 0$，则相邻银行的倒闭不一定会导致该银行倒闭，因而不会引发政府救助。以上已经说明，没有政府救助下银行只与一个负相关银行之间相互拆借。我们可以用一个更细致的，从节省银行中介成本的角度来证明。如果银行 i 和 j 有两个或两个以上的路径相连，则二者之间一定有一个环形网络，我们可以证明双边均衡网络不可能存在环形结构。因为银行 i 和 j 可各删除一个拆借关系，然后彼此进行拆借，从而使得环形网络变为串网。该行动增加了边缘节点的数量，也就是减少 i 和 j 之间的中介数量，因此降低了 i 和 j 中介成本。

任何最小路径相连的双边均衡网络都呈现“核心-边缘”结构。原因在于，任何边缘银行有动机和相邻银行解除关联，并与有着高集中度的银行中介建立联系。这是因为，边缘银行的数量增加，意味着中介数量的减少，因而降低了每个银行的中介成本。在均衡状况下，边缘银行的期望收益等于：

$$(R-1)(1-q)-C \tag{25}$$

核心银行的期望收益为：

$$(R-1)(1-q) \tag{26}$$

我们举例说明“核心-边缘”结构为严格双边均衡的条件。图 3 为一个“核心-边缘”结构的金融网络。设该网络下正负相关的银行数量相同且

$m^* = 6$。银行 j 为核心银行，银行 i 和 k 为两个边缘银行。每个边缘银行在银行 j 存放 ω，银行 j 再在每个边缘银行存放 ω。与核心银行的拆借使得每个银行都达到完全流动性风险分摊。

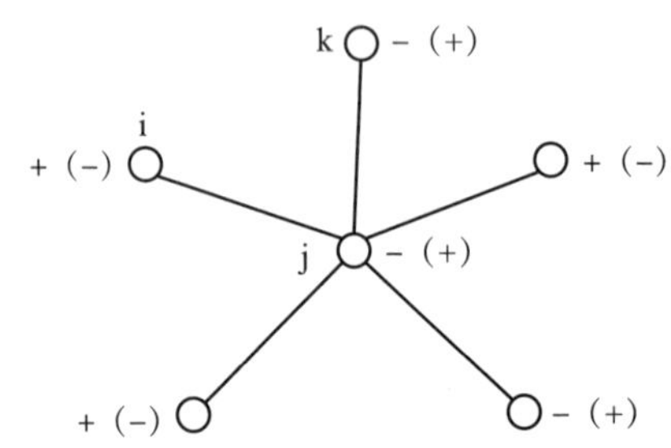

图 3 “核心 – 边缘”结构的金融网络

根据严格双边均衡的定义，首先检验银行 j 是否有动机改变该结构。银行 j 可以删除一个或几个边缘银行的拆借关系。但是这样做使得组分中银行数量小于 m^*，政府不实施救助，使得银行 j 期望收益下降。因此银行 j 不会改变该网络结构。接下来检测银行 i 和 k 是否有动机改变该结构。银行 i 和 k 可以通过两种方式改变结构。第一种，银行 i 或 k 单边删除与 j 的拆借关系。这样做使其没办法进行风险分摊，因此使其期望收益减小。没有一个边缘银行愿意删除联接。第二种，银行 i 和 k 同时删除与 j 的拆借关系，并且二者互换存款 ω。如果二者为正相关，则银行 i 和 k 的期望收益均减少。如果二者为负相关则期望收益为

$$(1-\varepsilon)(R-1)(1-q)+\frac{\varepsilon(n-2)}{n}(R-1)(1-q) \tag{27}$$

期望收益函数（27）同期望收益函数（25）相比较得出，当 $0 < C < 2\varepsilon(R-1)(1-q)/n$ 时，银行 i 和 k 均无动机改变既有网络结构。换而言之，任何改变网络结构的策略都会使得银行的期望收益严重减少。因此，“核心 – 边缘”结构满足严格双边均衡。

由以上分析可知，若同业拆借受到担保，银行拆借只为分摊流动性风险。此时，严格双边均衡网络是由多组分构成的二分网络；每个银行的期望收益为 $[1-(\varepsilon/n)](R-1)(1-q)$。同业拆借担保使每个银行的倒闭概率只与自身受到偿付风险的概率 ε/n 有关。当同业拆借担保被取消，银行则面临金融传染风险。在多组分构成的二分网络下，每个银行的期望收益变为 $[1-(2\varepsilon/n)](R-1)(1-q)$。银行倒闭不但受到自身偿付风险的影响，还受到与其拆借银行偿付风险的影响。这正是 20 世纪 90 年代美国颁布联邦储蓄保险公司改进法案（FDICIA）的初衷：通过取消同业拆借担保来加大银行同业拆借信用风险，可以激励银行之间相互进行信贷监督。然而，由于政府存在对系统

性银行救助的动机，银行可通过银行间中介提高各银行间的关联程度。于是，任何银行的偿付风险都会导致系统性风险，从而引发政府救助。命题二指出，当同业拆借担保被取消，严格双边均衡网络出现了一个新的结构，即“核心－边缘”网络。“核心”银行不仅为自己分摊流动性风险还为“边缘”银行提供流动性支持，充当了中介的角色。在该网络下，“边缘”银行与“核心”银行的期望收益分别为式（25）与式（26）。所有银行的期望收益与任何偿付风险（自身或与其有拆借关系的银行）无关。通过网络结构的内生改变，银行同业拆借由于政府救助变为隐性担保，继而使得 FDICIA 制度失效。

五、结论与政策建议

十九大报告要求“守住不发生系统性金融风险的底线”。防范金融系统性风险的重要举措就是制度革新。2008 年席卷全球的金融危机，原因之一是忽视了政策措施与金融机构主体行为之间的复杂关系。本文运用网络博弈理论，研究制度变迁视角下，金融网络和系统性风险的内生性问题，揭示了金融制度变迁对金融网络结构的影响。文章还证明了，在政府有动机救助系统性银行时，均衡网络存在“核心－边缘”结构以及银行间中介。这种非对称结构不是由参与者的异质性所造成，而是银行间拆借动机的变化造成的，而引发这种动机变化的正是银行同业拆借是否受担保、政府是否救助系统性银行等制度和政策因素。

本文对宏观审慎政策中关于提高系统性银行的资本充足率和流动性资产的要求提供了理论支持。霍尔丹与梅（Haldane & May，2012）和巴塞尔协议Ⅲ建议，把容易引起系统性风险的银行认定为系统性银行，并对其实行系统性高资本充足率、增加高流动性资产，并且征收庇古税，从而减少传染性倒闭。而一些学者担心，虽然高资本率与高流动性资产可以增加金融系统的稳定性，但同时由于限制了银行的投资选择，会给它们带来高成本。因此该政策并不一定提高金融系统的有效性。

本文可以从网络博弈的角度回应这种质疑。在模型中，政府可以一方面承诺会对系统性银行进行救助，另一方面要求这些银行增加资本充足率或流动性资产。政府的这种策略会有两种结果。第一，如果一个系统性银行认为接受政府救助的收益大于持有高资本或流动性资产的成本，它会接受该政策，而这样会减小系统性风险。第二，如果接受救助的收益小于其成本，没有银行想要成为系统性银行，因此“核心－边缘”结构不再是一个均衡网络。均衡网络可以再次回到多组分的二分网络。而在该网络下，任何银行的倒闭只会影响一个银行，因此使得传染性倒闭降到最低。该政策或可兼顾金融系统的有效性和稳定性。

附录一：命题一证明

为了使得证明过程有迹可循，我们对两个银行之间的银行间存款互换的数额施加一定的条件。两个负相关关系的银行间存款互换数量由有着最大数量负相关关系的银行的联接的那个银行决定。于是有

$$d_{ij} = \min\left\{\frac{\omega}{\eta_i^{neg}}, \frac{\omega}{\eta_j^{neg}}\right\}, \quad \forall i \in N^{pos}, \ j \in N^{neg}, \ g_{ij} = 1 \qquad (A.1)$$

其中 η_i^{neg} 代表与银行 i 负相关的相邻银行的数量，N^{pos} 表示具有流动性不足（剩余）的银行集合而 N^{neg} 表示具有流动性剩余（不足）的银行集合。于是有 $|N^{neg}| = |N^{pos}| = n/2$。

首先证明有着 n/2 组分的双向金融网络为一个双边均衡网络，如例 1 及图 1. a 所示，其中 $\sum_{j \in N_i^{neg}} d_{ij} = \omega$。根据期望效用函数（22）可知在该网络下每个银行的期望回报为

$$u_i(g) = (1-\varepsilon)[(R-1)(1-q)] + \frac{\varepsilon(n-1)}{n}(R-1)(1-q) \qquad (A.2)$$

期望回报（A. 2）为每个银行所能达到的最高的期望效用。依据严格双边均衡的定义，没有任何一个或一对银行可以通过相互协调来背离该网络结构从而达到更高的期望回报。因此，具有 n/2 组分的双向金融网络为一个双边均衡网络。

接下来证明双边均衡网络一定满足 $\sum_{j \in N_i^{neg}} d_{ij} = \omega$。换而言之，如果有任何银行 i 出现 $\sum_{j \in N_i^{neg}} d_{ij} \neq \omega$，那么该网络一定不是双边均衡网络。该证明基于一个论点，即在状态 S_1 和 S_2 下，不存在总流动性剩余等于总流动性赤字。我们用反证法证明，如果在均衡网络下有一家银行 i 满足 $\sum_{j \in N_i^{neg}} d_{ij} < \omega$，根据期望收益函数（22），此时银行 i 的期望效用严格小于（A. 2）。因为经济体中总流动性剩余等于总流动性赤字，所以在条件（A. 1）下，必然至少有一家与银行 i 负相关的银行，如银行 j，同样也满足 $\sum_{j \in N_i^{neg}} d_{ij} < \omega$。因此银行 j 的期望效用也严格小于（A. 2）。银行 i 和 j 可以通过两种方法得到（A. 2）的期望收益。第一种方法是二者可以通过相互拆借建立一个新的联接从而使得 $\sum_{j \in N_i^{neg}} d_{ij} \geqslant \omega$ 和 $\sum_{k \in N_j^{neg}} d_{jk} \geqslant \omega$，则新的网络该联接会带给银行 i 和 j 更高的期望收益；这说明原先的网络不是双边均衡网络；第二种方法是银行 i 和 j 通过相互协调删除它们各自既有的拆借关系，同时二者互换银行存款 ω，这使得双方都满足 $d_{ij} = d_{ji} = \omega$，并达到更高的期望收益（A. 2）。第二种方法同样改变了网络结构，所以先前的金融网络不是双边均衡网络。

接下来证明在双边均衡网络中没有一家银行满足 $\sum_{j\in N_i^{neg}} d_{ij} > \omega$。如果在均衡状态下有任何一个银行满足 $\sum_{j\in N_i^{neg}} d_{ij} > \omega$，则因为在状态 S_1 和 S_2 下经济体中总流动性剩余等于总流动性赤字，一定存在至少两家彼此负相关的银行，如银行 h 和 k 同时满足 $\sum_{i\in N_h^{neg}} d_{hi} < \omega$ 和 $\sum_{j\in N_k^{neg}} d_{kj} < \omega$。根据期望效用函数（22），此时银行 h 和 k 的期望效用严格小于（A.2）。银行 h 和 k 可以通过相互协调删除他们各自既有拆借关系，同时二者互换银行存款 ω，这使得双方都满足 $d_{hk} = d_{kh} = \omega$，并达到更高的（A.2）的期望收益。因此该网络不是双边均衡网络。结合以上证明，均衡网络一定满足 $\sum_{j\in N_i^{neg}} d_{ij} = \omega$。

两个正相关的银行之间的拆借不会对流动性风险分担起任何作用，对银行的期望收益没有任何影响。因此任何满足 $\sum_{j\in N_i^{neg}} d_{ij} = \omega$，$\forall i$，的对称网络必然是双边均衡网络。在该条件下除了 n/2 组分的双向网络以外的任何对称网络都不是严格双边均衡网络，因为任何两个负相关的银行可以删掉所有彼此之间的联系并重新形成一个网络。该网络所带来的回报等同于原先均衡网络的回报。所以根据严格双边均衡网络的标准，唯一满足该标准的网络是满足 n/2 组分的双向网络。

对于任意一个存在间接风险分摊的金融网络，根据中介功能的定义，该网络中必然存在着至少两个负相关的银行 i 和 j，彼此之间路径相连。在该网络中银行 i 和 j 需要支付不少于 C 的中介成本，因此，银行 i 和 j 的预期收益会小于（A.2）. 银行 i 和 j 可以通过相互协调删除他们各自既有的拆借关系，同时二者互换银行存款 ω，这使得二者直接分摊风险并且双方都满足 $d_{ij} = d_{ji} = \omega$，因此达到（A.2）的期望收益。所以间接流动性风险分摊网络违反了双边均衡的定义。

附录二：命题二证明

同命题一的证明方法一样，我们用反证法证明该命题。首先证明如果双边均衡存在间接风险分摊，则该网络下每一个组分有数量相同的不同类型银行且银行数量不小于 m^*。接下来证明每一组分的网络结构呈现“核心 - 边缘”性质。最后证明该结构为严格双边均衡网络。

首先证明在双边均衡网络下每组分具有负相关银行的数量相同，即每组分中总流动性剩余等于总流动性赤字。设在一个双边均衡网络中，组分 A 有不同数量的不同类型银行。不失一般性，设 $|C_A^{neg}| > |C_A^{pos}|$。由于整个经济体在状态 S_1 和 S_2 下的总流动性剩余等于流动性赤字，那么一定有另一个组分，记为 B，其 $|C_B^{neg}| > |C_B^{pos}|$ 成立。在组分 A 和 B 中一定分别有至少一个银行，设银行 i，$i\in C_A$ 和 j，$j\in C_B$ 彼此之间负相关。银行 i 和 j 其最大期望收益为

$$(1-\varepsilon)\frac{1}{2}(R-1)(1-q)+\varepsilon(R-1)(1-q) \tag{A.3}$$

如果银行 i 和 j 删掉既有的所有拆借关系，转而互换银行存款 ω，这使得二者直接分摊风险且 $d_{ij}=d_{ji}=\omega$。则银行 i 和 j 的期望收益为

$$(1-\varepsilon)(R-1)(1-q)+\frac{\varepsilon(n-2)}{n}(R-1)(1-q) \tag{A.4}$$

期望收益（A.4）高于（A.3）的条件为

$$(1-\varepsilon)>\varepsilon\cdot\frac{4}{n} \tag{A.5}$$

由于 $(1-\varepsilon)>\varepsilon$ 且 $n\geqslant4$，所以（A.4）必然大于（A.3），于是该论点成立。

接下来证明如果双边均衡网络存在银行间中介，则各组分中的银行数量一定不少于 m^*。上面证明的必然结果是每一个组分中的银行数量一定是偶数。如果假设有一个包含银行中介的组分，其中的银行数量为 m^*-2，则该组分中的每个银行最大的期望收益为

$$(1-\varepsilon)(R-1)(1-q)+\varepsilon\cdot\frac{n-(m^*-2)}{n}(R-1)(1-q) \tag{A.6}$$

依据银行间中介定义，我们必然有 $m^*-2\geqslant4$。上述证明说明，存在不同类型的银行数量是相等的，由此便知，在组分中任何两个有负相关关系的银行可以删掉彼此之间所有的联系而彼此相关联。这两家银行的期望回报由（A.4）给出，该回报好于（A.5）给出的回报。

下一步证明任何存在银行间中介的双边均衡网络必须是最小联接。我们可以两种方法证明该论点。第一种方法是基于条件（18）。不失一般性，设如果两个银行路径相连，且相连路径超过两个，则银行间存款互换在这些路径上同等划分。所以假定条件（18）满足 $\omega-\xi<CB<\omega$，那么银行不会因为其拆借银行的违约而倒闭，政府因此不会对其进行紧急救助。设银行 i 和 j 路径相连且数量大于且等于 2，则银行 i 和 j 的最大期望收益为

$$(1-\varepsilon)(R-1)(1-q)+\frac{\varepsilon(n-1)}{n}(R-1)(1-q) \tag{A.7}$$

而当银行 i 和 j 把路径删除到只剩一条时，政府救助就会出现。此时，二者的期望收益达到最高值 $(R-1)(1-q)$。因此均衡网络下每两个路径相连的银行只有一个路径。换而言之，每个银行与其他银行都是最小路径相连。

第二种证明方法根据银行有动机减少中介成本的论点展开。以上证明显示存在中介的双边均衡网络必须使得每个银行可以完全分摊流动性风险且当偿付风险发生时政府对受到冲击的银行实施救助，这表明每个银行的期望收益为

$$(R-1)(1-q)-e(i,\ j\in C_i(g))\cdot C \tag{A.8}$$

其中 $e(i,\ j\in C_i(g))\cdot C$ 表示银行 i 所需支付的中介成本。令 $E(i,\ j;\ C_i$

(g))表示银行i和j路径相关联下所需经过的银行的集合，则银行i需支付在该集合下的每个银行C以便可以和银行j间接分摊风险。银行i所需银行间中介的总量可以为

$$e(i,\ j \in C_i(g)) = \left| \bigcup_{j \in N \setminus i} E(i,\ j;\ C_i(g)) \right|,\quad \forall i \in N \tag{A.9}$$

如果银行i和j有两个或两个以上的路径相连，则二者之间一定有一个环形网络，见图1（左）和图2（左）。我们可以证明双边均衡网络中不可能存在环形结构。首先分析银行数量为偶数的环形网络。令银行i和j表示两个路径相连距离最远的银行。令 χ_i 表示属于该循环的所有银行的集合，则在银行i的两边都有 $(|\chi_i|-2)/2$ 数量的银行。根据（A.8）银行i所需中介总数量为 $|\chi_i|-2$。该网络不符合双边均衡。银行i和j通过协调各删除一个拆借关系，然后彼此进行拆借。该协调使得环形网络变为串网，因此增加边缘节点的数量。边缘银行数量的增加意味着中介数量减少，因此降低了银行i和j中介成本。从图1中可以看出银行i和j通过协调使得二者各得到C的边际收益。

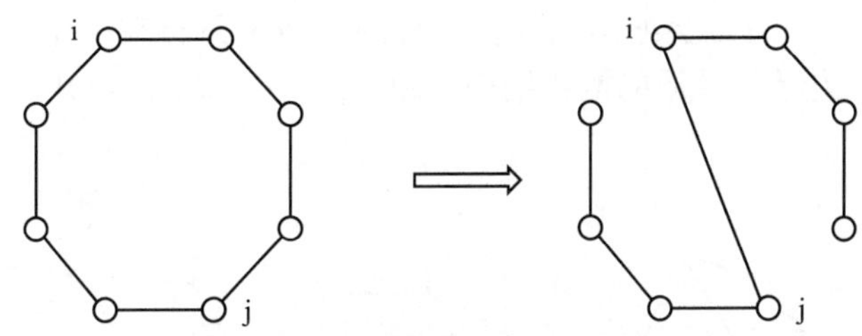

图1　银行数量为偶数的环形网络

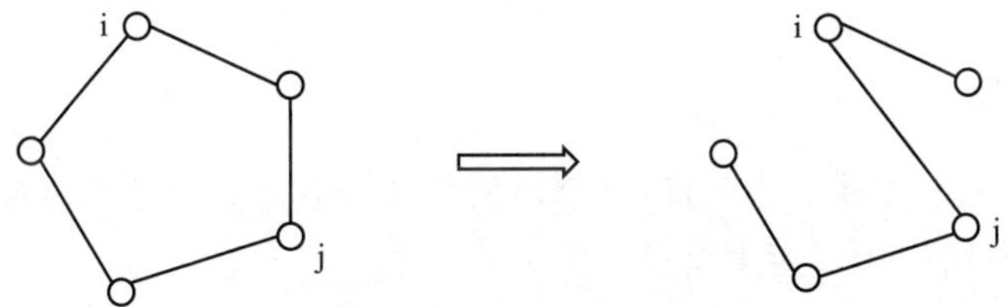

图2　银行数量为奇数的环形网络

同样方法可证双边均衡网络不可能存在一个数量为奇数的环形结构。假定均衡状态下存在一个有z数量银行的环形网络，其中z为奇数且 $z \geqslant 5$（如果z等于3则在循环中不会有银行间中介）。设银行i属于该环形结构，则必定有 $z-3$ 家银行为银行i的中介。银行i能够同与其距离最远的一家银行j通过协调各删除一个拆借关系然后彼此进行拆借（见图2）。新的串网使得二者各得到边际收益C。因此奇数的环形结构违背了双边均衡的概念。

以上分析显示，存在中介的双边均衡网络应该呈现银行间最小程度相连的结构，也就是说每对银行只有一条路径相连。接下来证明最小路径相连的均衡网络呈现“核心 - 边缘”结构。首先，最小路径相连网络意味着（A.9）可以写为

$$e(i,\ j \in C_i(g)) = |C_i(g)| - |N_{j\in N}^{\eta_i=1}| - I_{(\eta_i \geq 2)} \tag{A.10}$$

其中，$|N_{i\in N}^{\eta_i=1}|$为仅与一个银行拆借的银行数量，根据中介的定义，$|N_{j\in N}^{\eta_i=1}|$表示不是中介的银行数量。$I_{(\eta_i \geq 2)}$为一个指示函数，如果银行有不少于两个的联接，该指示函数取值为1，反之则为0。在任何最小路径相连网络中，至少有两个边缘银行，即$|N_{i\in N}^{\eta_i=1}| \geq 2$。这是因为一个串网包含有最大数量的银行间中介，在该网络中只有两个不充当中介的银行。令银行 i 代表一家边缘银行、银行 k 表示与银行 i 有唯一拆借关系的银行、银行 j 表示与银行 i 路径相连并且为银行中介，即 $\eta_j \geq 2$，$\forall j \notin N_i$。该网络不满足双边均衡条件。在该网络下银行 i 可以删除与银行 k 的拆借，转而与银行 j 相联。偏离既有网络结构使得银行 i 的边际收益为 C。因为在新的结构下，具有一个拆借关系的银行数量增加到$|N_{i\in N}^{\eta_i=1}|+1$。同样，银行 j 也愿意与银行 i 相联，因为银行 j 的边际收益也为 C。这一过程会继续重复，一直到网络中只存在一个中介。于是得出了“核心 - 边缘”性质的网络结构。图 3 反映了以上的论述。

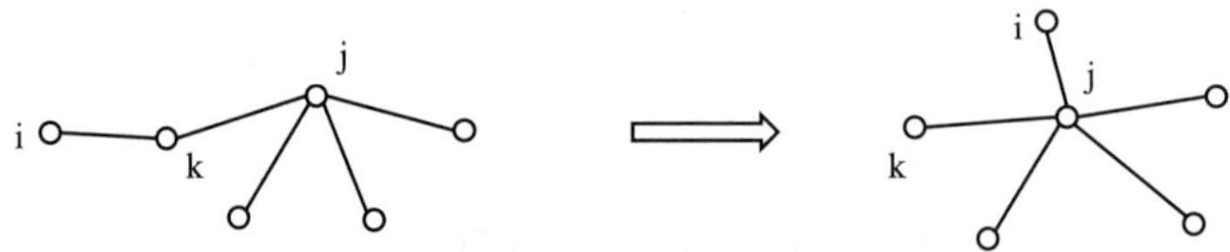

图 3　“核心 - 边缘”结构的形成

参考文献

1. 巴曙松、左伟、朱元倩：《金融网络及传染对金融稳定的影响》，载于《财经问题研究》2013 年第 2 期。

2. 李政、梁琪、涂晓枫：《我国上市金融机构关联性研究——基于网络分析法》，载于《金融研究》2016 年第 8 期。

3. 隋聪、迟国泰、王宗尧：《网络结构与银行系统性风险》，载于《管理科学学报》2014 年第 4 期。

4. Acemoglu D., Ozdaglar A., and Tahbaz - Salehi A., 2015a, Systemic Risk and Stability in Financial Networks, *The American Economic Review*, 105 (2), 564 - 608.

5. Acemoglu D., Ozdaglar A., and Tahbaz - Salehi A., 2015b, Systemic Risk in Endogenous Financial Networks, SSRN 2553900.

6. Allen F., and Gale D., 2000, Financial Contagion, *Journal of Political Economy*, 108 (1), 1-33.

7. Babus A., 2016, The Formation of Financial Networks, *The RAND Journal of Economics*, 47 (2), 239-272.

8. Bech M. L., and Atalay E., 2008, The Topology of the Federal Funds Market, *Physica A: Statistical Mechanics and Its Applications* 389, No. 22: 5223-46.

9. Benston G. J., and Kaufman G. G., 1998, Deposit Insurance Reform in the FDIC Improvement Act, *Economic Perspectives*, 22 (2), 2-20.

10. Boss M., Elsinger H., Summer M., Thurner S. 2004, Network Topology of the Interbank Market, *Quantitative Finance*, 4 (6), 677-684.

11. Calomiris C. W., 1998, Blueprints for a new global financial Architecture, Text of speech available on www.aei.org. *American Enterprise Institute for Public Policy Research*, Washington, D. C.

12. Craig B., and von Peter G., 2014, Interbank Tiering and Money Center Banks, *Journal of Financial Intermediation*, 23 (3), 322-347.

13. Degryse H., Nguyen G., 2004, Interbank Exposures: An Empirical Examination of Systemic Risk in the Belgian Banking System, Discussion Paper.

14. Federal Deposit Insurance Corporation (FDIC), 1998, Managing the Crisis-the FDIC and RTC Experience, Vol. 1, Washington, DC.

15. Financial Crisis Inquiry Commission, 2011, The Financial Crisis Inquiry Report: Final Report of the National Commission on the Causes of the Financial and Economic Crisis in the United States, Washington, DC: US Government Printing Office.

16. Freixas X., Parigi B. M., and Rochet J. C., 2000, Systemic Risk, Interbank Relations, and Liquidity Provision by the Central Bank, *Journal of Money, Credit and Banking*, 611-638.

17. Furfine C. H., 2001, Banks as Monitors of Other Banks: Evidence from the Overnight Federal Funds Market, *Journal of Business*, 74, 33-57.

18. Gai P., Haldane A., and Kapadia S., 2011, Complexity, Concentration and Contagion, *Journal of Monetary Economics*, 58 (5), 453-470.

19. Goyal S., 2007, *Connections: An Introduction to the Economics of Networks*, Princeton University Press.

20. Goyal S., and Vega-Redondo F., 2007, Structural Holes in Social Networks, *Journal of Economic Theory*, 137 (1), 460-492.

21. Greenspan A., 2001, Cyclicality and Banking Regulation: Remarks at

the Conference on Bank Structure and Competition, Federal Reserve Bank of Chicago.

22. Haldane A. G. , and May R. M. , 2011, Systemic Risk in Banking Ecosystems, *Nature*, 469 (20), 351 -355.

23. Jackson M. , 2008, *Social and Economic Networks*, Princeton University Press.

24. King T. B. , 2008, Discipline and Liquidity in the Interbank Market, *Journal of Money*, *Credit and Banking*, 40 (2 -3), 295 -317.

25. Manna M. , and Iazzetta C. , 2009, The Topology of the Interbank Market: Developments in Italy since 1990, Temi di discussione (Economic working papers).

26. Mishkin F. S. , 1995, Symposium on the Monetary Transmission Mechanism, *Journal of Economic Perspectives*, 9 (4), 3 -10.

27. Nier E. , and Baumann U. , 2006, Market Discipline, Disclosure and Moral Hazard in Banking, *Journal of Financial Intermediation*, 15 (3), 332 - 361.

28. Nier E. , Yang J. , and Yorulmazer T, 2007, Network Models and Financial Stability, *Journal of Economic Dynamics and Control*, 31 (6), 2033 - 2060.

29. Rochet J. C. , and Tirole J. , 1996, Interbank Lending and Systemic Risk, Journal of Money, Credit and Banking, 28 (4), 733 -762.

30. Sironi A. , 2003, Testing for Market Discipline in the European Banking Industry: Evidence from Subordinated Debt Issues, Journal of Money, *Credit and Banking*, 35 (3), 443 -472.

31. Stern G. H. , and Feldman R. J. , 2004, Too Big To Fail: The Hazards of Bank Bailouts, Brookings Institution Press.

32. Vickers J. , 2012, Some Economics of Banking Reform, *Economica*, 4, 11 -35.

33. Yellen J. , 2013, Interconnectedness and Systemic Risk: Lessons from the Financial Crisis and Policy Implications, Speech at the American Economic Association, San Diego, California, Speech 631.

Policy Change, Network Games and Financial Systemic Risk

SUI Peng

(Center for Economic Research, Shandong University, 250100)

ZHOU Hongtao

(School of Economics, Dongbei University of Finance and Economics, 116025)

[**Abstract**] This paper studies how financial policy affects banks' incentives in forming financial networks. In particular, we show how the withdrawal of interbank deposit guarantee can give banks the incentives to form an equilibrium network that can effectively increase the systemic risk *ex post*, hence increasing the possibility that the government bails out the insolvent bank. We then show that the new equilibrium network has core-periphery property. The paper suggests that if policy-making does not take account of network endogeneity, then this policy may give rise to a new equilibrium network in which the systemic risk may be even greater than before.

[**Key Words**] Network Formation Games　Financial Contagion　Systemic Risk　Bailout

JEL Classifications: D85　G18　G21

股票发行审核制度的选择与变迁[*]

——基于40个国家（地区）数据的分析

刘永文　辛　旸[**]

【摘　要】本文从静态和动态两个角度来分析股票发行审核制度的产生与变迁。从静态角度出发，本文采用新制度经济学的“路径依赖”理论，认为文化因素对股票发行审核制度初期的选择有决定性的影响。从动态角度来说，本文发现法律制度、经济结构和资本市场发展程度会显著影响一个国家或地区股票发行审核制度长久的变迁。本文的分析结果试图为中国股票发行审核制度未来的发展提供理论支撑。

【关键词】**股票发行审核制度　路径依赖　制度变迁**

中图分类号：**F13/17**　文献标识码：**A**

一、引　言

股票发行审核制度是一个国家或地区股票市场建设的基础环节。当前世界主流的股票发行审核制度有两种：以美国、日本为代表的注册制；以英国、德国为代表的核准制。它们的主要区别在于：注册制强调信息的披露，证券审核机构只负责对申请上市的公司做形式上的审查，而不考虑发行公司的经营状况，也不对申请发行的股票的投资价值作出具体判断。而核准制十分重视主管部门对股票市场的实质性管理。依照核准制的要求，股票的发行不仅

＊ 感谢国家社会科学基金项目一般项目（13BJY177），贵州省教育厅社科项目基地项目（JD2014009），贵州大学人文社科项目（GDYB2015005）的资助与支持。

＊＊ 刘永文，贵州大学经济学院副教授，硕士生导师；地址：贵州省贵阳市花溪区贵州大学西校区经济学院（550025）；邮箱：68564165@ qq. com。辛旸，贵州大学经济学院硕士研究生；地址：贵州省贵阳市花溪区贵州大学西校区经济学院（550025）；邮箱：15358956299@ 163. com。

要以真实状况的充分公开为条件，而且必须符合证券管理机构制定的若干适于发行的实质条件。

我国股票市场自 1991 年成立以来，经过 20 多年的成长，已经为我国的经济增长和企业发展做出了巨大贡献。随着经济环境的变化和相关配套法律法规的不断完善，我国的股票发行审核制度也经历了多次变化。在我国股票市场建立后的最初 10 年，我国的股票发行审核制度一直处于行政审批制阶段，同时根据其管理方式的不同又可以将其分为“额度管理”和“指标管理”两个阶段，这种制度带着深深的计划经济体制特征。在当时情况下，上市公司数量非常有限，股票的发行定价权牢牢掌握在政府手中。1999 年 7 月 1 日正式实施的《证券法》规定“公开发行股票，必须依照公司法规定的条件，报经国务院证券监督管理机构核准”，从而我国的股票发行审核制度正式迈入核准制的大门。在核准制下，我国的股票发行审核制度又分别经历了“通道制”和“保荐制”两个阶段。王允平、肖磊（2002）通过研究我国股票发行审核制度从审批制到核准制的转变，认为这种制度选择的改变体现了我国从社会主义计划经济到市场经济的转变，体现了我国证券监管重心的变化，体现了我国资本市场对民营资本的开放。2013 年 11 月，十八届三中全会通过了《中共中央关于全面深化改革若干重大问题的决定》（下称《决定》）。《决定》提出建立多层次资本市场体系，推进股票发行注册制改革。随后中国证监会颁布《关于进一步推进新股发行体制改革的意见》，明确指示实行从核准制向注册制的改革试验。曹凤岐（2014）通过对审批制、核准制、注册制三种制度的比较研究得出结论：推进股票发行注册制是一种历史趋势，是资本市场市场化程度提高的必然结果。

长久以来，股票定价不合理，资源配置不均衡以及股票市场效率低下一直都是我国股票市场广受诟病的主要原因。政策因素影响较大是当前我国股票发行审核制度大环境下挥之不去的阴影，由此引发的寻租、发审委关联等负面行为更是屡见不鲜。在一定意义上来说，这些似乎都可归责于我国股票发行审核制度的市场化程度较低。为了顺应历史发展的潮流，更为了适应整个国民经济的发展，股票发行审核制度的改革已经刻不容缓。

本文的主要贡献在于从静态和动态两个层面分别论述了一个国家或地区股票发行审核制度的选择和变迁。首先我们以诺斯和格雷夫的“路径依赖”理论为支撑，认为文化因素才是决定制度选择的重要因素，股票发行审核制度最初的选择不受除文化因素以外的其他条件的影响，由此我们运用霍夫斯塔德（Geert Hofstede）的六个文化维度分析了思想文化对股票发行审核制度选择的影响。紧接着我们讨论了股票发行审核制度的变迁，虽然现有国家改变股票发行审核制度的例子并不多，但台湾的改革以及中国近年来对股票发行市场化改革的热议都说明制度的变迁是无法回避的话题。从另一个角度说，本文的讨论更多可能是一种对股票发行审核制度未来发展的预测。我们将以现有数据尽可能剖析影响股票发行审核制度走向的因素。以往的更多文献集中于讨论不同股票发行审核制度的对比和差异，一些对于股票发行审核制度选择路径的研究也停留在定性说明的角度。我们采用新制度经济学对于制度的研究框架，运用各类数据指标，并结合计量经济学的实证方法更加具体地研究股票发行审核制度的选择和变迁。

本文后续结构安排如下：第二部分简单回顾已有文献；第三部分介绍变量的选取和数据来源；第四部分进行实证分析；最后得出本文的结论和建议。

二、理论基础

（一）制度的起源

关于制度的形成和起源，康芒斯（Commons，1931）强调集体选择对制度建立的重要性，他认为制度是一个由集体行动而决定的社会网络，而集体行动又几乎完全指的是在国家层次上进行的集体决策。所以，制度的建立就是正式规则的体现。但他没有进一步分析制度形成的机制及其影响经济绩效的途径。总的来说，因为他对古典经济学持批判态度，他更多采用类似于社会政治学的分析方法，这种远离经济学的分析方法让他的理论在经济学家中难以得到广泛的传播。

新古典主义理论认为：经济人都是理性的，会选择最优策略。这个假定运用到制度研究中，人们将会选择最有效率的制度，也就是说人们在选择制度的时候会充分考虑到制度的适应性。这种自主性选择的制度是最适宜社会发展的，也是能最大限度提高经济绩效的。

赫尔维茨等（Leonid Hurwicz et al.，1972）提出的机制设计理论为研究制度的选择开辟了一个全新的视角。赫尔维茨指出，对于任意给定的一个经济或社会目标，总存在一套游戏规则，使得每一个参与其中的个体在掌握信息的情况下，出于对自身利益行事，最终的选择结果正是该组织的设定目标。与传统理论相比，机制设计理论给出了如何设计机制或规则，使得微观主体真实实现自己的个人偏好，由个人偏好和经济机制决定的制度最终将能够保证社会目标的达成。对于正处于制度创新和经济、社会制度转型时期的国家来说，机制设计理论同样具有非常重要的现实价值。机制设计理论和经典对策论一样将制度视为参与人根据其偏好进行博弈选择的结果，蒋美云（2006）通过构建静态博弈模型剖析了影响股票发行监管的各种因素，并以动态博弈模型研究了发行审核制度的选择问题。李逊敏（2008）在分析和评价中国股票发行审核制度的形成及变迁框架基础上，通过分析审批制、核准制和保荐制的机制特征，得出我国由保荐核准制过渡到注册制，应形成两步走的战略构想，并做好相关机制设计。

而新制度经济学的思想与以上观点均有不同。新制度经济学的代表人物诺斯（North，2002）在解释经济变迁过程中提到："传统的经济学理论是静态的，它提供了理论的分析框架，解释市场或经济的各个部分在某一时刻是如何运行的，但它不能解释经济随着时间的推移是如何变化的，这显然是其缺陷所在。"他所研究的本质其实就是揭示经济制度随时光流逝如何变化和决定其变化发展方式的关键因素。诺斯（2002）说道："在制度选择的过程中，首先是建立我们对这个世界的理念，然后通过制度来实现我们的理念。"这种思想实际上表达出这样一个结论：制度是根据客观环境和人们偏好、兴趣的不同而自主选择的。对于股票发行审核制度而言，不同的社会状况决定了不同国家不同地区的人遵从着不同的理念，相应的股票发行审核制度也会受到各种因素的制约。

事实上，新古典主义和机制设计理论对于制度选择的解读有着显而易见的漏洞。如果我们选择的制度是最优的，最有效率的，或者说我们设计的制度能最大限度地达成社会目标，那么我们的制度将不会发生大的变革。但不幸的是，现实生活中的低效甚至无效的制度比比皆是，制度的变迁也是时有发生。这证明我们最初选择的制度并不能完美地匹配社会经济的发展。这似乎是一个具有颠覆性的结论，在制度最初的建立过程中，"效率""最优"这些概念并不在考虑之列。制度的起源也许遵循着另一种更具支配性的潜在力量。诺斯（1990）提出的路径依赖在某种程度上回答了这个问题。他认为制度变迁和技术变迁一样，存在着自增强或正反馈机制。这种机制使得制度一旦选择某条路径，它的既定方向将会在以后的发展中不断自我强化。这种选择的依赖会使既得利益集体抵抗改革的发生。长久下去，已有的制度将不能继续满足社会经济发展的需要，低效的结果由此产生。

显而易见，在制度设立之初，当时经济等宏观因素并不会左右执政者对于制度的选择。田钒平（2012）指出，诺斯通过对"意识形态"的分析，强调了因文化继承所产生的制度选择的"路径依赖"。在信念体系与制度框架的关系上，诺斯认为，"信念体系是人类行为的内在要素的具体表现，而制度框架则是人们施加给人类行为以实现其预期结果的外在结构。"也就是说"来自不同文化背景的人对同样的事情有不同的理解，从而会作出不同的选择。"在这个问题上，格雷夫（A. Grief，1998）作出了更加深入具体的研究。他提出的历史比较制度分析的研究框架对传统经济史的制度分析（包括新制度经济史学或历史计量学）进行了很好的回应。他提出必须反思新经济史学派提出的“国家是制度的唯一来源”这一观点。格雷夫通过比较热那亚商人和马格瑞布商人之间共享文化的差异，发现这种共享文化信念的差异使得这两个商业团体的商人在进行远距离贸易时形成了不同的委托代理关系，进而形成不同的贸易制度。格雷夫认为经济的因素在形成制度方面的作用是比较弱的。因为“过去，现在和未来的经济增长不是简单的禀赋，技术和偏好的函数，它是一个社会组织扮演显著作用的复杂过程，社会组织自身反映了历史、文化、社会、政治和经济的过程。”格雷夫强调了共享文化信念是制度初始的重要内生变量。在本文中，我们沿用格雷夫的观点，认为社会文化因素将直接决定一个国家股票发行审核制度的选择。

（二）制度的变迁

我们必须要指出的是，诺斯为经济学提供了一个分析制度的范式，使得制度成为经济学分析的一部分，这就要求必须将制度功能化作为实现经济表现的工具。其缺点是忽视了制度的其他方面（心理文化等）。如果我们的目标是解释制度的选择以及制度对经济的影响，仅仅注重制度的经济功能不会产生太大的偏差。但是如果我们还想解释制度的演化和变迁，忽视制度的非经济功能，就会产生很大的问题。

经验无数次地告诉我们，各种制度会随着历史发展缓慢变迁。我们都知道，一个国家或地区的文化是有传承的，文化信仰是不会随时间轻易改变的。这也就是说，文化因素会在制度最初的选择中发挥主导性的作用，对于制度变迁的影响是很微弱的。制度的选择虽然在一定程度上会形成路径依赖，但在某个特定的历史时期，改革的力量终将超越维持原有制度的动力，制度的变迁便顺其自然地发生了。

文化传承虽然是固定不变的，但意识形态依旧对制度变迁具有显著影响。对于一个完整的制度变迁过程来说，既要有制度变迁的发动者，也要有制度变迁的参与者，意识形态在制度变迁中的作用就是减少制度变迁和制度运行的成本。在诺斯（1993）看来，制度变迁是制度变迁发动者和制度变迁参与者不断签订合约的过程。要使制度变迁成本无条件的减少，就要使制度变迁的发动者与制度变迁的参与者具有共同的价值观和判断标准。这时，意识形态的灌输就显得尤为重要，如果让绝大多数制度变迁的参与者都能接受制度变迁发起者的思想，这就能极大地减少改革和制度变迁中的阻力与摩擦。我们可以说，只要社会制度信念的变异者达到一定的临界规模，制度变迁就难以避免了。

由此引发出制度变迁中一个值得关注的问题：如果制度变迁的发起者采用循序渐进诱导性的方式试图让大部分制度参与者与自己的想法保持一致，

这就是诱导性的制度变迁；如果制度变迁的发起者不顾参与者的想法强行改革，这就是强制性的制度变迁。至于选择哪一种制度变迁方式，不仅要考虑历史的起点、历史的遗留以及整个社会参与人的认知等许多条件，还要考虑发展的目标，社会的外在参数等许多影响。简而言之，制度的变迁并不像制度的选择考虑得那般简单，制度变迁需要综合许多因素进行考虑。

这其中比较有代表性的结论之一是弗农·拉坦和速水佑茨郎（Vernon Rutton and Yujiro Hayami，1984）提出的诱导性制度变迁假说。他们在《关于诱导性制度创新的一个理论》一文中将他们的核心思想概括为：制度，特别是所有权变迁受相对要素价格的诱导，相对价格提高的要素的所有权将更趋于向私人占有的方向发展。我们可以理解为，制度的发展趋势是向着成本最小的方向发展。

制度变迁中还有一个无法回避的问题是：长期经济表现和制度变迁的关系。事实上，在长期历史中，由于经济表现和制度都是内生的，试图对它们之间的关系给予解释的努力都是徒劳的。经济学家们所能做到的只是解释短时期内的因果关系。诺斯在和托马斯（Robert Thomas，1973）合作的《西方世界的兴起》一书中更多关心的是有效的制度安排如何影响经济增长。这受到来自当代世界体系理论的代表人物安德列·弗兰克（Andre Gunder Frank，1999）的批评，弗兰克在《白银资本》一书中提出了一个和诺斯效率假说完全相反的命题：制度不是决定经济增长的因素，而是经济增长的衍生物，制度变迁是适应经济增长的过程。这对于制度变迁的研究者来说是至关重要的理论依据，虽然制度的选择是受制于意识形态约束，但与经济发展相适应才是制度演化的最终归宿。

不仅如此，诺斯在将路径依赖引入制度研究的同时，也意识到人类认知模式对制度变迁路径的影响。在《经济变迁的过程》一书中，诺斯将制度变迁放在更广阔的背景中重新讨论。其核心思想是：制度变迁是人类知识积累和认知过程的一部分。这个过程具有三部分重要内容：现实经济形态，人关于这个现实形态的认知以及人基于这个认知而采取的降低不确定性和控制这个经济的结构。现实经济的变化导致人认知的变化，后者又导致人修改控制结构，从而再一次导致现实经济变化，这是一个循环往复的过程。这就说明了影响人们认知的因素将直接决定制度的变迁。我们可以明显看到，在诺斯后期的研究中已经默认经济形态会影响制度的变迁路径。

在诺斯早期的著作中，制度变迁的过程是被省略的。他对制度变迁的研究仅仅停留在两种制度的对比上，而效率假说则被用来作为跨越由无效制度到有效制度之间鸿沟的方便工具。这种方法叫作制度变迁的黑箱化。但是，黑箱化的后果是使制度研究停留在规范层面，而无法深入研究制度变迁的机制。在这种制度变迁的研究思想下，方法之一是将制度看作个人选择下形成的一种均衡，方法之二是将制度看成集体行动的结果。比如，青木昌彦就把制度解释为人们对规则的一种共同的均衡预期，因此必然是自我实施的。这种学术取向和将制度变迁看作是集体选择结果的方法形成鲜明对照。集体选择意味着每个人将个人制度偏好交于一个社会加总机制，由后者来选择制度。最常见的社会加总机制是多数原则，其他原则包括公平原则、功利主义原则、效率原则等。由于社会加总机制所选择的制度不可能符合每个人的利益，事后的强制实施就是必要的。由此可见，研究制度变迁的个体方法和集体方法完全是不一样的。那么，哪种更有道理呢？

遵循经济学家们的主流观点，我们旗帜鲜明地指出：个体无法解释制度变迁！制度变迁是集体选择的结果。制度在演化的过程中将向社会经济利益最大化的目标变革，这也是能让所有个体利益尽可能最大化的唯一途径。制度的这种变迁与制度的选择截然不同，它受除文化因素以外的多种条件影响。

（三）股票发行审核制度的选择与变迁

具体到证券市场，研究方法与前述一脉相承。如果每个国家最开始都选择最适宜本国股票市场发展的股票发行审核制度，股票市场资源配置的功能也将发挥到最大。但事实是，效率不高的发行制度，资源的错配是现实生活中的常态。为什么相对低效甚至无效的制度会一直持续下去？为什么改革的道路总是阻力重重？这可以说是路径依赖理论在股票市场上的完美体现。我们可以想到，在股票市场建立之初，谁也无法保证股票发行审核制度的选择就一定适应于经济社会的长久发展，制度的选择更多是基于我们传统文化的考量。如同其他制度演化的轨迹，当股票发行审核制度不能与社会生活相适应时，改革就不可阻挡。虽然历史上改变股票发行审核制度的案例并不多，但我们认为这仅仅是因为股票市场在很多国家存在的年限还很短。我们坚定地认为，股票发行审核制度和其他制度的演化一样，变迁是必然经历的过程，只是需要等到一定的阶段。而且，我国股票发行审核制度从最初的审批制到现行的核准制以及大家热议的注册制改革，台湾股票发行审核制度在 2006 年完成的注册制改革都说明制度的选择并不是一成不变的，固定的股票发行审核制度不一定能长久适应于经济社会的发展。当经济发展与社会环境相较历史时期发生较大变化时，制度的改革也是大势所趋。

沿用一般制度的分析方法，本文认为影响股票发行审核制度最初选择和随后变迁的因素是不同的。从静态角度看，根据路径依赖理论，我们提出股票发行审核制度的选择单纯受文化因素的影响。从动态角度看，当股票发行审核制度不能适应经济发展的时候，集体的选择就会促使制度的变迁出现。

在促使股票发行审核制度发生变迁的因素中，经济的影响显然是第一位的。首先，马克思告诉我们，“随着经济基础的变更，全部上层建筑也或快或慢地发生变革”，在最直接的原因上，制度的变迁和选择是由于经济基础（生产关系）的变化造成的。在理查德·斯科特（Richard Scott，2010）看来，政治制度作为一国最基础也是最为重要的制度安排，是其他任何制度的根本。当然，股票发行审核制度的变迁也必然服从于一国的政治制度安排。钱康宁、蒋健蓉（2012）提出股票发行审核制度的形成和变化既是一个国家或地区证券市场发展内在要求的体现，更是其政治、经济、法律制度的延伸。除了政治、经济、法律方面的约束不可或缺，股票市场自身运行状况对于股票发行审核制度的变迁也有着举足轻重的影响。股票市场的运行也是一个适应性的过程，股票市场既要配合经济的发展，与实体经济相协调，也要与国家的宏观经济政策相匹配，这样才能发挥最大功效。在股票市场成立之初，这些未知因素是无法衡量的，随着资本市场的发展与成熟，一个适合的股票发行审核制度也是我们的必然选择。

本文首先考虑文化因素对于各个国家所选择股票发行审核制度的影响。随后进一步研究影响股票发行审核制度变迁的因素。我们参考王珊珊、黄梅波（2015）的方法。她们基于汇率制度的选择，建立多元排序 Probit 模型，通过区分核心变量与控制变量的方法研究了在汇率制度所依存的环境中什么样的制度与中国的实际相契合，从而为人民币汇率制度改革提供了充分信息。这与我们的研究思路不谋而合，立足于股票发行审核制度的选择机制，目的是探索最适应于我国国情的股票发行审核制度，并为我国的股票发行改革提供政策建议。

三、变量描述和数据来源

（一）变量说明和定义

股票发行审核制度（Iesystem）作为本文的被解释变量。当前国际主流的股票发行审核制度分为注册制和核准制两种，我们将注册制取 1，核准制取 0。需要说明的是，虽然申豪（2014）提出美国的股票发行实行的是联邦注册制、州政府审核制。但本文基于国家层面的股票发行制度研究，美国作为公认的注册制国家，我们将其纳入注册制的范畴也是合理的。

在影响股票发行审核制度选择的文化因素方面，我们选用霍夫斯塔德（2006）衡量国家文化差异的框架。他将不同文化间的差异归纳为六个基本的文化价值维度：（1）“权力距离”指某一社会中地位低的人对于权力在社会或组织中不平等分配的接受程度。各个国家由于对权力的理解不同，在这个维度上存在着很大的差异。欧美人不是很看重权力，他们更注重个人能力。而亚洲国家由于体制的关系，更注重权力的约束力。(2)“不确定性的规避”指一个社会受到不确定的事件和非常规的环境威胁时是否通过正式的渠道来避免和控制不确定性。回避程度高的文化比较重视权威、地位、资历、年龄等，并试图以提供较大的职业安全，建立更正式的规则，不容忍偏激观点和行为，相信绝对知识和专家评定等手段来避免这些情景。回避程度低的文化对于反常的行为和意见比较宽容，规章制度少，在哲学、宗教方面他们容许各种不同的主张同时存在。(3)“个人—集体主义”维度用来衡量某一社会总体是关注个人的利益还是关注集体的利益。个人主义倾向的社会中人与人之间的关系是松散的，人们倾向于关心自己及小家庭；而具有集体主义倾向的社会则注重族群内关系，关心大家庭，牢固的族群关系可以给人们持续的保护，而个人则必须对族群绝对忠诚。(4)“男权女权主义”维度主要看某一社会代表男性的品质如竞争性、独断性更多，还是代表女性的品质如谦虚、关爱他人更多，以及对男性和女性职能的界定。男性度指数的数值越大，说明该社会的男性化倾向越明显，男性气质越突出，反之，则说明该社会的女性气质突出。(5)“长期取向与短期取向”维度指的是某一文化中的成员对延迟其物质、情感、社会需求的满足所能接受的程度。这一维度显示有道德的生活在多大程度上是值得追求的，而不需要任何宗教来证明其合理性。长期取向指数与各国经济增长有着很强的关系。20 世纪后期东亚经济突飞猛进，学者们认为长期取向是促进发展的主要原因之一。(6)“自身放纵与约束”维度指的是某一社会对人基本需求、享受生活及享乐欲望的允许程度。自身放纵的数值越大，说明该社会整体对自身约束力不大，社会对自身放纵的允许度越大，人们越不约束自身。文化因素及其定义见表 1。

表 1　　文化因素定义表

文化因素	变量说明
Powerdis（权力距离）	表示人们对组织中权力分配不平等情况的接受程度。取值范围 0 ~ 100，值越大，说明该国家的人民越重视权力
Notsure（不确定规避）	表示一个社会感受到的关于未来的不确定性的威胁程度，他们会制订更为正式的规则，通过拒绝越轨的观点和行为，相信绝对忠诚和运用所学专业知识等途径来规避上述态势，从而保障其职业安全。取值范围 0 ~ 100，值越大，说明该社会对未来感受到的不确定性与威胁程度越高
P_C（个人—集体主义）	表示个体对于其所在家庭，组织及社会的认同与重视程度。取值范围 0 ~ 100，值越大，说明越倾向于个体主义，集体主义感越弱

续表

文化因素	变量说明
M_F（男权—女权主义）	表示社会中男性价值观占优势的程度，即自信、追求金钱和物质、不关心别人、重视个人生活质量；其反面则是女性价值观占优势。男权主义文化有利于获取、掌控权力，与之相对的女权主义文化则有益于提高个人生活质量、情感沟通等行为。取值范围 0～100，值越大，说明越倾向于男权主义
L_S（长期—短期取向）	长期取向指数与各国经济增长有着很强的关系，长期取向是促进发展的主要原因之一。取值范围 0～100，值越大，说明越具有长期取向倾向
Ind_Cons（自身放纵与约束）	表示一个社会允许相对自由的满足人类基本的和自然驱动的享受生活的乐趣。约束代表一个社会通过严格的社会规范抑制和控制社会需求。取值范围 0～100，值越大，表明该社会拥有更大的自由

在影响股票发行审核制度变迁的解释变量方面，我们沿用王珊珊、黄梅波（2015）的方法，将影响制度的选择因素划分为核心解释变量和控制解释变量。这样做的优势在于，我们突出影响股票发行审核制度主要因素的同时也能在最大程度上控制内生性问题。根据杨瑞龙（1993）提出的制度供给主要受财政、文化、知识约束；钱康宁、蒋健蓉（2012）提出的制度的选择与变迁是一个国家政治、经济法律的延伸；以及杨荣国（2009）认为证券市场的相关法律法规的完善程度会影响一国的股票发行审核制度的选择。我们选择法律、经济、政治作为影响股票发行审核制度的核心变量。考虑到数据的易得性与计算的方便性，我们分别用法系归属①（Lawxl）、人均 GDP（Gdp_a）分别代表法律和经济因素。此外，李阳（2013）在《经济资源、文化制度和对外直接投资的区位选择》一文中写到，东道国公民权益可以反映东道国的政治环境，我们采用公民权益（CL）代表政治因素。

同时我们假设，股票发行审核制度的选择也受到股票市场自身发展状况的重要影响，由此我们引入股票市值占国内生产总值的百分比（Stockvalue_ingdp）这一重要变量。在控制变量方面，我们选择了中学入学率（Mriedu_pe）、教育公共开支总额占 GDP 的百分比（Gpec_ingdp）、居民专利申请量

① 这是一个容易引起争议的指标，很多读者怀疑法系归属是否能完全代表一个国家的法律状况。在笔者看来这个问题大可不必那么复杂。众所周知法系是根据若干国家和地区基于历史传统原因在法律实践和法律意识等方面所具有的共性而进行的法律的一种分类，它是这些具有共线性或共同传统的法律的总称。这些相同的法律传统具有相似的意识形态观和价值评判标准，它们对于生活社会各方面的拘束具有相似性。用法系归属来表示不同国家的法律属性恰能体现出国家意志对于股票市场的引导方向。在新制度经济学的研究范畴中，法律属性更是体现出制度变迁发起者对制度变迁参与者的思想灌输，对于一个完整的制度变迁过程来说，这是不可忽略的重要方面。

(Patent)、贷款利率(Loanr_pe)、一般政府最终消费支出占 GDP 的百分比(Cgfc_ingdp)。一方面中学入学率和教育公共开支反映了一个国家居民受教育的状况，这直接体现了大部分散户投资者的文化程度和相关知识学习能力，而投资者的受教育水平与股票发行审核制度的选择息息相关。另一方面居民专利申请量和政府最终消费支出这种宏观数据决定着一个国家的科技能力与经济社会发展状况，引入这些数据作为控制变量使得模型更加合理，也使得结果更具说服力，同时还能在一定程度上控制内生性问题。主要变量说明见表2。

表2　　主要变量定义表

变量符号	变量类型	变量说明
Iesystem	被解释变量	股票发行审核制度；注册制 =1，核准制 =0
Lawxl	核心解释变量	法系归属（虚拟化）；大陆法系 =1，英美法系 =0
Lngdp_a		人均 GDP 的自然对数（单位：美元）
CL		公民权益，代表一个国家的政治环境，取值范围 1 ~ 7，值越大，公民权益越小
Stockvalue_ingdp		股票市值占 GDP 的百分比
Mriedu_pe	控制变量	中学入学率
Gpec_ingdp		公共教育开支总额占 GDP 的百分比
Cgfc_ingdp		一般政府最终消费支出占 GDP 的百分比
Loanr_pe		贷款利率
Lnpatent		居民专利申请量的自然对数（单位：项）

（二）样本构成和数据来源

六个文化价值维度的数据来自霍夫斯塔德的个人网站①，其统计特征见表3。

表3　　文化维度数据的描述性统计表

变量	可获取数据国家数	均值	标准差	最小值	最大值
Powerdis	38	54.729	23.332	1	94
Notsure	39	64.487	24.357	8	100

① 霍夫斯塔德的个人网站（http://geert-hofstede.com/china.html），实际上，文化维度数据是不随时间变化的。我们默认每个国家的社会文化都得到较好的保护和传承。

续表

变量	可获取数据国家数	均值	标准差	最小值	最大值
P_C	39	48.967	26.503	1	100
M_F	39	52.462	19.979	5	95
L_S	38	48.763	22.479	7	100
Ind_Cons	37	49.649	21.365	4	97

从文化因素的数据结构可以看出，不同国家之间的文化差异非常显著。

本文其他指标选取 1991 ~ 2015 年的全球 40 个主要国家或地区的数据。其中，证券发行审核制度（Iesystem）的数据是通过国际证监会网站收集。法系归属（Lawxl）的数据是逐一按国家手动查询；代表政治权利指数的公民权益（CL）的数据来自自由之家（freedom house）网站①；其他数据均来自世界银行数据库，其统计特征见表 4。

表 4　描述性统计表

变量	均值	标准差	最小值	最大值
Iesystem	0.625	0.484	0	1
Lawxl	0.7	0.458	0	1
Lngdp_a	9.104	1.281	5.031	11.385
CL	2.570	1.470	1	7
Stockvalue_ingdp	0.525	0.588	0.002	9.527
Mriedu_pe	0.826	0.282	0.052	0.963
Gpec_ingdp	0.046	0.011	0	0.077
Cgfc_ingdp	0.160	0.047	0.030	0.297
Loanr_pe	0.147	0.138	0.005	0.635
Lnpatent	7.564	2.242	1.791	13.594

注：描述性统计前数据已进行过缩尾处理。

通过描述性统计表我们可以发现：在我们所选样本中，偏向注册制和大陆法系的国家比较多②。我们可以明显看出，不同国家的政治权利、文化传承、教育投入和居民受教学程度以及科研能力都有不小差别。值得注意的是，

① 政治权利指数香港 2007 年之前的数据缺失。

② 为了排除这种数据分布不均的影响，我们另外将核准制国家赋值为 1，将英美法系国家赋值为 1 进行验证，发现并不影响本文结论。

股票市值占GDP的百分比直接反映一个国家股票市场的发展水平。最大的国家的股票市场市值已经达到GDP的将近10倍，说明其资本市场已经高度发达。最小的国家股票市值只占其GDP的0.2%，可见其股票市场还远远不够成熟。我们都知道股票市场对国民经济发展起着不可替代的作用，不同国家间资本市场发展速度的不同也对各自股票发行审核制度的变迁产生着潜移默化的影响。

四、实证分析

（一）文化因素对股票发行审核制度初始选择的影响

通常一个国家或地区的文化不会轻易发生改变，出于文化传承具有稳定性传统等角度的考虑，我们认为各国家文化指标数值保持不变。我们以六个文化维度的数据作为解释变量，以股票发行审核制度为被解释变量，进行二值选择的probit模型回归，结果见表5。

表5　　文化因素对股票发行审核制度选择的影响

文化因素	Powerdis	Notsure	P_C	M_F	L_S	Ind_Cons
dy/dx	0.011*** (2.74)	0.003 (0.98)	-0.003 (-1.09)	0.004 (1.06)	-0.005* (-1.89)	0.010** (2.00)

注：括号内表示检验z值。***、**和*分别表示通过1%、5%和10%的显著性水平，括号里的值为P值。

从表5我们发现，六个文化维度中有三个文化变量对于一个国家或地区的股票发行审核制度的选择有非常显著的影响。我们所选国家遍及欧洲，亚洲，非洲，北美以及南美。亚洲的两河文化，欧洲的希腊文化，非洲的尼罗河文化，美洲的玛雅文化等都具有各自的历史起源和社会传承。即便是同属亚洲的中国和印度也有着各自独具特色的文化积淀。不同的文化思维导致不同国家的政府当局在建立各自的股票市场时，选择的股票发行审核制度却大相径庭。在民族文化中重视权力的国家，倾向选择注册制，不论是监管机构、投资者还是谋求上市的企业，更渴望拥有一个市场化程度高的上市制度，对个人权利的重视是他们偏爱注册制的重要原因，这可能是因为注册制能提供一个更公平透明的上市程序和交易环境，能让各方的权力拥有最大限度的保障。权力距离每增加一个标准差，选择注册制的概率就增加25.7%，即样本均值增加41%；崇尚自由思想的国家在选择股票发行审核制度时普遍采用注册制，这是一个预料之中的结果，以自由思想为主的国家不提倡核准制这种严格把控的制度，他们更希望能营造一个市场化程度高的股票发行审核制度，对上市公司不做严格约束，让投资者自由去选择。自由程度每增加一个标准差，选择注册制的概率就增加 21.4%，即样本均值 34% 的增加率。这里容易引起争议的是长期—短期倾向这个文化维度指标，对于这个文化维度指标有两种解读。霍夫斯塔德早期将长期取向定义为一个社会强调长期承诺，尊重传统，强调长远发展及为未来着想。短期取向文化的社会则强调实时或短期回报，变革随时发生而不必担心“传统”和“承诺”会成为绊脚石。但霍夫斯塔德对该维度的定义并未得到后续研究者的认同。特龙彭纳斯（Trompenaars，1997）的研究表明，长期取向文化持“同序”时间观，认为过去、现在和将来相互联系，往复循环，三者同样重要；而短期取向文化持“次序”时间观，认为过去，现在和将来相互独立，互不干涉，关注“现在”才有意义。中国是一个典型的长期取向的国家，这一点不言而喻。这源于我们“求久”和“重传统”的文化。求久让我们着眼长远，不计一时得失；重传统帮助我们从前人的实践中汲取经验，不冒进，不激进，稳妥发展。除此之外，我们的长期取向随处可见，比如我们提倡“总结过去，立足现在，把握未来”，我们注重长期关系的建立和维持。从长计议的思想更是贯穿我们的传统文化，所以我们喜欢对现在和未来有所把控。本文采用彭纳斯对长期取向与短期取向文化维度的解读，认为具有长期取向的国家更偏爱选择核准制，回归的结果显然印证了我们的分析。由回归结果可以得出，长短期取向每增加一个标准差，选择注册制的概率就下降 11.2%，即样本均值 18% 的减少。

但从回归结果来看，不确定规避、个人—集体主义、男权—女权主义的回归结果并不显著，说明这三种文化维度对股票发行审核制度的选择似乎并没有特别明显的影响。但这并不会对本文的研究目的和研究结果产生影响。实际上，首先文化的内涵涵盖很多方面，一些方面（维度）对某种制度产生影响，而另一些方面（维度）对此制度不发生作用是很正常的。文化的某几个方面对股票发行审核制度产生作用已经足够说明文化因素在股票发行审核制度选择中不可或缺的位置。其次我们并不能完整地将文化因素完全量化出来，霍夫斯塔德对文化维度的划分只是尽可能将文化因素的主要方面表示出来，作为一种被大家普遍认可的方式，它难免存在一定划分上的误差。尽管如此，我们发现在六个文化维度中依然有一半文化维度指标对股票发行审核制度的选择起着显著作用，这足以说明文化因素在制度选择问题中的重要地位。当然，这也是本文可以继续深入改进的方面。

（二）股票发行审核制度变迁的回归结果

通过前面的理论分析我们已经明确制度并不是永恒不变的，当前的股票发行审核制度极少发生改变更多是因为大部分国家（地区）的股票市场成立的时间相对较短。新制度经济学对于制度的变迁有专门的解读：制度存在耐久性，但制度变迁总是要发生的。从长期来看，制度一定是人类社会内生的。这说明，即使制度的选择存在路径依赖，在相当长的一段时间后，制度还是受到社会环境、经济状况等各种因素的影响，演化与变迁是必然发生的。笔者坚定地认为当股票发行审核制度与社会经济发展脱节时，变迁一定会发生。中国台湾的改变①与中国大陆的改革呼声就是最好的例子。即使就目前来看，改变股票发行审核制度的案例还凤毛麟角，这仅仅是由于股票市场在很多国家存在的时间还很短，所以本文研究的主要目的是对世界各国未来潜在的股票发行审核制度发生变革的预测，在这个角度上说，这种实证研究的结果是具有很大现实价值的。

根据前文分析可能影响股票发行审核制度变迁的因素，我们通过面板数据的 probit 模型进行回归，模型的基准回归结果如表 6 所示。

表 6　　股票发行审核制度变迁的影响因素

	Xtprobit 估计		边际效应	
	coef.	P > |Z|	dy/dx	P > |Z|
lawxl	-3.239*	0.091	-0.287**	0.024
Lngdp_a	-1.232	0.114	-0.109*	0.092
CL	0.466	0.429	0.041	0.462
Stockvalue_ingdp	-0.995	0.154	-0.088*	0.059
Mriedu_pe	2.180	0.268	0.193	0.314
Gpec_ingdp	138.052**	0.029	12.215**	0.016
Cgfc_ingdp	-21.553	0.146	-1.907	0.146
Loanr_pe	9.415	0.158	0.833	0.212
Lnpatent	0.172	0.558	0.015	0.567

注：*、**、*** 分别表示 10%、5%、1% 的显著性水平。以下表同。

由表 6 可知，一个国家或地区的股票发行审核制度的变迁受到核心解释变量的显著影响。法律属性，经济状况和资本市场发展程度均对股票发行审核制度的选择起着决定性的作用。事实上，相同法系的国家在法律制度设计方面具有相似性，新兴市场国家普遍属于大陆法系，这些国家对于资本市场

① 2006 年 1 月，中国台湾地区公布了修订后关于证券交易的规定，其新规定将股票发行审核由核准制全面过渡到注册制，完成了中国台湾地区股票市场制度建设史上的一次重要转型。

的管理较为严格，在实际中更倾向于采用核准制。对于政治影响来说，回归结果并不显著。这是因为大多数国家政治的影响并不直接作用于经济社会之中，而是通过法律、宏观经济调控等手段间接施加于资本市场，显然这种回归的结果也是合理的。直接反映股票市场状况的指标（Stockvalue_ingdp）也是显著的负相关。我们可以考虑到，在股票市值占 GDP 比重过大的国家或地区，经济发展更多处于失衡的局面，资本市场的投机性质较强，采取严格把控和审核是所在政府的必然诉求。

从实际的经济意义来看，法系归属每增加一个标准差，选择注册制的概率平均降低 13.1%，即样本均值减少 21%；股票市值占 GDP 的百分比每增加一个标准差，选择注册制的概率就降低 5.2%，即样本均值减少 8%。这个结论在一定程度上表明，法律制度对一个国家或地区资本市场制度变迁的影响远远大于资本市场本身变化所需要的改革，人们的主观思想几乎起着决定性的作用。这与新制度经济学的思想是一致的。

在控制变量方面，只有公共教育开支是显著的，可见政府对于教育的投入以及投资者的文化程度和学习能力会对该国或地区的股票发行审核制度的选择发挥积极作用，当投资者学习能力提升，掌握更多投资技巧，变得更加理性，股票发行审核制度将会向注册制发展。政府对教育的投入每增加一个标准差，选择注册制的概率就增加 13.4%，即样本均值 21% 的增加。

（三）人均 GDP 对股票发行审核制度变迁的影响

在上面的基准回归中，我们发现人均 GDP 越高的国家更倾向于选择核准制。似乎与我们的常理相违背。这是由于我们忽略了这样一个事实：在当今的国际经济形势下，人均 GDP 已经不能全面综合反映一个国家的经济发展状况。有些国家人均 GDP 很高，但其工业、资本市场的发展并不理想，由于人口优势还依然保持较高人均 GDP，如希腊等国；有些国家，尤其是新兴市场国家，近年来经济发展迅速。中国已经成为世界第二大经济体，国际地位不断提高，但由于人口基数问题，人均 GDP 还停留在较低水平。所以仅以人均 GDP 这个指标来综合衡量所有国家的状况难免是有失偏颇的。

介于这种情况，我们根据最新的联合国“人类发展指数”将样本空间分为两组，并分别取两个虚拟变量 Group1 和 Group2。Group1 代表发达国家，Group2 代表发展中国家①。用人均 GDP 与国家发达程度组别的交互项进行回归，对比不同性质国家之间股票发行审核制度选择的差异。回归结果如表 7

① 单用人均 GDP 来界定是否属于发达国家存在很多缺点。首先是人均 GDP 很不稳定，受汇率、物价等影响而波动很大，其次人均 GDP 也只代表了经济水平，而不能代表一个国家的全面发展水平。为此，联合国开发计划署编制了“人类发展指数”，用于界定一个国家是否属于发达国家，相对客观。

所示。

表 7　　国家异质性的影响①

	Xtprobit 估计		边际效应	
	coef.	P > |Z|	dy/dx	P > |Z|
Lngdp_a × Group1	-1.255***	0.000	-0.048*	0.098
Lngdp_a × Group2	2.667***	0.000	0.082	0.389

人均 GDP 与分组交互项的回归结果得到了一个有趣的结论：人均 GDP 对发达国家的股票发行审核制度的选择有非常显著的影响。对于发达国家来说，人均 GDP 越高的国家偏好选择核准制，发达国家人均 GDP 每增加一个标准差，选择注册制的概率平均减少 6.1%，即样本均值 10% 的减少；出乎意料的是，人均 GDP 对发展中国家的股票发行审核制度选择没有显著的影响。

从发达国家的角度衡量，人均 GDP 较高的发达国家大多是一些欧盟国家，它们的经济体系和资本市场运行已经趋于完善。除此之外，英国德国等普遍具有严谨的做事风格，德国等国家更是对资本市场严格把控。对公司的上市条件和信息披露有着一系列规范要求。

但是发展中国家的情况就变得非常复杂。对于一些发展中国家而言，提升本国经济，开放资本市场，扩大直接融资比例，促进本国公司的快速成长，吸引国外资本进入投资是近年来多措并举的金融发展战略。人均收入的激增使得当局政府选择注册制的意愿大大增加，在它们看来，推动符合要求的公司大量上市融资既能保证本国资本市场的迅速发展壮大；也能弥补这些发展中国家银行业贷款不足，难以维持本国实体产业发展的困境。

必须指出，这样选择存在的问题也不小。大量良莠不齐的公司上市，资本市场的过度开放短期来看确实是经济增长的兴奋剂。长远来看，国外资本的大量介入，资本市场审核把控的疏漏容易引发强烈的金融风险，当全球性的金融危机到来，资本市场将会受到毁灭式的冲击。相较于其他发展中国家政府当局的束手无策，我们国家在应对金融风暴时的表现可圈可点。谁又能保证，资本管制和股票发行时的严格审核一定不好呢？出于这种考量，一些发展中国家更重视自己资本市场的安全和经济环境的稳定，这些发展中国家并不希望自身的资本市场长期处于过度繁荣，因而他们不愿让自己的股票市场高度开放。这些国家普遍认为对股票市场进行一定程度的把控更有利于国家整体经济的发展。

① 这里控制变量的显著性与边际效应回归结果相同，在此并不展示其他变量回归结果。

这确实是一个两难的抉择，就如同“三元悖论”① 一样，我们必须在其中寻求平衡。这种难以取舍的抉择让大部分发展中国家往往做出不同的制度应对。还有一个无法回避的原因就是发展中国家的股票市场大多成立较晚，许多国家对于股票发行审核制度的应用更多是出于对发达国家的模仿，经济在其中的影响微乎其微。所以我们看到人均 GDP 的高低并没有显著影响发展中国家股票发行审核制度的选择。

（四）稳健性检验

为了进一步考察核心变量对于股票发行审核制度选择的影响，我们先后控制居民专利申请量（Lnpatent），贷款利率（Loanr_pe）和一般政府最终消费支出占 GDP 的百分比（Cgfc_ingdp）这三个变量后分别对模型进行回归。稳健性检验的结果如表 8 所示。

表 8　　稳健性检验回归表

	回归结果（1）		回归结果（2）		回归结果（3）	
	dy/dx	P>|Z|	dy/dx	P>|Z|	dy/dx	P>|Z|
lawxl	-0.333***	0.004	-0.334***	0.000	-0.320**	0.024
Lngdp_a	-0.125*	0.059	-0.104**	0.015	-0.115*	0.081
CL	0.035	0.468	0.036	0.525	0.036	0.556
Stockvalue_ingdp	-0.087	0.112	-0.099*	0.056	-0.075	0.168
Mriedu_pe	0.193	0.527	0.172	0.513	0.164	0.415
Gpec_ingdp	10.918**	0.045	10.785**	0.046	8.832*	0.094
Lnpatent			0.008	0.739	0.0002	0.992
Loanr_pe	0.467	0.447			0.732	0.308
Cgfc_ingdp	-1.639	0.194	-1.059	0.224		

通过稳健性回归我们可以发现，改变控制变量后，法律属性（lawxl），人均 GDP（Lngdp_a）和股票市值占 GDP 的百分比（Stockvalue_ingdp）这些核心变量的系数符号与系数大小均与基准回归结果相符合，结论与前文保持一致。这证明我们的回归结果是稳定可靠的。

① 这里的三元悖论指蒙代尔提出的开放经济下的政策选择问题。

五、总结及建议

股票发行审核制度的选择和变迁受制于不同因素的影响。股票发行审核制度的最初选择完全是受文化因素的制约，由于制度的正反馈机制，随后会形成路径依赖，这也会导致制度与社会经济不协调的局面发生，所以低效甚至无效的制度普遍存在。在某个特定的历史时期，当一个国家或地区的法律体系、经济状况和资本市场发展到一定程度，就会显著影响其股票发行审核制度的变迁。本质上来说，法律是一个国家的基础，是全体人民意志的体现，更是政府当局的统治工具。法律的约束遍及经济社会的方方面面，当然作为金融制度之一的股票发行审核制度必定受到法律体系的限制。股票发行审核制度也受自身资本市场发展状况的影响。当股票市场和实体经济严重失衡，虚拟经济其实会阻碍实体产业的发展，这极容易形成恶性循环，令一国经济雪上加霜。这种局面往往是由于资本市场监管不力造成的，出于这种情况的考量，采用核准制是合情合理的。

前文的分析我们还发现，对于经济发展程度不同，经济各层面存在差异的国家，在选择股票发行审核制度时并不能一概而论。人均 GDP 高的发达国家更适合选择核准制，恰恰是对于一些正在起步以及将要高速发展的发展中国家，选择股票发行注册制才是合理的。这个结果看似与大家的一般认识背道而驰。但从实质上来看与现实更加相符：经济成熟，资本市场发达的国家更需要相对严格的把控。由于整个市场的交易更加自由，各类金融工具的运用更加普遍，适当的审核有助于杜绝潜在的金融风险。相反，那些经济欠发达、银行提供的间接融资又不足、急需发展资本市场、放大直接融资功能的国家选择注册制是顺理成章的。

本文的一大创新在于对文化因素的考察。“制度是协调个体互动交往的规则集合”，这是诺斯在制度变迁的开创性著作中的开宗明义。合适的制度也是用来最大限度降低交易成本的，这是符合新制度经济学观点的。顺应社会主流思想主流文化的制度才是满足条件的。它不仅能减小变革的压力，更能助力经济社会的更快进步。还有一点不容忽视：政府对于公共教育的投入是会影响股票发行审核制度选择的。这反映的是全体投资者学习能力和决策水平对制度的影响。

根据上述分析结果，对于我们国家的股票发行注册制改革得到如下几点启示：（1）我国的当前法律制度还不完善，特别是股票市场这部分的法律法规还有比较大的欠缺，投资者保护工作还需要继续加强。（2）我国已经成为世界第二大经济体，但在近几年中主要困境之一是实体经济与虚拟经济的失衡。我国的银行等间接融资规模并不小，问题在于过多的资金流入了房地产市场和股票市场。推高资产价格，形成泡沫是当下我们面临的主要风险。（3）目前我国股票市场的投资者以散户投资者为主，其中相当一部分比例的投资者受教育水平不高，学习能力和决策能力较差，这是短时间内难以改观的。考虑到我们国家的文化传承，受传统儒家思想的影响，人们更乐于接受统一规则的要求。当前条件下，股票发行核准制更符合我国股票市场的运行。

综上所述，我们建议股票发行注册制不能一蹴而就，我们的改革要稳步向前。当务之急是改变直接融资和间接融资的比例，优化银行贷款的分配，保证更多的资金支持实体产业。采取利于中小民营企业发展的政策倾向，民营企业是中国经济真正的血脉，依靠股票发行注册制改革是无法照顾到这部分企业的。当更多有潜力的民营企业足够优秀，当我们的相关配套法律体系更加完善，当我们的资本市场更加成熟，当我们的投资者更加理性，再来谈注册制改革才是有意义的。

参考文献

1. 奥斯特罗姆、D. 菲尼、H. 皮希特：《制度分析与发展的反思》，商务印书馆 1992 年版。

2. 曹凤岐：《谈中国资本市场八大重要制度建设》，载于《证券日报》2012 年 3 月 19 日。

3. 曹凤岐：《推进我国股票发行注册制改革》，载于《南开大学学报（哲学社会科学版）》2014 年第 2 期。

4. 戴国强：《股票发行审核制度研究》，载于《特区经济》2006 年第 8 期。

5. 郭建斌、孙震海：《德国新股预发行市场对 IPO 询价制度的影响及启示》，载于《世界经济研究》2005 年第 5 期。

6. 郝素珍、高建宁：《证券发行核准制与注册制的比较分析》，载于《华东经济管理》2007 年第 12 期。

7. 胡汝银：《中国改革的政治经济学》，载于《经济发展研究》1992 年第 4 期。

8. 黄运成、葛蓉蓉：《股票发行制度的国际比较及我国的改革实践》，载于《国际金融研究》2005 年第 2 期。

9. 蒋美云：《股票发行监管的博弈分析和发行审核制度的选择》，载于《商业经济与管理》2006 年第 6 期。

10. 柯武刚、史漫飞：《制度经济学：社会秩序与公共政策》，商务印书馆 2000 年版。

11. 理查德·斯科特：《制度与组织——思想观念与物质利益》，中国人民大学出版社 2010 年版。

12. 刘和旺：《诺斯制度变迁的路径依赖理论新发展》，载于《经济评论》2006 年第 2 期。

13. 李宏贵：《现阶段股票发行制度的缺陷及其完善》，载于《上海金融》2003 年第 6 期。

14. 李逊敏：《我国股票发行审核制度改革的机制设计》，载于《改革》2008 年第 10 期。

15. 李阳、臧新、薛漫天：《经济资源、文化制度和对外直接投资的区位选择——基于江苏省面板数据的实证研究》，载于《国际贸易问题》2013 年第 4 期。

16. 林毅夫、潘士远、刘明兴：《技术选择、制度与经济发展》，载于《经济学季刊》2006 年第 2 期。

17. 诺斯：《经济史中的结构与变迁》，上海人民出版社 1994 年版。

18. 诺斯：《理解经济变迁过程》，中国人民大学出版社 2008 年版。

19. 诺斯：《制度、制度变迁与经济绩效》，格致出版社，上海三联书店，上海人民出版社 2008 年版。

20. 诺斯：《经济变迁的过程》，载于《经济学季刊》2002 年第 1 卷第4 期。

21. 钱康宁、蒋健蓉：《股票发行制度的国际比较及对我国的借鉴》，载于《上海金融》2012 年第 2 期。

22. 孙涛：《阿夫纳·格雷夫的历史比较制度分析及对中国研究的启示》，载于《山东社会科学》2011 年第 9 期。

23. 申豪：《注册制与核准制的辨析与选择：基于美国资本市场的研究》，载于《财务与会计（理财版）》2014 年第 10 期。

24. 田利辉、张伟、王冠英：《新股发行：渐进式市场化改革是否可行》，载于《南开管理评论》2013 年第 2 期。

25. 田钒平：《制度结构研究范式的理论反思与回归》，载于《第十届（2012 年）中国法经济学论坛论文集》。

26. 汪丁丁：《制度创新的一般理论》，载于《经济研究》1992 年第 5 期。

27. 王珊珊、黄梅波：《中国内生汇率制度的选择——基于多元排序 Probit 模型的分析》，载于《经济问题探索》2015 年第 5 期。

28. 王允平、肖磊：《我国证券发行监管“核准制”的意义与再完善》，载于《中央财经大学学报》2002 年第 10 期。

29. 杨荣国、吴文峰、吴冲锋等：《我国 IPO 监管制度变迁的有效性研究》，载于《经济与金融》2010 年第 10 期。

30. 杨瑞龙：《论制度供给》，载于《经济研究》1993 年第 8 期。

31. 赵晓男、刘霄：《制度路径依赖理论的发展、逻辑基础和分析框架》，载于《当代财经》2007 年第 7 期。

32. 朱巧琳、卢现祥：《非市场化制度安排、制度租金与制度成本》，载于《财贸经济》2002 年第 11 期。

33. La Porta, R. F. Lopez-de-Silanes, A. Shleifer, and R. W. Vishny, 1997, Legal Determinants of External Finance, *Journal of Finance*, 52 (3), pp. 1131 – 1150.

34. Loughran, Tim and Jay R. Ritter, 1995, The New Issue Puzzle, *Journal of Finance*, 50, pp. 23 – 51.

35. Pistor K. and Xu C., 2005, Governing Emerging Stock Markets: Legal Vs. Administrative Governance, *Corporate Governance*, 13 (1), pp. 5 – 10.

36. Simon, Carol, 1989, The Effect of the 1933 Securities Act on Investor Information and the Performance of New Issues, *American Economic Review*, 79, pp. 295 – 318.

The Choice and Change of Stock Issuance Review System

——Analysis Based on 40 National Data

LIU Yongwen　XIN Yang

(School of Economics, Guizhou University, 550025)

[**Abstract**] This paper analyzes the emergence and changes of the stock issuance review system from two perspectives: static and dynamic. From a static perspective, this paper adopts the "path dependence" theory of new institutional economics, and believes that cultural factors have a decisive influence on the initial selection of the stock issuance review system. From a dynamic perspective, this paper finds that the legal system, economic structure and capital market development degree will significantly affect the long-term changes in the stock issuance review system of a country or region. In view of the fact that there are not many countries that have reformed the stock issuance review system, the empirical reasoning of this paper provides theoretical support for the future development of the stock issuance review system in China.

[**Key Words**] Stock Issuance Examination System　Choice Mechanism　Registration System　Approval System

JEL Classifications: G20　P37

信息披露制度、盈余管理与公司股价异动*

——基于中国制造业上市公司的证据

顾海峰　张　静　高　晗**

【摘　要】文章分析了信息披露、盈余管理与公司股价异动的内在机理，在此基础上，选取2007～2015年中国制造业上市公司数据，通过构建修正的琼斯模型与股价驱动模型，对盈余管理引发公司股价异动的有效性与趋势性进行了实证检验。研究表明：（1）控股股东对公司盈余信息的调控性披露是实现盈余管理的基本路径，控股股东通过控制盈余管理决策来实现对公司股价的调控目标；（2）盈余管理对公司股价具有显著的调控性，盈余管理方向与公司股价变动方向呈现同向性，盈余管理程度与公司股价变动幅度呈现正相关性；（3）盈余管理对公司股价的调控强度呈现加剧态势，而反映公司真实盈余水平的非调控性应计利润与经营性现金净流量对公司股价影响却呈现逐步减弱态势。该研究成果将为中国政府规范上市公司信息披露制度及盈余管理行为，实现中国证券市场的健康稳定发展，提供重要的理论指导与决策参考。

【关键词】**信息披露　盈余管理　公司股价异动　修正的琼斯模型　股价驱动模型**

中图分类号：**F830.9**　文献识别码：**A**

---

* 国家社会科学基金一般项目（13BGL041）。

** 顾海峰，经济学博士（后），东华大学旭日工商管理学院教授；地址：（200051）上海市延安西路1882号东华大学旭日工商管理学院；E-mail：guhaifeng@ dhu. edu. cn。张静，东华大学经济学研究生；高晗：北京大学经济学博士后。

一、问题提出及研究述评

证券市场作为国民经济的“晴雨表”，对国民经济的快速发展具有重大支持作用。中国实体经济的稳定持续增长必须依赖于中国证券市场的大力支持，对此，改进现行证券市场的制度缺陷，完善及规范中国证券市场的运行机制，是实现中国证券市场国际化目标的重要前提，也是提升中国政府参与全球金融治理话语权的重要保障。但是，现行证券市场的制度缺陷导致上市公司控股股东的盈余管理行为已成为一种常态。盈余管理促使控股股东干预信息披露来调控上市公司当期会计损益水平，以此来提升上市公司股价，从而提升上市公司市值。所谓盈余管理（earning manage），主要是指上市公司控股股东在遵循证券市场会计准则基础上，通过对上市公司对外披露的会计收益信息进行调整或控制，以达到上市公司控股股东自身利益的最大化行为。盈余管理实质上违背了会计信息披露的中立性原则，由此造成对外披露的会计信息对上市公司控股股东有利，对社会公众投资者利益将造成一定程度的损害，主要原因在于，上市公司控股股东通过盈余管理来调高上市公司当期会计收益水平，从而促使上市公司股价上涨，进而提升控股股东的持股市值。但是，在信息不对称状态下，社会公众投资者难以准确识别上市公司调控的当期会计收益信息，从而促使社会公众投资者持股成本上升，进而损害了社会公众投资者利益。事实上，证券市场的信息不对称是引发控股股东盈余管理动机及行为的根本原因。一方面，上市公司控股股东掌握会计收益的私人信息，通过盈余管理来调控上市公司当期会计收益水平，以此来实现控股股东利益最大化目标；另一方面，不拥有私人信息的社会公众投资者被盈余管理后的当期会计收益信息所误导，成为上市公司股价高企的助推力，一旦控股股东出现股价高位减持行为，则社会公众投资者利益将因股价大幅下跌而遭受重大损失。此外，控股股东对上市公司当期会计收益信息的调控性披露，是实现上市公司控股股东盈余管理目标的重要路径，控股股东通过对当期会计收益信息的调控性披露，最大程度维持上市公司当期会计收益水平，为控股股东股价高位减持提供契机，对此，必须规范上市公司信息披露制度，以此来治理控股股东对盈余信息披露的调控性。同时，控股股东的盈余管理行为，已成为上市公司控股股东隐性侵占社会公众投资者利益的重要手段，在很大程度上损害了社会公众投资者利益，盈余管理已严重损害了证券市场的交易效率，不利于营造一个公平、公正、公开的证券交易环境，对此，必须规范上市公司控股股东经营行为，以此来治理控股股东的盈余管理行为。可见，规范上市公司信息披露制度及盈余管理行为，可以在很大程度上提升证券市场的交易效率，有助于营造一个公平、公正、公开的证券交易环境，对于实现中国证券市场健康稳定的发展具有重大意义。

国外对于这方面的研究主要集中于盈余管理的动机与计量两个层面。在盈余管理动机层面，希利（Healy，1985）研究认为，对于实施酬金激励计划的公司，管理者会调高盈余水平促使自身薪酬达到最高水平；伯纳德等（Bernard et al.，1989）研究发现，短期内会计盈余水平对股价影响较大，加大盈余水平有助于提升持股市值；琼斯（Jones，1991）研究表明，调整非调控性利润是实现盈余管理动机的主要路径，由此建立了琼斯模型；卡汉（Cahan，1992）研究显示，为避免被政府列为垄断企业，需要对公司当期利润进行负向调整，由此引发公司盈余管理动机；斯威尼（Sweeney，1994）研究认为，对于借款企业而言，通过盈余管理可以提升质押市值，以此来扩大举债动机；霍尔索森等（Holthausen et al.，1995）研究发现，公司管理层薪酬达到最大值之后，会通过盈余管理方式作出调减盈余行为；斯隆（Sloan，1996）发现表明，应计利润总额对股价影响较大，对此，通过应计利润总额调整盈余水平是有效的。在盈余管理计量层面，迪安杰洛（DeAngelo，1986）建立了迪安杰洛模型，以此来测度盈余管理程度；德肖等（Dechow et al.，1995）对琼斯模型进行了修正，从主营业务收入中剔除了应收账款的变化；麦克尼科尔斯（Mcnichols，2000）采用应计利润分离法对盈余管理进行计量；谢（Xie，2001）研究发现，调控性应计利润对股价影响过高，但是，无法获得非调控性应计利润对股价是否存在显著性影响；德肖等（2002）将现金流变量引入琼斯模型，对盈余管理进行计量；德肖等（2003）在琼斯模型中引入总应计利润的滞后变量及销售增长率指标；科塔里等（Kothari et al.，2005）在琼斯模型基础上进行了拓展，加入了具有滞后性的 ROA 变量；鲍尔等（Ball et al.，2006）通过建立非线性琼斯模型来计量盈余管理。

国内对于这方面的研究主要集中于盈余管理动机及其与控股方、管理层、审计师的关系层面。对于盈余管理的动机，王克敏和刘博（2012）研究认为，盈余管理通过调设公司业绩阈值，进而对公司公开增发价格产生影响；李春涛等（2014）研究发现，证券分析师通过对公司盈余管理行为进行跟踪，可以有效识别公司股价的内在价值；孙光国等（2015）研究表明，大股东控制与机构投资者持股将加剧上市公司盈余管理动机及行为，并引发公司股价高估；顾海峰（2014）研究显示，在盈余管理动机驱动下，关联股东对认购公司增发股份存在一定的选择权，从而影响公司股价。对于盈余管理与控股方的关系，陆正飞和王鹏（2013）研究认为，控股股东利用同业竞争关系向上市公司进行利益输送，以此实现盈余管理目的；向寿生和薛小荣（2016）研究发现，财务型独董倾向于通过降低上市公司经营管理成本来提升上市公司盈余水平；刘慧龙等（2014）研究表明，决策制定权与决策控制权的分离度越低，则盈余管理越容易引发非效率投资；罗琦和王悦歌（2015）研究显示，高成长公司的真实盈余管理促使权益资本成本下降，低成长公司的真实盈余管理导致权益资本成本上升。对于盈余管理与高管层的关系，廖冠民和张广婷（2012）研究认为，政府对国有公司盈余管理的识别能力与高管晋升效率之间呈现负相关性；姜付秀等（2013）研究发现，CEO 和 CFO 的任期交错明显降低了公司盈余管理水平；何威风（2015）研究表明，高管权力与控股方性质将影响董事长—总经理垂直对特征与盈余管理行为之间的关系；龚启辉等（2015）研究显示，应计盈余管理与真实盈余管理存在显著的替代关系。对于盈余管理与审计师的关系，邓川（2011）研究认为，审计师变更方向由大到小后，公司盈余管理程度更高，市场对该类公司存在负面反应；蔡春等（2015）研究发现，高管具有审计经历的公司倾向于从应计盈余管理转化为真实盈余管理，且公司需要承担较高的审计成本来弥补事务所可能面临的审计风险；蔡利等（2015）研究表明，审计师能够识别真实盈余管理，公司将支付额外的审计费用来弥补审计师出具的无保留意见风险。

综上，国内外现有文献主要集中于盈余管理动机与测度方法，以及盈余管理与控股方、管理层、审计师的关系层面，尚未涉及“信息披露制度、盈余管理与公司股价异动”方面的探讨。本研究主要贡献在于：分析了信息披露、盈余管理与公司股价异动的内在机理，在此基础上，选取 2007 ~ 2015 年中国制造业上市公司数据，通过构建修正的琼斯模型与股价驱动模型，对盈余管理引发公司股价异动的有效性与趋势性进行了实证检验，并以此为依据，给出了相关建议。本研究成果将为中国政府规范上市公司信息披露制度及盈余管理行为，以实现中国证券市场的健康稳定发展，提供重要的理论指导与决策参考。本文其余部分的内容及结构安排如下：第二部分为理论分析，第三部分为数据选取与模型构建，第四部分为实证检验与结果分析，第五部分为结论与建议。

二、理论分析

从理论上深入分析信息披露、盈余管理与公司股价异动的内在机理，为后续实证研究提供重要的理论依据。

（一）公司盈余信息的调控性披露路径分析

我国现行会计制度是权责发生制，一切要素的时间确认，特别是收入与费用的时间确认，均以权利已形成或义务（责任）已发生为标准。会计准则仅为上市公司进行会计核算时提供了一个共同遵循的标准与规范，但是，考虑到上市公司经营活动的复杂性与多样性，允许上市公司在遵循会计准则的前提下，可以依据自身的实际经营活动来选择对资产、收益、成本等会计科目的具体确认方法，在某些特殊情形下甚至可以更替之前的会计准则，从而使得上市公司能够自主调整当期会计收益水平。一旦上市公司拥有对当期会计收益水平的自主调整权，则上市公司控股股东将对当期会计收益信息进行调控性披露，以满足当期盈余管理水平的最大化目标。可见，上市公司控股股东对当期会计收益信息的调控性披露，已成为上市公司盈余管理的重要手段。此外，本研究认为，盈余管理下会计收益信息的调控性披露路径应主要包括调整收入确认时点、调整费用确认时点、变更会计估计方法、运用关联交易机制、调整非经常性损益五大路径，其中，变更会计估计方法主要包括固定资产折旧、存货价值界定、长期股权投资核算、资产减值准备等方法。依据上述分析，我们给出如图 1 所示的盈余信息的调控性披露路径图。

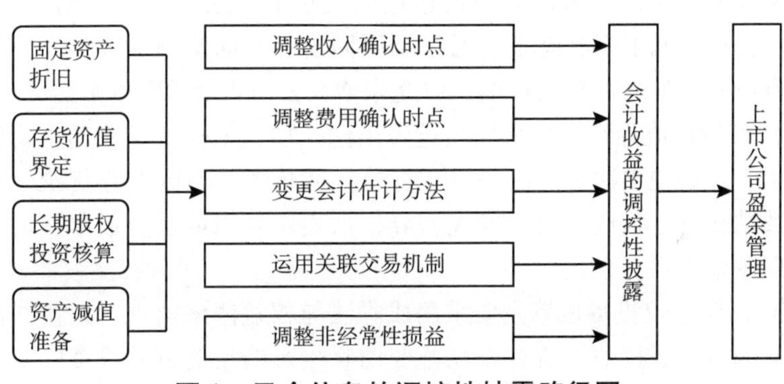

图 1　盈余信息的调控性披露路径图

（二）调控性披露对公司当期盈余水平的影响分析

依据上述路径图，主要从五大基本路径来分析调控性披露对公司当期盈余水平的影响。

1. 调整收入确认时点对公司当期盈余水平的影响

公司调整收入确认时点主要采用提前或延迟开具销售发票方式来实现。若公司需要增加当期营业收入，则可提前开具销售发票，将属于下一会计年度的收益规模提前计入当期会计年度，以此来增大公司当期盈余水平。同时，在当期收益水平过高状态下，为呈现收益水平保持相对稳定的持续增长性，公司将通过延迟开具销售发票时间，将原本归属于当期会计年度的收益规模延迟计入下一会计年度，以此来降低公司当期盈余水平。对此，调整收入确认时点已成为公司调控当期盈余水平的基本路径。

2. 调整费用确认时点对公司当期盈余水平的影响

会计要素的确认原则之一是配比原则，主要是指某个会计年度或某个会计对象所取得的收入与该收入所对应的费用相匹配，以此来准确反映该会计年度的盈余水平。考虑到公司项目投资及建设通常需要跨越若干会计年度，为营造公司业绩的持续性成长态势，公司需要对各个会计年度的费用分布进行优化，若当期会计年度收益水平过低，则公司将延迟费用确认时点，以此来降低归属于当期会计年度的费用比重，从而增大公司当期会计年度的盈余水平。对此，调整费用确认时点已成为公司调控当期盈余水平的基本路径。

3. 变更会计估计方法对公司当期盈余水平的影响

变更会计估计方法对公司当期盈余水平的影响主要通过固定资产折旧、存货计价、长期股权投资核算、资产减值准备等路径来实现。具体路径分析如下：

（1）固定资产折旧主要采用年限平均法、双倍余额递减法、年数总法、工作量法等方法来计量折旧，公司通过调整折旧方法来影响当期盈余水平。此外，在公司利润下降状态下，通过调增固定资产的使用年限及净残值来降低当期资产减值带来的分摊成本，以此来增大公司当期盈余水平。

（2）存货价值界定主要采用先进先出法、加权平均法、移动平均法、个别计价法、后进先出法等方法来界定存货实际价值，不同的存货价值界定方法将导致结转的存货成本存在较大差异，从而影响当期营业成本，进而影响公司当期盈余水平。

（3）长期股权投资核算主要采用成本法与权益法来实现，权益法注重被投资企业的所有者权益，所有者权益变动直接影响投资方的投资收益。成本法注重初始投资成本，只有被投资企业宣告分配股利时，投资方才会确认投资收益，从而影响投资方的当期盈余水平。

（4）资产减值准备涉及存货、固定资产、无形资产、应收账款、贷款等资产类型，计提的资产减值准备将直接影响资产减值损失金额，从而影响公司当期盈余水平。

4. 运用关联交易机制对公司当期盈余水平的影响

关联交易主要是指控股方与下属公司之间发生的交易，控股方通常利用对下属公司的控制权，以非公允交易价格及非公开增发方式向下属公司购买资产或注入资产，以此来调控下属公司的当期盈余水平。若公司当期收益水平处于过高状态，则公司将采用关联交易机制，通过定向增发方式募集并购资金，高价收购控股方的相关资产，以此来增大公司当期投资成本，从而实现降低当期盈余水平的盈余管理目标；一旦公司经营下滑而导致当期收益水平过低，则控股方通过关联交易机制将优质资产折价注入公司，以此来提升公司资产的账面价值，进而增大公司当期盈余水平。对此，采用关联交易机制已成为公司调控当期盈余水平的基本路径。

5. 调整非经常性损益对公司当期盈余水平的影响

依据会计准则，公司非经常性损益项目主要涉及债务重组、股权投资等损益事项。一方面，公司通过债务重组方式，将获得债权方的债务减免金额直接计入当期营业外收入，从而直接增大公司的当期盈余水平。另一方面，当公司主营业务下滑时，出于盈余管理动机，公司需要增大当期盈余水平。对此，公司将初始的投资性股权通过证券市场交易而获得股权投资成本的大幅度溢价收益机会，大幅度溢价收益将作为非经常性收益计入公司当期利润，从而增大公司的当期盈余水平。对此，调整非经常性损益已成为公司调控当期盈余水平的基本路径。

（三）盈余管理对公司股价调控的实现机理诠释

依据上述分析，我们将构建数理模型，通过分析盈余管理对公司股价调控的理论逻辑，以此来深入揭示盈余管理对公司股价调控的实现机理。

1. 盈余管理对公司股价调控的理论逻辑

为便于分析，我们引入如下变量符号：

变量 x_1 表示收入确认时点，函数 $S(x_1)$ 表示收入确认时点 x_1 对应的收入状态值，则公司调整收入确认时点所带来的当期盈余值为 ΔS。

变量 x_2 表示费用确认时点，函数 $F(x_2)$ 表示费用确认时点 x_2 对应的费用状态值，则公司调整费用确认时点所带来的当期盈余值为 ΔF。

变量 x_3^i 表示会计估计方法，函数 $K_i(x_3^i)$ 表示会计估计方法 x_3^i 对应的资产状态值，其中：x_3^1 为固定资产折旧法，x_3^2 为存货价值界定法，x_3^3 为长期股权投资核算法，x_3^4 为资产减值准备法，$\lambda_i(i=1,2,3,4)$ 表示上述会计估计方法对资产状态值的影响权重，则公司变更会计估计方法所带来的当期盈余值为 $\sum_{i=1}^{4}\lambda_i\Delta K_i$。

变量 x_4 表示关联交易机制，函数 $G(x_4)$ 表示关联交易机制 x_4 对应的资产交易价格，则公司运用关联交易机制所带来的当期盈余值为 ΔG。

变量 x_5 表示非经常性损益项目，函数 $Y(x_5)$ 表示非经常性损益项目 x_5 对应的损益状态值，则公司调整非经常性损益所带来的当期盈余值为 ΔY。

基于上述变量及函数，我们引入信号函数 $\varphi_j(x_j)$，对任意的 $j=1,2,3,4,5$，$\varphi_j(x_j)$ 满足如下特征：

$$\varphi_j(x_j)=\begin{cases}1，若路径变量 x_j 对公司盈余呈现正向调控状态\\0，若路径变量 x_j 对公司盈余呈现非调控状态\\-1，若路径变量 x_j 对公司盈余呈现负向调控状态\end{cases}\tag{1}$$

对此，我们给出反映盈余管理程度的公司当期盈余值测度公式如下：

$$E = \varphi_1 \Delta S + \varphi_2 \Delta F + \varphi_3 \sum_{i=1}^{4} \lambda_i \Delta K_i + \varphi_4 \Delta G + \varphi_5 \Delta Y \tag{2}$$

此外，公司股价主要由公司当期每股净利润水平与公司所处行业的平均市盈率水平所决定，即：

$$P_S = \frac{Q_L}{T_S} \times M \tag{3}$$

其中：P_S 为公司股价，Q_L 为公司当期净利润，T_S 为公司总股本，M 为公司所处行业的平均市盈率。

我们以 P_S^1 与 Q_L^1 分别表示公司非盈余管理状态对应的股价与当期净利润规模，P_S^2 与 Q_L^2 分别表示公司盈余管理状态对应的股价与当期净利润规模，则 Q_L^1 与 Q_L^2 之间存在如下关系式：

$$Q_L^2 - Q_L^1 = E \tag{4}$$

依据 Q_L^1 与 Q_L^2 之间的关系式，我们即可得到 P_S^1 与 P_S^2 之间的关系式：

$$P_S^2 - P_S^1 = \frac{Q_L^2 - Q_L^1}{T_S} \times M = \frac{E \cdot M}{T_S} \tag{5}$$

我们将 $\Delta P_S = P_S^2 - P_S^1$ 定义为盈余管理对公司股价的调控程度，则：

$$\Delta P_S = \frac{M}{T_S} \times E \tag{6}$$

式（6）表明，公司通过盈余管理可以对公司股价进行调控，公司盈余管理程度与对公司股价的调控幅度之间呈现正相关性，即：公司盈余管理程度越大，则公司控股股东对公司股价的调控幅度就越大。

2. 盈余管理对公司股价调控的机理诠释

本研究认为，公司通过盈余管理实现对公司股价的调控过程应主要包括盈余决策、调控性披露路径选择、盈余水平调控方向、股票定价机制、公司股价变动方向等一系列传导过程。为深入揭示盈余管理对公司股价调控的实现机理，我们给出如图 2 所示的盈余管理对公司股价调控的传导过程图。依据传导过程图，我们将给出盈余管理调控公司股价机理的如下理论诠释：

（1）盈余管理对公司股价的正向调控机理。盈余管理对公司股价的正向调控动机及行为主要分布于控股股东通过推高股价来实现其股份高位减持目标的运作阶段。一旦公司成功登陆资本市场，则控股股东通常存在股份高位减持动机，以此来满足控股股东的资金变现需求，进而用于控股股东的多元化资产配置。若公司股价处于低迷状态，则过低的持股市值无法为控股股东带来丰厚的持股收益，为实现持股收益最大化目标，控股股东需要通过推高公司股价来实施股份高位减持行为，由此形成控股股东通过盈余管理对公司股价进行正向调控的动机。同时，在正向盈余管理决策下，公司通过对调整收入确认时点、调整费用确认时点、变更会计估计方法、运用关联交易机制、调整非经常性损益五大盈余管理路径的组合运用来增大公司当期盈余水平，在股票定价机制作用下，高企的当期盈余水平将对公司股价上涨形成助推效应，从而促使公司股价的大幅上涨，进而实现盈余管理对公司股价的正向调控目标。

（2）盈余管理对公司股价的负向调控机理。盈余管理对公司股价的负向调控动机及行为主要分布于控股股东通过低价增持公司股份来提升其对公司控制能力的运作阶段。控股股东对公司控制能力的大小主要取决于其享有的持股份额，控股股东凭借其对公司控制权而频繁采用定向增发机制已成为“常态”，定向增发募集到的资金主要用于收购控股股东的“劣质”资产，从而实现其侵占上市公司利益的目的。但是，定向增发的频繁性将稀释控股股东的持股份额，从而削弱其对公司的控制权。对此，控股股东需要通过增持公司股份来提升其控制权，为获取低廉的股份增持成本，控股股东需要依赖于负向调控股价的盈余管理动机及行为。在负向盈余管理驱动下，公司通过对调整收入确认时点、调整费用确认时点、变更会计估计方法、运用关联交易机制、调整非经常性损益五大盈余管理路径的组合运用来降低公司当期盈余水平。当期盈余水平的下降将导致公司股价大幅下跌，从而实现盈余管理对公司股价的负向调控目标。

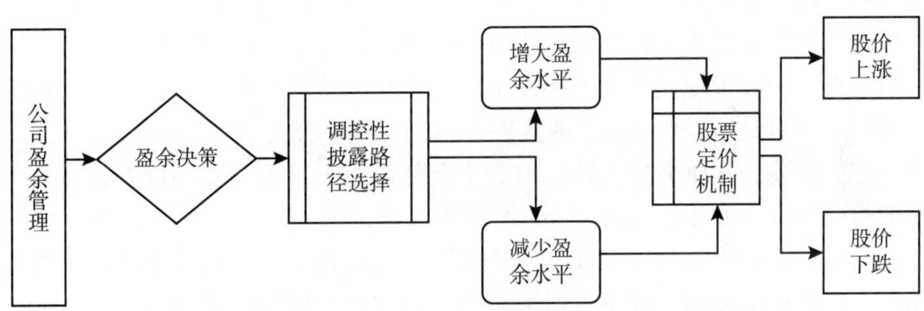

图 2　盈余管理对公司股价调控的传导过程图

三、数据选取与模型构建

（一）样本来源与数据选取

考虑到中国传统制造业上市公司盈利能力相对稳健，且样本公司数量相对充足，同时在上市公司中具有较好的代表性，对此，我们以沪深 A 股市场制造业上市公司为初选样本，选取 2007 ~2015 年期间沪深 A 股市场制造业上市公司财务数据作为样本数据。选择2007年作为样本数据选取起点的主要原因在于：我国2007年统一了新的会计准则，财务报表科目与计量属性有较大变化。此外，我们在测度盈余管理变量值时，主要采用修正的琼斯模型，但是，修正的琼斯模型求解需要涉及前两年的样本数据，对此，我们最终采样得到的样本数据为2009～2015年期间的公司财务数据。同时，考虑到处于亏损状态的制造业上市公司股价分布不符合通常意义下的股票定价机制，对此，我们需要对制造业样本公司进行一定的筛选过程。样本公司的具体筛选原则如下：

第一，剔除2007～2015年期间曾经或已经ST与*ST的制造业上市公司。因为这些公司出现了财务状况或其他状况异常——连年亏损，股利政策属于非正常情况，且ST与*ST的股价运行规律与股票定价机制难以匹配，一旦成为样本公司，将影响实证结论的可靠性。

第二，剔除财务数据缺失的样本公司。本研究的样本数据来自国泰安金融数据库，国泰安金融数据库存在部分数据缺失现象，某些样本公司的相关变量以缺省值或是错误值显示，这些缺失数据会干扰模型求解过程，从而影响实证结论的准确性，对此，需要剔除财务数据缺失的样本公司。

第三，剔除当年度刚上市的制造业公司。系统性修正琼斯模型的计算需要用到以前年度的相关变量数据，但是，当年度上市的制造业公司之前年度的数据可能是由系统模拟得出，从而会引起实证研究中不必要的误差。此外，公司上市后的股本规模及结构将发生较大变化，这将弱化盈余管理对公司股价的影响，对此，需要剔除当年度刚上市的制造业公司。

综上所述，本研究最终筛选出784个制造业上市公司作为样本，样本数据的时间跨度为7年，合计5 488组观测数据，每一组样本数据均包括11个财务指标，分别为总应计利润、资产总额、营业总收入、经营活动现金流量净额、应收账款净额、存货、财务费用、固定资产原值、无形资产、股票收益率、总资产报酬率。本研究数据来源于国泰安金融数据库，对相关财务数据进行整理与分析中所使用的软件主要涉及Excel 2007与SPSS 16.0。

（二）修正的琼斯模型构建

我们将采用应计利润分离法来测度盈余管理程度。应计利润分离法的主要思路是将应计利润分离为调控性应计利润与非调控性应计利润，即：调控性应计利润等于总应计利润减去非调控性应计利润。其中：总应计利润等于净利润减去当期经营活动产生的现金净流量。非调控性应计利润是指会计政策约定下企业无法随意调控的应计利润，非调控性应计利润是企业应计利润的真实反映，主要由总资产、固定资产原值、无形资产总额、扣除应收账款的营业收入等组成。调控性应计利润是指会计政策约定下企业可以随意主观调控的应计利润，主要由营业外收入与支出、投资收益、递延所得税资产与负债、管理与销售费用等组成。

在修正的琼斯模型中，总应计利润变量取值可以从国泰安金融数据库直接获取，不需要自行计算。对于非调控性应计利润变量取值，可以通过对修正的琼斯模型进行线性回归计算出残值，然后将残值在应计利润中进行扣除，得到的结果就是非调控性应计利润。对于调控性应计利润变量取值，即盈余管理程度的量化，可以将总应计利润变量值减去非调控性应计利润变量值而间接获得。此外，在修正的琼斯模型构建过程中，因公司规模存在差异，为消除公司规模差异的影响，我们对模型中各个变量均除以上个年度的总资产来进行修正，然后运用 SPSS 软件将其结果进行标准化处理，这样得到的结果更为精确。本研究所构建的修正的琼斯模型，主要是在琼斯模型基础上，去掉存货变动变量，因为存货计价方法的差异将对公司盈余管理空间产生巨大影响，导致难以准确反映公司盈余管理程度，这种现象在制造业公司中尤为明显。对此，需要剔除存货变动变量。本研究建立的修正的琼斯模型如下：

$$\frac{TA_{i,t}}{A_{i,t-1}} = \alpha + \frac{\beta_0}{A_{i,t-1}} + \beta_1 \frac{\Delta REV_{i,t} - \Delta REC_{i,t}}{A_{i,t-1}} + \beta_2 \frac{PPET_{i,t}}{A_{i,t-1}} + \beta_3 \frac{IA_{i,t}}{A_{i,t-1}} + \beta_4 \frac{ROA_{i,t}}{A_{i,t-1}} + \beta_5 \frac{FIN_{i,t}}{A_{i,t-1}} + (1-\delta)\frac{TA_{i,t-1}}{A_{i,t-2}} + \varepsilon_{i,t} \tag{7}$$

$$\frac{NDA_{i,t}}{A_{i,t-1}} = \alpha + \frac{\beta_0}{A_{i,t-1}} + \beta_1 \frac{\Delta REV_{i,t} - \Delta REC_{i,t}}{A_{i,t-1}} + \beta_2 \frac{PPET_{i,t}}{A_{i,t-1}} + \beta_3 \frac{IA_{i,t}}{A_{i,t-1}} + \beta_4 \frac{ROA_{i,t}}{A_{i,t-1}} + \beta_5 \frac{FIN_{i,t}}{A_{i,t-1}} + (1-\delta)\frac{TA_{i,t-1}}{A_{i,t-2}} + \varepsilon_{i,t} \tag{8}$$

$$\frac{DA_{i,t}}{A_{i,t-1}} = \frac{TA_{i,t}}{A_{i,t-1}} - \frac{NDA_{i,t}}{A_{i,t-1}} \tag{9}$$

其中：$TA_{i,t}$是 i 公司第 t 年的总应计利润，$\Delta REV_{i,t}$是 i 公司第 t 年的营业收入增量，$\Delta REC_{i,t}$是 i 公司第 t 年的应收账款增量，$PPET_{i,t}$是 i 公司第 t 年的固定资产总额，$IA_{i,t}$是 i 公司第 t 年的无形资产总额，$ROA_{i,t}$是 i 公司第 t 年的总资产收益率，$FIN_{i,t}$是 i 公司第 t 年的财务费用总额，$A_{i,t-1}$是 i 公司第 t－1 年年末的资产总值，$A_{i,t-2}$是 i 公司第 t－2 年年末的资产总值，$NDA_{i,t}$是 i 公司第 t 年的非调控性应计利润，$DA_{i,t}$是 i 公司第 t 年的调控性应计利润，α 是常数项，β_i、δ 是方程回归系数，$\varepsilon_{i,t}$是方程的残差项。

在运用修正的琼斯模型估算时，首先，使用式（7）计算出方程中的回归系数 α 与 β_i；其次，将回归系数 α 与 β_i 代入式（8），计算出非调控性应计利润；最后，运用式（9）计算出调控性应计利润。此外，为简化模型表达式，本研究以符号 X1、X2、X3、X4、X5、X6、X7 来分别代替$\frac{1}{A_{i,t-1}}$、

$\frac{\Delta REV_{i,t} - \Delta REC_{i,t}}{A_{i,t-1}}$、$\frac{PPET_{i,t}}{A_{i,t-1}}$、$\frac{IA_{i,t}}{A_{i,t-1}}$、$\frac{ROA_{i,t}}{A_{i,t-1}}$、$\frac{FIN_{i,t}}{A_{i,t-1}}$、$\frac{TA_{i,t-1}}{A_{i,t-2}}$。

（三）股价驱动模型构建

依据股票定价理论，公司所处行业平均市盈率的变动与公司盈余水平的变化将成为促使公司股价变动的两大决定因素。但是，在公司所处行业平均市盈率相对稳定状态下，公司盈余水平的变化将是公司股价的唯一驱动因素。主要原因在于：若证券分析师预测到某公司盈余水平存在增大态势，则该预测信息将引导机构投资者加大配置该公司股票，在股票增持动力驱动下，该公司股价将呈现上涨态势；但是，若证券分析师预测到某公司盈余水平存在减少态势，则该预测信息将导致机构投资者减持该公司股票，在股票减持压力驱动下，该公司股价将呈现下跌趋势。此外，决定公司盈余水平的主要因素是总应计利润与经营性现金净流量两大因素，其中：总应计利润可分解为调控性应计利润与非调控性应计利润。对此，调控性应计利润、非调控性应计利润与经营性现金净流量三大变量将成为股价驱动模型的主要自变量，公司股价异动水平将成为股价驱动模型的主要因变量，我们以年度股价收益率来衡量公司股价异动水平。

依据上述分析，我们建立如下形式的股价驱动模型：

$$P_{i,t} = \gamma_0 + \gamma_1 DAC_{i,t} + \gamma_2 CFO_{i,t} + \gamma_3 NDAC_{i,t} + \varepsilon_{i,t} \qquad (10)$$

其中：$P_{i,t}$是 i 公司第 t 年的股价收益率，$DAC_{i,t}$是 i 公司第 t 年的调控性应计利润，$CFO_{i,t}$是 i 公司第 t 年的经营性现金净流量，$NDA_{i,t}$是 i 公司第 t 年的非调控性应计利润，γ_i 是方程回归系数，$\varepsilon_{i,t}$是方程残差项。

四、实证检验与结果分析

下面，我们将以上述修正的琼斯模型与股价驱动模型为基础，对盈余管理对公司股价调控的有效性与趋势性进行实证检验及结果分析。

（一）变量描述性统计分析

首先，我们将 784 家制造业上市公司 2009 ~ 2015 年期间的股价收益率按照年份进行统计分析，分析其最大值、最小值与均值的分布情况。以 P2009、P2010、P2011、P2012、P2013、P2014、P2015 分别表示 7 个年度的公司股价收益率。具体统计结果见表 1。结果显示，2009 ~ 2015 年期间中国制造业上市公司的股票收益率呈现先降后升的态势，其中：2009 ~ 2011 年期间呈现下降态势，而2011～2015年期间呈现上升态势。

表1　　股价收益率的描述性统计

	样本容量	最小值	最大值	均值	标准差
P2009	784	0.03	8.37	1.5097	0.87736
P2010	784	-0.52	3.76	0.2220	0.48214
P2011	784	-0.69	0.72	-0.3142	0.18864
P2012	784	-0.61	1.35	0.0104	0.26520
P2013	784	-0.57	2.50	0.1843	0.41260
P2014	784	-0.35	3.88	0.4467	0.40356
P2015	784	-0.40	5.88	0.6542	0.69296
有效样本量	784				

此外，我们对784家中国制造业上市公司2009～2015年期间反映盈余水平的经营性现金净流量与总应计利润进行统计分析。结果表明，2009～2011年期间总应计利润与经营性现金净流量呈现下降态势，而2011～2015年期间则呈现上升趋势。此外，通过对比股价收益率的描述性统计结果发现，股票收益率、总应计利润与经营性现金净流量三个变量在2009～2015年期间的变动趋势是趋同的。对此，可以判断股票收益率与总应计利润、经营性现金净流量之间均存在正相关关系。

最后，我们对盈余管理数值进行测度。我们将2007～2015年期间中国制造业上市公司财务数据代入修正的琼斯模型，通过对模型进行线性回归计算出残值。我们在总应计利润中扣除残值，得到非调控性应计利润，然后，我们将应计利润减去非调控性应计利润，即可得到调控性应计利润DAC，即盈余管理程度。测度结果表明，上市公司普遍存在着盈余管理动机及行为，且略倾向于正向盈余管理。此外，从盈余管理态势来看，上市公司盈余管理程度总体上呈现逐步加大的趋势，说明上市公司盈余管理强度正呈现逐步加剧态势。

（二）有效性检验

我们将对模型中涉及的调控性应计利润、非调控性应计利润与经营性现金净流量三大自变量与股价变动水平这一因变量之间的关系进行回归分析，以此来揭示盈余管理对公司股价调控的有效性。其中：以DAC表示调控性应计利润，即盈余管理程度；以NDAC表示非调控性应计利润；以CFO表示经营性现金净流量；以年度股价收益率来衡量公司股价变动水平 P。各个变量数据获得方法为：调控性应计利润 DAC 数值主要运用修正的琼斯模型对样本数据的残值计算而获得；非调控性应计利润 NDAC 数值通过在总应计利润中扣减调控性应计利润 DAC 而获得；总应计利润、经营性现金净流量 CFO 与股价收益率 P 直接来源于国泰安金融数据库。

我们将 2009 ~ 2015 年期间各年度样本数据代入式（10）进行回归分析，得到表 2 给出的全样本回归结果。全样本回归结果显示，模型调整的 R^2 为 0.672，且 DAC、NDAC、CFO 等变量在 5% 显著性水平下均能通过 F 检验，模型拟合程度较好。依据上述分析，我们得到如下结论：调控性应计利润与非调控性应计利润对股价收益率均存在正向影响。因此，接受盈余管理程度与股票价格存在正相关性的原假设。但是，经营活动现金净流量与股价收益率则呈现负相关关系。此外，相对于调控性应计利润而言，非调控性应计利润对股价收益率的影响程度更大。有效性检验表明，盈余管理对公司股价具有显著的调控性，盈余管理方向与公司股价变动方向呈现同向性，盈余管理程度与公司股价变动幅度呈现正相关性。

表 2　　全样本回归结果

变量名	回归系数	标准误	T 值	P 值
调控性应计利润 DAC	0.101	0.007	13.510	0.000
非调控性应计利润 NDAC	0.530	0.101	5.222	0.000
经营性现金净流量 CFO	-0.292	0.081	-3.604	0.000
模型调整的 R^2	0.672			
模型回归标准误	0.08291			

（三）进一步趋势性检验

为进一步揭示盈余管理对公司股价调控的动态趋势，我们需要进行趋势性检验。我们以 2009 ~ 2015 年期间各年度的全样本数据为基础，将全样本数据划分为两个时间段进行分样本检验及对比分析，其中：时间段 1 的样本时间区间为 2009 ~ 2012 年，以符号 CFO1、DAC1、NDAC1 分别表示时间段 1 对应的经营性现金净流量、调控性应计利润与非调控性应计利润；时间段 2 的样本时间区间为 2013 ~ 2015 年，以符号 CFO2、DAC2、NDAC2 分别表示时间段 2 对应的经营性现金净流量、调控性应计利润与非调控性应计利润。

我们将时间段 1（2009 ~ 2012 年）的样本数据进行回归分析，发现 DAC1 与 NDAC1 两个变量在 5% 显著性水平下均能通过 F 检验，但 CFO1 变量在 10% 显著性水平下无法通过 F 检验。对此，我们剔除 CFO1 变量后重新进行回归分析，得到表 3 给出的时间段 1 的回归结果。时间段 1 的回归结果显示，DAC1、NDAC1 两个变量在 5% 显著性水平下均能通过 F 检验，且模型拟合程度较好，达到 59.1%。

表 3　　　　时间段 1 的分样本回归结果

变量名	回归系数	标准误	T 值	P 值
调控性应计利润 DAC1	0.053	0.020	2.655	0.008
非调控性应计利润 NDAC1	0.635	0.169	3.756	0.000
模型调整的 R^2	0.591			
模型回归标准误	0.09591			

我们再将时间段 2（2013～2015 年）的样本数据进行回归分析，得到表 4 给出的时间段 2 的回归结果。时间段 2 的回归结果显示，DAC2、NDAC2、CFO2 等变量在 5% 显著性水平下均能通过 F 检验，且模型拟合程度较好，达到 80.3%。

表 4　　　　时间段 2 的分样本回归结果

变量名	回归系数	标准误	T 值	P 值
调控性应计利润 DAC2	0.115	0.006	18.235	0.000
非调控性应计利润 NDAC2	0.555	0.102	5.462	0.000
经营性现金净流量 CFO2	-0.393	0.085	-4.622	0.000
模型调整的 R^2	0.803			
模型回归标准误	0.06100			

上述分样本回归结果显示，两个时间段内，调控性应计利润与非调控性应计利润对股价收益率均存在正向影响，该结论与有效性检验结论完全一致。对此，说明盈余管理对公司股价调控性结论具有很好的稳健性。此外，通过比较两个时间段的回归结果，我们得到如下结论：调控性应计利润与非调控性应计利润对公司股价的正值系数呈现增大趋势，非调控性应计利润的正值系数呈现下降趋势，经营性现金净流量的系数由零降为负值。趋势型检验表明：盈余管理对公司股价的调控强度呈现加剧态势，而反映公司真实盈余水平的非调控性应计利润与经营性现金净流量对公司股价影响却呈现逐步减弱态势。

五、结论与建议

（一）研究结论

（1）理论研究表明，控股股东对会计盈余信息的调控性披露是实现盈余管理的基本路径。一旦控股股东存在持股份额高位减持动机，则控股股东促使公司形成正向盈余管理决策，通过灵活选择调控性披露路径来增大公司当期盈余水平，由此引发公司股价大幅上涨，从而实现盈余管理对公司股价的正向调控目标。此外，若控股股东存在低价增持公司股份动机及需求，则控股股东促使公司形成负向盈余管理决策，通过灵活选择调控性披露路径来降低公司当期盈余水平，由此引发公司股价大幅下跌，从而实现盈余管理对公司股价的负向调控目标。

（2）有效性检验表明，调控性应计利润与非调控性应计利润对股价收益率均存在正向影响，经营活动现金净流量与股价收益率则呈现负相关关系。此外，相对于调控性应计利润而言，非调控性应计利润对股价收益率的影响程度更大。盈余管理对公司股价具有显著的调控性，盈余管理方向与公司股价变动方向呈现同向性，盈余管理程度与公司股价变动幅度呈现正相关性。

（3）趋势性检验表明，调控性应计利润与非调控性应计利润对公司股价的正值系数呈现增大趋势，非调控性应计利润的正值系数呈现下降趋势，经营性现金净流量的系数由零降为负值。对此，盈余管理对公司股价的调控强度呈现加剧态势，而反映公司真实盈余水平的非调控性应计利润与经营性现金净流量对公司股价影响却呈现逐步减弱态势。此外，两个时间段内，调控性应计利润与非调控性应计利润对股价收益率均存在正向影响，该结论与有效性检验结论完全一致，说明该结论具有很好的稳健性。

（二）政策建议

（1）规范上市公司会计信息披露制度，制约上市公司对盈余水平的自主调整权限，以此来约束盈余管理程度，从而降低盈余管理对上市公司股价的调控性影响。具体措施主要包括：明确约定收入与费用的确认时点；通过修正会计准则来合理约定会计估计方法；建立基于价格公允的关联交易监控机制，以抑制及制约控股股东通过盈余管理对股价的调控性来实现其侵占上市公司利益的动机及行为；科学界定盈余水平所涉及的非经常性损益项目；建立控股股东与公司高管对会计信息真实性的联合保证制度。

（2）建立第三方独立审计机构对上市公司盈余信息的无保留解读制度，发挥第三方独立审计机构对上市公司盈余信息的无保留解读，以此来提升投资者对上市公司真实盈余信息的识别能力，从而引导投资者进行理性投资，进而降低盈余管理对上市公司股价的调控效应。具体措施主要包括：建立上市公司会计信息的无关联审计制度，强化审计机构的独立性；建立审计师对上市公司盈余信息的跟踪分析制度，并对盈余解读结果进行公开披露及实时更新；推行审计机构对上市公司盈余解读的无保留保证制度；实施审计机构对上市公司盈余信息误读的失信惩戒制度，以此来提升审计机构对盈余信息的解读质量。

（3）优化上市公司股权结构，建立多元化的公司决策机制，以此来降低控股股东对上市公司经营决策的控制能力，从而制约上市公司盈余管理的动机及行为。同时，规范上市公司控股股东的持股行为，建立控股股东增减持交易清单的实时披露制度，以此来制约控股股东对公司股价的调控性。具体措施主要包括：推行战略投资者持股制度，以此来优化上市公司股东持股结构；规范上市公司决策机制，提升上市公司治理水平；建立控股股东增减持股份的大宗交易制度；推行控股股东增减持交易数量与交易价格的公示制度，对非公允交易价格的控股股东增减持行为进行严厉惩戒。

（4）提升证券市场监管职能，建立上市公司股价异动的监测与预警机制，一旦监测到上市公司股价变动超越事先设定的阈值，则实时发出预警信号。同时，实施个股熔断机制，要求上市公司定期公告盈余信息，以此来制约上市公司股价的进一步异动，从而降低盈余管理对上市公司股价的调控幅度。具体措施主要包括：建立上市公司股价异动的监测与预警系统；设计基于差异化阈值的上市公司股价熔断机制；推行股价异动预警公司盈余信息的定期披露制度。

（5）推行控股股东长期持股制度，在关联交易、资产重组、再融资、资本所得税等层面建立控股股东长期持股的激励机制，以此来提升长期持股意愿及降低盈余管理动机。同时，建立投资者教育体系，引导投资者注重上市公司盈余水平的长期持续性，以此来降低投资者追逐短期盈余变动引发的追涨杀跌意愿，从而有助于抑制及降低盈余管理对上市公司股价的调控动机及幅度。具体措施主要包括：控股股东满足持股期限的上市公司在关联交易、资产重组方面可获得一定的优先权；控股股东满足持股期限的上市公司可获得定向增发、公开增发、配股、发行企业债等方面的再融资豁免权；满足持股期限的控股股东转让股份所获得的资本所得收益享有税收减免权；建立基于价值理念与风险意识双重功能的投资者教育体系。

参考文献

1. 蔡春、谢柳芳、马可哪呐:《高管审计背景、盈余管理与异常审计收费》,载于《会计研究》2015 年第 3 期。

2. 蔡利、毕铭悦、蔡春:《真实盈余管理与审计师认知》,载于《会计研究》2015 年第 11 期。

3. 邓川:《审计师变更方向、盈余管理与市场反应——基于公司在内资审计师之间变更的研究》,载于《中国工业经济》2011 年第 11 期。

4. 顾海峰:《股权关联性、增发认购选择权与上市公司财富效应》,载于《经济学(季刊)》2014 年第 4 期。

5. 龚启辉、吴联生、王亚平:《两类盈余管理之间的部分替代》,载于《经济研究》2015 年第 6 期。

6. 何威风:《高管团队垂直对特征与企业盈余管理行为研究》,载于《南开管理评论》2015 年第 1 期。

7. 姜付秀、朱冰、唐凝:《CEO 和 CFO 任期交错是否可以降低盈余管理?》,载于《管理世界》2013 年第 1 期。

8. 李春涛、宋敏、张璇:《分析师跟踪与企业盈余管理——基于中国上市公司的证据》,载于《金融研究》2014 年第 7 期。

9. 廖冠民、张广婷:《盈余管理与国有公司高管晋升效率》,载于《中国工业经济》2012 年第 4 期。

10. 刘慧龙、王成方、吴联生:《决策权配置、盈余管理与投资效率》,载于《经济研究》2014 年第 8 期。

11. 陆正飞、王鹏:《同业竞争、盈余管理与控股股东利益输送》,载于《金融研究》2013 年第 6 期。

12. 罗琦、王悦歌:《真实盈余管理与权益资本成本——基于公司成长性差异的分析》,载于《金融研究》2015 年第 5 期。

13. 孙光国、刘爽、赵健宇:《大股东控制、机构投资者持股与盈余管理》,载于《南开管理评论》2015 年第 5 期。

14. 向寿生、薛小荣:《财务型独董对盈余管理的影响研究》,载于《统计与信息论坛》2016 年第 10 期。

15. 王克敏、刘博:《公开增发业绩门槛与盈余管理》,载于《管理世界》2012 年第 8 期。

16. Ball, R. and Shivakumar, L., 2006, The Role of Accruals in Asymmetrically Timely Gain and Loss Recognition, *Journal of Accounting Research*, NO. 2, pp. 207 – 242.

17. Bernard, V. L. and Stober, T. L., 1989, The Nature and Amount of In-

formation in Cash Flows and Accruals, *The Accounting Review*, NO. 64, pp. 624 - 652.

18. Cahan, S. F., 1992, The Effect of Antitrust Investigations Discretionary Accruals: A Refined Test of The Political-cost Hypothesis, *Accounting Review*, NO. 1, pp. 77 - 95.

19. Deangelo, L., 1986, Accounting Numbers as Market Valuation Substitutes: A Study of Management Buyouts of Public Stockholders, *The Accounting Review*, NO. 3, pp. 400 - 420.

20. Dechow, P. M., Sweeney, A. and Sloan, R., 1995, Detecting Earnings Management, *Accounting Review*, NO. 2, pp. 193 - 225.

21. Dechow, P. M. and Dichev, I. D., 2002, The Quality of Accruals and Earnings: The Role of Accrual Estimation Errors, *Accounting Review*, NO. 4, pp. 35 - 39.

22. Dechow, P. M., Richardson, S. A. and Tuna, I., 2003, Why Are Earnings Kinky? An Examination of The Earnings Management explanations, *Review of Accounting Studies*, NO. 2, pp. 355 - 392.

23. Healy, P. M., 1985, The effect of Bonus Schemes on Accounting Decisions, *Journal of Accounting and Economics*, NO. 7, pp. 85 - 107.

24. Holthausen, R. W., Lacker, D. F. and Sloan, R. G., 1995, Annual Bonus Schemes and The Manipulation of Earnings, *Journal of Accounting and Economics*, NO. 2, pp. 9 - 74.

25. Jones, J., 1991, Earnings Management During Import Relief Investigations, *Journal Accounting Research*, NO. 8, pp. 90 - 228.

26. Kothari, S. P., Leoneetal, A. J. and Wasley, C. E., 2005, Performance Matched Discretionary Accrual Measures, *Journal of Accounting and Economics*, NO. 1, pp. 63 - 197.

27. Mcnichols, M. F., 2000, Research Design Issues in Earnings Management Studies, *Journal of Accounting and Public Policy*, NO. 19, pp. 13 - 345.

28. Sloan, R., 1996, Do Stock Prices Fully Reflect Information in Accruals and Cash Flows about Future Earnings, *The Accounting Review*, NO. 71, pp. 289 - 315.

29. Sweeney, A. P., 1994, Debt-covenant Violations and Managers Accounting Responses, *Journal of Accounting and Economies*, NO. 5, pp. 220 - 243.

30. Xie, H., 2001, The Mispricing of Abnormal Accruals, *The Accounting Review*, NO. 76, pp. 357 - 373.

Information Disclosure Institution, Earnings Management and Transaction of Companies Stock Price

——Based on Judy of Listed Companies from Chinese Manufacturing Industry

GU Haifeng ZHANG Jing

(Glorious Sun School of Business and Management of Donghua University, 200051)

GAO Han

(Applied Economics Post-doctoral Station of Peking University, 100871)

[**Abstract**] This paper analyses inner mechanism to information disclosure, earnings management and transaction of companies stock price, on basis of which, it gives the empirical research on effectiveness and trend of earnings management leading to transaction of companies stock price by selecting 2007 –2015 year sample data from listed companies of Chinese manufacturing industry and constructing systematically modified Jones model and stock price driven model. This research result shows that: (1) Companies controlling shareholder's applying to earnings management by manipulative disclosure to earnings information, which fulfills the goal of stock price manipulation by controlling companies decision-making. (2) Earnings management has a significant manipulation to stock price of listed companies. The direction of earnings management is familiar to the direction of stock price changing, and the degree of earnings management is positively correlated with the degree of stock price changing. (3) Manipulation intensity of earnings management to stock price shows an increasing trend, and non-manipulative accrual and operating cash flow both show a gradually weakening trend.

[**Key Words**] Information Disclosure Earnings Management Transaction of Companies Stock Price Modified Jones Model Stock Price Driven Model

JEL Classifications: G31 G18 C61

融券卖空对我国上市公司非效率投资的影响研究

——基于双重差分模型的检验

韦 祎 杨 红*

【摘 要】本文以我国 2010 年实施的融资融券业务为背景，使用 2011 ~2016 年上市公司数据，采用双重差分模型，实证研究融券卖空交易机制对上市公司的非效率投资行为的影响。研究发现，投资者能够准确识别公司的负面消息并进行卖空交易，使卖空制度能够发挥其外部治理效用。当公司的董事长和总经理存在监督关系时，卖空机制的引入可以有效约束公司的过度投资行为；相比之下，对于董事长和总经理之间是相互共生关系的公司，卖空机制的引入在约束投资不足行为的同时也促进了过度投资现象的发生。在此基础上，通过改变实验的实施时间来进行稳定性检验，发现上述结论依然成立。因此开展卖空交易、放松卖空管制有助于纠正公司投资行为，优化公司资源配置，完善公司治理体系。

【关键词】**融券卖空 非效率投资 双重差分**

中图分类号：**F380.91** 文献标识码：**A**

一、引 言

融资融券业务是证券公司向客户出借资金供其买入证券或者借出证券供

* 韦祎，新疆农业大学经济与贸易学院；地址：（830052）新疆维吾尔自治区乌鲁木齐市沙依巴克区新疆农业大学；E-mail：973527148@ qq. com. 杨红（通信作者），新疆农业大学经济与贸易学院教授；地址：（830052）新疆维吾尔自治区乌鲁木齐市沙依巴克区农大东路 311 号行政大楼教务处；E-mail：275004663@ qq. com。

其卖出，并由客户交存相应担保物的经营活动①。目前世界上大多数成熟市场和新兴市场都允许进行卖空交易。我国证券市场于 2010 年 3 月 31 日起接受券商的融资融券交易申报，这标志着我国的融资融券业务正式进入市场操作阶段。放松卖空限制，即允许投资者融券卖空可以充分发挥股票市场上信息的发现功能和提高股票的定价效率。融资融券业务发展至今，关于卖空机制的研究引起了学术界的广泛关注。

早在 1977 年米勒（Miller）就在其研究中指出，股票市场上的卖空限制会使上市公司的负面信息难以及时反映到公司股价中去，造成公司股票价格的虚高。而放松卖空管制之后，融券卖空交易可以较大程度地挤出公司股价中的泡沫，股票价格得以回归公司应有的水平。基于非效率投资（inefficient investment）角度，在放松卖空管制之后，对于进入融资融券标的名单的公司，当公司的业绩表现较差或面对的投资机会不佳时，管理层出于自身利益或其他原因的考虑不及时实施业务、管理改革，不调整投资策略、规模，那么市场上潜在的投资者会依据此负面消息融券卖空该公司股票，致使公司股价下跌，造成股东的财产损失，大小股东出于对自身财富的考虑，会主动监督公司的管理层，督促他们采取措施避免产生非效率投资行为。所以融券卖空政策的实施，使得公司的负面消息及时融入公司股价之中，挤出价格泡沫，使股价回归公司的真实价值，并且会减少股东与管理层、大股东与小股东之间的信息不对称，使管理者投资决策更加注重股东的利益最大化和公司的价值提升。

目前国内外学者对融券卖空机制的研究和实证分析集中在股票的股价高估、定价效率、收益分布和特质性波动等方面，并得出了不同的结论（Bris et al.，2007；Chang et al.，2007；周春生，2005；廖士光，2006；许红伟、陈欣，2012；Chang et al.，2014；陈道轮，2014；肖浩、孔爱国，2014；李科，2014；李志生，2015）。但是，仅有少数学者考察了卖空制度与非效率投资（inefficient investment）之间的关系，相继提出了“股权融资渠道”理论和“迎合渠道”理论。“股权融资渠道”理论认为股价的上涨或下跌会导致企业融资成本的降低或升高，进而影响到企业可用以投资的融资数量。贝克（Baker，2003）通过对 1980 ~ 1999 年美国公司非平衡面板数据的研究验证了“股权融资渠道”理论，同时也发现投资者情绪会最终影响企业的投资情况。俞鸿琳（2011）根据 1998 ~ 2009 年我国 A 股上市公司的数据，使用改进后的 Q 投资理论模型研究发现被高估的股价会通过“股权融资渠道”影响该公司的投资行为。“迎合渠道”理论认为，由于股票市场上普遍存在着各种信息不对称的情况，外部的潜在投资者很难通过传统渠道获得目标公司的信息，

① 此为国务院 2008 年 4 月 23 日颁布的《证券公司监督管理条例》中列出的“融资融券”的定义。

只能通过观察该公司的投资、发放现金股利等行为来判断企业价值。波尔克和萨皮恩泽尔（Polk and Sapienza，2009）用可操纵性应计利润代替价格误差，使用1963～2000年美国上市公司的面板数据进行研究验证了“迎合渠道”理论，他们发现美国上市公司确实会为了抬高股价而进行更多的投资。投资者通过这种判断作出的投资行为会影响短期的股票价格，且企业的股票价格下跌会对管理者形成一种外部治理压力，促使管理者为了提高股价而进行更多的投资。其他方面，陈晖丽、刘峰（2014）使用2006～2012年沪深A股上市公司的面板数据，通过双重差分模型研究发现融券卖空政策显著降低了公司的应计和真实盈余管理，表示卖空机制在我国资本市场上可以抑制管理层的机会主义行为，且通过大股东的监督来迫使管理层缩减投资以应对变差的投资机会。靳庆鲁、侯青川（2015）从放松卖空管制与公司投资决策和价值创造之间的关系切入，使用2007～2014年沪深A股上市公司面板数据，建立双重差分模型进行研究发现了同样的结论。袁鲲、武梓杨（2018）使用2006～2015年我国A股上市公司面板数据，建立双重差分模型进行研究发现卖空机制对于治理程度、盈余管理处于较高水平的公司的投资效率影响显著。王蕾茜、邹辉文（2018）使用2007～2016年A股上市公司的面板数据，建立混合回归模型和Logit模型研究发现卖空交易者能够识别出存在盲目投资行为的公司，且融资融券机制通过“自律效应”“霍桑效应”确实降低了公司出现严重过度投资的概率，但“反馈效应”的抑制作用不明显。

不难看出，以上学者对于卖空机制的研究主要集中在两方面：一是以盈余管理为切入点研究融券卖空机制与公司投资行为的关系，二是使用双重差分法（DID）进行实证研究的模型的构建和应用。然而，学者们在分析过程中忽视了以下两点内容：（1）在建立双重差分模型时，融资融券政策的实施虽然是可以看作是自然实验，但是仍不能保证实验样本选取的随机性，所以仍然需要进行双重差分法的适用性检验；（2）投资行为的实施主体是公司的管理层，管理层的结构也会对投资决策产生重要影响，单纯以盈余管理作为研究的切入点不能有效地解释卖空机制与投资行为之间的关系。

本文使用2011～2016年我国A股上市公司的面板数据，深入分析了融券卖空机制对公司非效率投资的影响程度。（1）采用理查森（Richardson，2006）提出的投资估计模型对公司非效率投资进行测算，其中将构建固定资产、无形资产和其他长期资产支付的现金＋取得子公司及其他营业单位支付的支付净额－处置固定资产、无形资产和其他长期资产支付的现金－处置子公司及其他营业单位支付的现金净额所得结果作为总投资，固定资产折旧＋无形资产摊销＋长期待摊销费用摊销所得结果作为公司的维持性投资，使得对新增投资的度量更符合理查森的原意；（2）采用Logit模型和公司非效率投资的走势图验证双重差分模型的适用性，以确保本研究的样本选择符合随机性；（3）选择了5个企业特征变量和5个企业管理变量作为本研究的控制变量，兼顾了公司实际运营表现和管理层结构特征，使回归结果与现实更接近，（4）将样本公司根据实际投资水平和治理结构特征进行分类，充分讨论卖空机制与不同特征的公司非效率投资之间的关系。

本文其余部分内容安排如下：第二部分介绍本文使用的数据并构建投资估算模型用以测度公司非效率投资；第三部分验证了双重差分模型在本研究中的适用性，构建了实证分析的双重差分模型；第四部分给出了实证估计结果，并进行了详细分析；第五部分给出了研究结论，并提出了政策建议。

二、数据说明与非效率投资的度量

（一）样本选择与数据来源

本文以2014沪深两市新加入融券卖空名单的225家上市公司作为研究对象，剔除金融行业、被ST以及PT、观测值缺失的上市公司。本文采用双重差分法进行检验，以2014年新加入融资融券标的名单的公司为实验组，同时根据实验组公司的行业、公司规模、公司业绩，为实验组中的每家公司选择一家对照公司。选择标准如下：（1）未进入融资融券标的证券名单；（2）与标的公司处于同一行业；（3）选取的对照公司的资产规模与标的公司的资产规模差距在±20%以内；（4）在满足以上条件的基础上与标的公司的资产收益率最为接近；（5）2011～2016年的数据完整。剔除数据缺失的对照公司和找不到对照公司的标的公司之后，本文融券卖空研究的公司样本容量为172家。本文所有数据均来自国泰安数据库，数据处理、统计分析和回归检验采用Excel 2016、STATA 12软件完成。

（二）非效率投资度量模型

理查森（2006）提出了投资估算模型，将总投资 I_{Total} 区分成两部分：本年度公司的维持性投资 $I_{Maintance}$ 和本年度新增的投资 I_{New}，且 I_{New} 也可以分解成两部分：本年度预期新增投资额 $I^{*}_{New,t}$ 和预期外新增投资额 $I^{\varepsilon}_{New,t}$。

参照徐永涛（2016）研究中对于总投资和维持性投资的度量方式：

$I_{Total,t}$ = 构建固定资产、无形资产和其他长期资产支付的现金 + 取得子公司及其他营业单位支付的支付净额 - 处置固定资产、无形资产和其他长期资产支付的现金 - 处置子公司及其他营业单位支付的现金净额。

$I_{Maintance,t}$ = 固定资产折旧 + 无形资产摊销 + 长期待摊销费用摊销。即维持企业经营性资产正常运转的必要费用。

$I_{New,t}$ = 总投资 - 维持性投资，即 $I_{Total,t} - I_{Maintance,t}$。

本文借鉴理查森的投资估算模型以及李云鹤（2014）研究结果，采用模型（1）对样本进行回归分析：

$$I_{New,t} = \alpha + \beta_1 Growth_{i,t-1} + \beta_2 Lev_{i,t-1} + \beta_3 Cash_{i,t-1} + \beta_4 Age_{i,t-1} + \beta_5 Ret_{i,t-1} + \beta_6 Size_{i,t-1} + \beta_7 I_{New,i,t-1} + \sum Year + \sum Industry + I^{\varepsilon}_{New,i,t} \quad (1)$$

模型（1）的因变量为本年度新增投资 $I_{New,t}$，自变量包括上一年度的企业成长机会 $Growth_{i,t-1}$、公司资产负债率 $Lev_{i,t-1}$、现金持有水平 $Cash_{i,t-1}$、上市年限 $Age_{i,t-1}$、股票回报率 $Ret_{i,t-1}$、公司规模 $Size_{i,t-1}$ 以及上一年度的企业新增投资额 $I_{New,i,t-1}$、Year 和 Industry 分别为年度和行业虚拟变量。回归拟合后的残差即为实际新增投资额与预期新增投资额的差值，即预期外的新增投资额 $I^{\varepsilon}_{New,t}$，以此来衡量该公司的非效率投资水平。实际值与预期值的差为正时，企业存在投资过度（$Overinvest_{i,t}$），用模型（1）回归后 >0 的残差来表示；实际投资额与预期投资额的差为负时，企业存在投资不足（$Underinvest_{i,t}$），用模型（1）回归后 <0 的残差的绝对值表示。各变量具体定义及描述性统计详见表 1、表 2。

表 1　　　　模型（1）变量一览表

变量符号	变量名称	定义
$I_{New,t}$	本年度新增投资额	t 年度的总投资 - 维持性投资的差额
$Growth_{i,t-1}$	营业收入增长率	t - 1 年度的企业成长机会
$Lev_{i,t-1}$	资产负债率	t - 1 年度的公司资产负债率
$Cash_{i,t-1}$	公司自由持有水平	t - 1 年度的公司货币资金/总资产
$Age_{i,t-1}$	公司上市年限	截至 t - 1 年度的公司上市时间，单位：年
$Ret_{i,t-1}$	股票回报率	t - 1 年度的不考虑现金红利再投资的年个股回报率
$Size_{i,t-1}$	公司规模	t - 1 年度末的公司总资产的自然对数
$I_{New,i,t-1}$	上年度新增投资额	t - 1 年度的总投资 - 维持性投资的差额
$I^{\varepsilon}_{New,i,t}$	预期外新增投资额	模型（1）回归结果的残差值
Year	年度虚拟变量	
Industry	行业虚拟变量	

表 2　　模型（1）描述性统计

变量	样本容量	平均值	最小值	最大值	标准差
$I_{New,t}$	1032	208000000	-1450000000	9940000000	638000000
$Growth_{i,t-1}$	1032	2.168059	-3.175423	602.4741	28.2752
$Lev_{i,t-1}$	1032	0.5164676	0.025194	29.454	0.9475
$Cash_{i,t-1}$	1032	0.175407	0.0011992	1	0.1754
$Age_{i,t-1}$	1032	12.02132	1	25	5.9346
$Ret_{i,t-1}$	1032	0.2191583	-0.664749	3.655172	0.5403
$Size_{i,t-1}$	1032	22.22727	13.07597	25.0133	1.0289
$I_{New,i,t-1}$	1032	216 000 000	-1 450 000 000	9 940 000 000	646 000 000

三、研究设计

（一）双重差分方法适用性检验

双重差分法的适用需要满足两个条件：一是要保证政策所选取的目标范围是随机的，即政策的实施是外生的；二是要有一个相似的参照组，即实验组和对照组在政策实施之前具有相近似的特征。

条件一：融券卖空的标的证券的选取是否具有随机性。

2010 年 3 月 31 日融券卖空交易在上海证券交易所、深圳证券交易所正式启动之后的若干年，每年都有新的上市公司进入融券卖空标的名单，同时也有上市公司被剔除标的名单。分不同批次不同时间实施融券卖空政策可以认为这是一种“自然实验”，在一定程度上缓解了内生性问题。

本文采用 Logit 二元选择模型来检验“融券卖空制度”的标的公司选择标准，样本为 2010～2013 年实行融券卖空交易制度之前的各上市公司数据，以“是否被要求进行融券卖空业务”为因变量，同时选择可能导致某公司被要求进行融券卖空业务的实际控制人（Owner）、公司总市值（GMV）、公司利润（Profit）为解释变量。如果一个公司的非效率投资水平的高低影响该公司进入融券卖空标的名单，就会产生内生性问题，因此额外选择“非效率投资水平”（Inveff）作为是否影响选择标准的因素。回归结果如表 3 所示。

表 3　　二元选择模型回归结果

变量	回归系数	P 值	Z 值	标准误
Owner	-0.5955	0.072	-1.80	0.3310
GMV	0.0002	0.001	-1.69	0.0004
Profit	-0.0006	0.091	3.40	0.0000
Inveff	0.0003	0.487	0.70	0.0004
C	0.7644	0.001	3.23	0.2369

从回归结果中可以看出，公司总市值（GMV）的系数是在1%的水平上显著为正，实际控制人性质（Owner）、公司利润（Profit）的系数都是在10%的水平上显著为负，这说明非国有控股公司、总市值越高、利润越小的上市公司更容易被选入融券卖空标的公司名单。但是公司的非效率投资水平（Inveff）的回归系数并不显著，说明政府挑选进入融券卖空名单的标的公司时并不会以该公司的非效率投资水平的高低作为依据。因此本研究的样本选择符合随机性，满足双重差分模型的第一个适应性条件。

条件二：实验组与对照组在“融券卖空”政策实施之前非效率投资水平是否有相同走势。

实验组和对照组上市公司2010~2013年的非效率投资水平走势如图1所示，从图中可以看出实验组的非效率投资水平始终低于对照组，虽然存在差异，但是在融券卖空政策实施之前实验组与对照组的非效率投资水平的走势相同，依然满足双重差模型的第二个适用性条件，同时该对照组也是适合实验组的对照组。

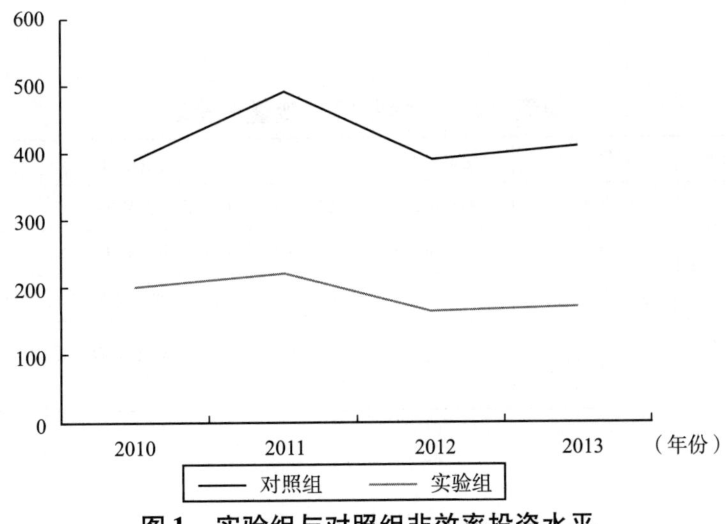

图 1　实验组与对照组非效率投资水平

经过检验，本研究满足双重差分模型的运用条件。

（二）研究模型

根据研究假设，本文采用双重差分模型（2）、（3）来检验融券卖空政策对于上市公司非效率投资的影响。

$$\begin{aligned} Overinvest_{i,t} = {} & \beta_0 + \beta_1 List_{i,t} + \beta_2 Post_{i,t} + \beta_3 List_{i,t} * Post_{i,t} + \beta_4 Owner_{i,t} \\ & + \beta_5 Size_{i,t} + \beta_6 Cash_{i,t} + \beta_7 ROA_{i,t} + \beta_8 Lev_{i,t} + \beta_9 Age_{i,t} \\ & + \beta_{10} Dual_{i,t} + \beta_{11} Dsize_{i,t} + \beta_{12} Indpd_{i,t} + \beta_{13} MstkHd_{i,t} \\ & + \beta_{14} Compensation_{i,t} + \sum Year + \sum Industry + \varepsilon_{i,t} \end{aligned} \quad (2)$$

$$\begin{aligned} Underinvest_{i,t} = {} & \lambda_0 + \lambda_1 List_{i,t} + \lambda_2 Post_{i,t} + \lambda_3 List_{i,t} \times Post_{i,t} + \lambda_4 Owner_{i,t} \\ & + \lambda_5 Size_{i,t} + \lambda_6 Cash_{i,t} + \lambda_7 ROA_{i,t} + \lambda_8 Lev_{i,t} + \lambda_9 Age_{i,t} \\ & + \lambda_{10} Dual_{i,t} + \lambda_{11} Dsize_{i,t} + \lambda_{12} Indpd_{i,t} + \lambda_{13} MstkHd_{i,t} \\ & + \lambda_{14} Compensation_{i,t} + \sum Year + \sum Industry + \varepsilon_{i,t} \end{aligned} \quad (3)$$

其中被解释变量分别为过度投资（$Overinvest_{i,t}$）和投资不足（$Underinvest_{i,t}$），解释变量为是否进入卖空名单与卖空政策实施前后的交互项（$List_{i,t} \times Post_{i,t}$）。借鉴詹森（Jensen，1986）、理查森（2006）以及李云鹤（2014）等人的研究，本文选择的控制变量包括可能影响公司非效率投资的企业特征变量和公司治理变量：股权性质（$Owner_{i,t}$）、公司规模（$Size_{i,t}$）、自由现金流（$Cash_{i,t}$）、总资产报酬率（$ROA_{i,t}$）、资产负债率（$Lev_{i,t}$）、上市年龄（$Age_{i,t}$）以及领导结构（$Dual_{i,t}$）、董事会规模（$Dsize_{i,t}$）、董事会独立性（$Indpd_{i,t}$）、管理层持股数（$MstkHd_{i,t}$）、高管薪酬（$Compensation_{i,t}$），添加年度虚拟变量（Year）和行业虚拟变量（Industry）。各变量的说明定义详见表4。

表4　　模型（2）、模型（3）变量一览表

变量类别	变量名称	变量符号	变量定义
被解释变量	过度投资	Overinvest	模型（1）大于0的回归残差
	投资不足	Underinvest	模型（1）小于0的回归残差
解释变量	融券卖空名单	List	是融券卖空标的公司则该变量取1，否则取0
	融券卖空时点	Post	样本时间在融券卖空政策实施之后则该变量取1，否则取0

续表

变量类别		变量名称	变量符号	变量定义
控制变量	企业特征变量	股权性质	Owner	实际控制人为国家股、国有法人股的公司则该变量取1，否则取0
		公司规模	Size	公司总资产的自然对数
		自由现金流	Cash	（折旧前的营业性利润 - 税收总额 - 负债利息总额 - 优先股利 - 普通股利）/总资产
		资产报酬率	ROA	净利润/平均资产总额
		资产负债率	Lev	债务总额/资产总额
		上市年龄	Age	到t年为止，该公司的上市年龄
	公司治理变量	董事高管合谋	Dual	董事长总经理两职合一或两职分离且总经理持股时该变量取1，否则取0
		董事会规模	Dsize	公司董事会总人数的自然对数
		董事会独立性	Indpd	独立董事在董事会的占比
		管理层持股数	MstkHd	管理层持股数量占总股本的比例
		高管薪酬	Compensation	高管前三名的薪酬总额
		年度虚拟变量	Year	某一年份取值1，同时其他年份取值0
		行业虚拟变量	Industry	某一行业取值1，同时其他行业取值0

对模型（2）和模型（3）进行回归，如果模型（2）的交互项（$List_{i,t} \times Post_{i,t}$）的回归系数 $\beta_3 < 0$，则认为融券卖空机制对过度投资具有抑制作用，如果 $\beta_3 > 0$，则认为融券卖空机制非但没能抑制过度投资，反而起到了引起过度投资的作用。同理，模型（3）中的 λ_3 为负则表示融券卖空机制改善了投资不足现象，λ_3 为正表示融券卖空使得公司的投资不足现象更加严重。

此外，本文研究样本区分为投资过度组和投资不足组，遂分别对两组进行描述性统计，结果如表5所示。描述性统计的结果显示，存在过度投资的企业与存在投资不足的企业二者存在相近似的公司规模、董事会规模，但投资不足企业的自由现金流水、资产收益率和管理层持股水平的平均值明显低于投资过度的企业，而资产负债率的均值却高于投资过度企业，其余变量两组差异大，说明投资过度的企业拥有较高的自由现金流和良好的收益水平，投资不足企业则存在较高的债务问题。

表 5　　描述性统计结果

	变量	样本容量	最小值	最大值	平均值	标准差
投资过度企业	Overinvest	446	1 585 808	9 450 000 000	279 000 000	6 000 000
	Size	446	17. 01851	25. 061	22. 347	1. 003
	Cash	446	-16 900 000 000	11 800 000 000	7 470 000 000	2 170 000 000
	Lev	446	0. 038	1. 806	0. 479	0. 207
	ROA	446	-0. 453	22. 005	0. 089	1. 041
	Dsize	446	0	2. 708	2. 171	0. 216
	Indpd	446	0	0. 600	0. 365	0. 051
	MstkHd	446	0	0. 748	0. 064	0. 157
	Compensation	446	300 000	2. 16e+07	1 943 060	1 620 684
投资不足企业	Underinvest	586	-1 790 000 000	-523 928. 4	-196 000 000	217 000 000
	Size	586	20. 081	25. 0133	22. 397	0. 930
	Cash	586	-14 000 000 000	16 400 000 000	506 000 000	1 810 000 000
	Lev	586	0. 401	1. 201	0. 482	0. 194
	ROA	586	-0. 326	0. 493	0. 035	0. 056
	Dsize	586	0	2. 708	2. 168	0. 201
	Indpd	586	0	0. 600	0. 366	0. 053
	MstkHd	586	0	0. 748	0. 055	0. 134
	Compensation	586	242 400	1. 03e+07	1 901 685	1 193 777

四、实证分析

（一）回归分析

1. 基本分析

本文对模型（2）、模型（3）进行回归，结果如表6所示。模型（2）的回归结果显示变量Post的回归系数显著为正而交互项List×Post的系数不显著，这说明是否在融券卖空政策实施时点之后能显著影响公司的投资行为，政策实施后公司无论是否是融券卖空的标的公司都有过度投资的倾向，而融券卖空制度的介入并没有对公司的过度投资产生显著影响。模型（3）的回归结果与模型（2）类似，融券卖空政策实施之后，无论该公司是否融券卖空标的公司其投资不足现象都有所缓解，而融券卖空制度的介入同样没有对此产生显著影响。①融券卖空机制的作用是为了挖掘企业的负面消息，通过投资者的投机行为使股价回归其真实价值水平，但是对于资本市场上的投资者而言，公司的过度投资经常被认为是一种利好，因此投资者在做决策时不会考虑公司的过度投资行为，融券卖空机制也就不会对企业的过度投资起到应有抑制作用。②将“股权融资渠道”理论和“迎合渠道”理论结合起来看，融券卖空机制会通过股价对公司的投资行为产生正反两方面的影响。“股权融资渠道”理论分析认为融券卖空机制会降低公司的股价，增加了企业的融资成本，进而抑制了企业的投资行为；“迎合渠道”理论认为卖空机制降低公司股价后，管理层为了抬高股价而加大投资。这一正一反两种效应究竟会对公司的投资行为产生何种影响在宏观上难以体现，所以导致了统计结果上融券卖空机制对企业的非效率投资行为没有产生影响。③融券卖空机制经过多年的实施和发展，资本市场上的投资者和上市公司已经达成了某种不宜言表的默契，削弱了融券卖空机制的作用。

表 6　　　　融券卖空与投资过度、投资不足的回归结果

变量	模型（2）		模型（3）	
	回归系数	P 值	回归系数	P 值
List × Post	-99 400 000	0.275	-17 200 000	0.553
List	65 200 000	0.172	24 000 000	0.266
Post	366 000 000**	0.013	-83 900 000**	0.010
Owner	-72 000 000	0.179	28 800 000	0.158
Age	-10 500 000	0.132	3 933 366**	0.016
Size	211 000 000***	0.000	-991 000 000***	0.000
Lev	62 200 000	0.541	42 400 000	0.337
ROA	65 400 000	0.856	197 000 000	0.103
Cash	-0.079	0.123	-0.03330***	0.000
Indpd	-43 600 000	0.929	83 700 000	0.470
MstkHd	-49 500 000	0.727	73 600 000	0.172
Compensation	-8.847	0.449	14.52159**	0.035
Dsize	308 000 000**	0.032	-69 900 000*	0.075
Dual	-53 300 000*	0.081	46 556 164	0.761
Year	控制		控制	
Industry	控制		控制	

续表

变量	模型（2）		模型（3）	
	回归系数	P 值	回归系数	P 值
观测样本	412		586	
R - squared	0. 249		0. 365	
F 值	2. 37 ***	0. 002	10. 80 ***	0. 000

2. 不同实际控制人的回归分析

本文为了更细致地探究融券卖空机制对于公司非效率投资的影响，依据实际控制人、董事高管合谋情况将样本分成四组：国有控股组、非国有控股组、合谋组、监督组。通过模型（2）、模型（3）的回归结果如表7、表8所示。由表7可知，模型（2）国有控股企业的交互项 List × Post 的回归系数为正但是不显著，说明融券卖空机制不会对国有企业的过度投资行为产生影响；非国有控股企业的交互项 List × Post 的回归系数不显著，变量 Post 回归系数显著为正，说明在政府实施融资融券政策之后非国有控股企业的过度投资行为的确被抑制了，但融券卖空机制本身没有对过度投资产生影响。模型（3）回归结果显示，国有控股企业的变量 List 的回归系数显著为正，变量 Post 的回归系数显著为负，但交互项 List × Post 的回归系数不显著，说明国有控股公司在实施融券卖空政策之后投资不足行为受到了抑制，但进入融资融券标的名单之后反而加剧了，所以融券卖空机制本身未对国有控股公司的投资不足行为产生显著的影响；非国有控股企业的回归结果同模型（2）中非国有控股公司的结果，公司的实际控制人性质无论是国有控股还是非国有控股都不会影响之前的结果，即融券卖空机制没有对公司的非效率投资行为产生显著的影响。其原因与前文相同，在此不再赘述。

表7　　　　融券卖空与非效率投资：实际控制人性质

变量	模型（2）		模型（3）	
	国有控股	非国有控股	国有控股	非国有控股
List × Post	12 600 000	-116 000 000	-1 838 085	-19 200 000
List	-44 000 000	96 200 000	115 000 000 **	4 414 947
Post	196 000 000	338 000 000 **	-149 000 000 *	-66 300 000 **
Age	-6 663 338	-11 600 000	2 406 367	4 603 335 ***
Size	98 600 000 *	217 000 000 ***	-110 000 000 ***	-104 000 000 ***
Lev	486 000 000	68 700 000	-72 400 000	77 300 000

续表

变量	模型（2）		模型（3）	
	国有控股	非国有控股	国有控股	非国有控股
ROA	204 000 000	46 100 000	622 000 000	189 000 000
Cash	0.013	-0.091	-0.045***	-0.028***
Indpd	458 000 000	-2 625 675	359 000 000	83 600 000
MstkHd	22 500 000	-52 300 000	-766 000 000	72 900 000
Compensation	-59.382**	-5.379	28.295	16.984**
Dsize	-316 000 000	330 000 000**	18 900 000	-59 800 000
Dual	-81 100 000	-51 300 000	67 700 000	1 567 862
Year	控制	控制	控制	控制
Industry	控制	控制	控制	控制
观测样本	74	338	113	473
R - squared	0.268	0.269	0.561	0.329
F 值	3.67***	2.02**	4.85***	8.49***

3. 不同管理形式的回归分析

以董事高管是否存在合谋为标准将样本划分两组之后的回归结果如表 8 所示。模型（2）的回归结果中，合谋组的交互项 List × Post 的回归系数显著为正，说明融券卖空制度的引入诱发了存在董高合谋现象的公司的过度投资行为；监督组的交互项 List × Post 的回归系数显著为负，说明融券卖空机制的本身对于董事长、总经理两职分离且总经理未持股的企业的过度投资行为产生了抑制作用，符合模型（3）。模型（3）的回归结果中显示，合谋组的交互项 List × Post 回归系数显著为负，说明融券卖空机制缓解了存在董高合谋公司的投资不足现象；监督组的交互项 List × Post 回归系数为正且不显著，说明融券卖空机制对于没有董高合谋的公司的投资不足行为没有产生影响。此间原因有二：①对于董事长、总经理两职合一或两职分离且总经理持股的公司，投资不足的负面消息会因卖空机制的存在而导致公司股价下跌，股东利益受损会促使股东加大对管理层的监督，董事长与总经理的共同利益受到了威胁则会进行大量的投资活动试图抬高股价，所以在统计结果上表现为对投资不足的显著抑制。②从表 7 最后一列的数据中可以看到，变量 Post 的回归结果显著为负，说明缓解了监督组的公司的投资不足行为，但是根据“股权融资渠道”理论，股价下跌会提高公司的融资成本，即使管理者想通过投资来抬高股价也可能会因为资金缺乏而不得不放弃较好的投资项目，导致公司投资不足的情况加剧，这正反两种影响效应会对公司投资不足行为具体产生何种影响难以在宏观的统计结果中表现出来。

表 8　　　　融券卖空与非效率投资：董事高管有无合谋

变量	模型（2）		模型（3）	
	合谋	监督	合谋	监督
List × Post	178 000 000 **	-282 000 000 **	-104 000 000 **	980 341.1
List	-40 300 000	150 000 000 *	21 600 000	36 700 000
Post	26 600 000	560 000 000 **	-52 500 000	-95 000 000 **
Owner	-58 400 000	-76 700 000	7 046 533	31 400 000
Age	1 672 030	-1.59e+07	-2 065 859	6 100 018 ***
Size	125 000 000 ***	212 000 000 ***	-68 900 000 ***	-96 300 000 ***
Lev	160 000 000	60 400 000	50 400 000	40 700 000
ROA	662 000 000	255 000 000	462 000 000 **	60 900 000
Cash	-0.046 **	-0.088	-0.019	-0.033 ***
Indpd	-425 000 000	-133 000 000	92 500 000	44 200 000
MstkHd	236 000 000 *	-383 000 000 **	-103 000 000	182 000 000 ***
Compensation	-19.754	-1.206	10.781	14.037 *
Dsize	2 112 338	351 000 000 *	-54 900 000	-71 800 000
Year	控制	控制	控制	控制
Industry	控制	控制	控制	控制
观测样本	123	289	160	426
R - squared	0.312	0.263	0.282	0.388
F 值	1.90 **	2.27 ***	5.30 ***	9.95 ***

（二）稳健性分析

1. 调整样本量大小检验

融券卖空政策实施伊始，资本市场及其投资者可能会反应过度，造成实验结果的部分偏离，所以在模型（2）、模型（3）的实验样本基础上剔除上市公司成为融资融券标的公司前后两期的数据，即 2013 年、2014 年数据，再次进行回归分析，结果如表 9 所示。结果显示与前文回归结果相同，说明融券卖空机制的实施只对存在合谋或监督的上市公司的非效率投资产生显著影响，实际控制人的性质不会影响卖空机制的实施效应。

表 9　　投资过度的稳健性检验

变量	模型（2）		模型（3）	
	合谋	监督	合谋	监督
List × Post	222 000 000 **	-328 000 000 **	-204 000 000 ***	-8 863 207
List	-80 400 000	67 800 000	25 800 000	4 904 817
Post	-1 592 489	883 000 000 ***	61 300 000	-200 000 000 **
Age	2 959 927	-3 836 956	-3 879 885	7 243 776 ***
Size	130 000 000 ***	211 000 000 ***	-61 600 000 **	-86 300 000 ***
Lev	361 000 000 *	32 400 000	-23 600 000	13 500 000
ROA	554 000 000	340 000 000	246 000 000	43 900 000
Cash	-0. 0703 ***	-0. 0354 *	-0. 0209	-0. 0296 ***
Indpd	-96 500 000	453 000 000	-11 400 000	275 000 000
MstkHd	305 000 000	-196 000 000	-187 000 000	224 000 000 ***
Compensation	-23. 0506	-26. 3261	21. 6742	11. 5022
Dsize	32 700 000	388 000 000 **	-152 000 000	-91 300 000
Year	控制	控制	控制	控制
Industry	控制	控制	控制	控制
观测样本	83	185	101	286
R - squared	0. 4040	0. 3526	0. 3733	0. 3796
F 值	2. 24 **	3. 48 ***	3. 48 ***	5. 78 ***

2. 调整实施时间的检验

同时，若前文中共谋组、监督组公司非效率投资水平的变化是由融券卖空业务开展的政策效应所导致的，那人为地调整政策实施时间后，双重差分的回归结果将不再显著。为了验证这一点，本文将融资融券政策实施时间向前、向后调整 2 期（DID1、DID2），使研究的样本区间分别落在政策实施以前和政策实施之后，回归结果如表 10、表 11 所示。由两表可知，除了向后调整（DID2）中投资不足且存在董事高管合谋的回归结果没有改变之外，其他的调整都使原本回归结果的显著性消失，说明前文中双重差分模型得出的公司非效率投资水平的变动确实是融资融券政策实施所导致的，而部分回归结果显著性未改变的原因可能是市场上的投资者对于融券卖空标的公司的扩容有较强的预期。

表 10　　DID1 检验回归结果

变量	投资过度		投资不足	
	合谋	监督	合谋	监督
List × Post	89 400 000	-3 596 161	-95 200 000 *	-62 200 000
List	-33 200 000	12 800 000	48 000 000	-20 500 000
Post	-96 500 000	13 700 000	43 500 000 ***	-18 300 000
Age	1 939 519	-13 200 000	-2 600 176	5 965 801 ***
Size	138 000 000 ***	219 000 000 ***	-71 400 000 ***	-104 000 000 ***
Lev	-19 400 000	34 000 000	72 800 000	27 300 000
ROA	225 000 000	245 000 000	397 000 000 *	40 700 000
Cash	-0. 0431 *	-0. 0856	-0. 02299 **	-0. 0318 ***
Indpd	-331 000 000	-149 000 000	162 000 000	9 277 004
MstkHd	281 000 000 *	-525 000 000 **	-116 000 000	151 000 000 **
Compensation	-22. 1413	-9. 6562	5. 8533	13. 5205 *
Dsize	-78 900 000	363 000 000 **	-30 400 000	-69 900 000
Year	控制	控制	控制	控制
Industry	控制	控制	控制	控制
观测样本	123	289	160	426
R - squared	0. 2746	0. 2512	0. 3285	0. 3812
F 值	1. 87 **	2. 82 ***	4. 45 ***	10. 33 ***

表 11　　DID2 检验回归结果

变量	投资过度		投资不足	
	合谋	监督	合谋	监督
List × Post	119 000 000	109 000 000	-106 000 000 **	42 600 000
List	-36 800 000	97 600 000	35 500 000	2 417 679
Post	-115 000 000 *	199 000 000	50 500 000	-79 200 000 *
Age	1 874 126	-16 900 000	-2 001 107	6 619 099 ***
Size	108 000 000 ***	202 000 000 ***	-67 600 000 ***	-94 900 000 ***
Lev	177 000 000	90 100 000	51 900 000	20 700 000
ROA	544 000 000	138 000 000	455 000 000 **	55 800 000
Cash	-0. 0419 *	-0. 0910	-0. 0211	-0. 0329 ***
Indpd	-286 000 000	-105 000 000	148 000 000	59 100 000

续表

变量	投资过度		投资不足	
	合谋	监督	合谋	监督
MstkHd	248 000 000*	-459 000 000**	-112 000 000	168 000 000***
Compensation	-21.8796	-10.1028	8.2383	12.9045
Dsize	-10 200 000	319 000 000*	-35 900 000	-53 000 000
Year	控制	控制	控制	控制
Industry	控制	控制	控制	控制
观测样本	123	289	160	426
R - squared	0.2768	0.2393	0.2618	0.3802
F 值	1.65*	2.24***	4.25***	10.38***

五、结论与建议

本文以我国的融资融券交易制度的实施为背景，从非效率投资的视角研究融券卖空交易作为外部治理机制对上市公司的非效率投资行为的影响，采用双重差分模型，以2011～2016年间沪深两市A股上市公司为研究样本，实证检验的结果表明：①当公司的董事长和总经理两职合一或总经理持股时，融券卖空机制会导致公司的过度投资加剧，但却可以改善公司的投资不足。②当董事长和总经理互相监督时，卖空机制会抑制公司的过度投资行为。③公司实际控制人性质对本研究没有影响，即融券卖空机制对公司投资行为的外部治理效应不会因公司性质不同而发生变化。从上文的研究结论来看，融券卖空交易机制的引入确实提高了股票的定价效率，使股价更接近公司的真实价值，改善了上市公司的投资行为，稳定了股票市场。但从融资融券业务目前的实施情况来看，由于卖空业务门槛较高、信息严重不对称、卖空交易的内容和范围也存在严格的约束，导致普通投资者难以参与融券卖空交易，绝大部分普通投资者被迫继续单边做多，这无疑增大了其投资风险，也弱化了投资者心中融券卖空业务的实用性。

因此，针对以上问题，本文提出以下几点政策建议：①应当采取措施适当降低融券卖空交易的资金准入门槛和交易费用，让更多的投资者可以参与到卖空交易中，加强交易主体的多样性。②及时全面地披露上市公司的具体财务信息、人员变动等情况，及时发布交易细则和融资融券标的股票名单的变动情况。③目前我国卖空交易的标的只包括个股和ETF基金，所以在扩充现有的标的证券数量的同时增添债券、权证等其他金融工具，使标的种类具有多样性，扩大投资者的选择空间。此外，解决问题需要内外兼修、双管齐下，公司内部良好的治理机制会提高公司的运营效率、提升企业价值、保障各部门的稳定运行。因此企业也应完善其管理体系，实施董事长和总经理两职分离的配置模式，让二者互相监督以杜绝私人利益、避免中饱私囊，同时对高管实施股权激励措施，提高其参与公司决策的积极性，避免因为管理者的“惰性”造成企业价值受损。股东们也应积极监督公司的管理者，最大程度地避免管理者的机会主义行为，做到所有者和管理者的激励相容。

参考文献

1. 安灵、刘星、白艺昕：《股权制衡、终极所有权性质与上市企业非效率投资》，载于《管理工程学报》2008 年第 2 期。

2. 陈道轮、陈强、徐信喆：《融资融券和股指期货催生了中国真正的“对冲基金”吗？——来自“阳光私募”基金的证据》，载于《财经研究》2014 年第 9 期。

3. 陈晖丽、刘峰：《融资融券的治理效应研究——基于公司盈余管理的视角》，载于《会计研究》2014 年第 9 期。

4. 陈志军、赵月皎、刘洋：《不同制衡股东类型下股权制衡与研发投入——基于双重代理成本视角的分析》，载于《经济管理》2016 年第 3 期。

5. 花贵如、刘志远、许骞：《投资者情绪、管理者乐观主义与企业投资行为》，载于《金融研究》2011 年第 9 期。

6. 靳庆鲁、侯青川、李刚：《放松卖空管制、公司投资决策与期权价值》，载于《经济研究》2015 年第 10 期。

7. 廖士光、杨朝军：《卖空交易机制对股价的影响——来自台湾股市的经验证据》，载于《金融研究》2005 年第 10 期。

8. 李科、徐龙炳、朱伟骅：《卖空限制与股票错误定价——融资融券制度的证据》，载于《经济研究》2014 年第 10 期。

9. 李云鹤：《公司过度投资源于管理者代理还是过度自信》，载于《世界经济》2014 年第 12 期。

10. 李志生、陈晨、林秉旋：《卖空机制提高了中国股票市场的定价效率吗？——基于自然实验的证据》，载于《经济研究》2015 年第 4 期。

11. 李建英、赵美凤、周欢欢：《股权制衡、管理者过度自信与过度投资行为》，载于《经济与管理评论》2017 年第 4 期。

12. 饶育蕾、汪玉英：《中国上市公司大股东对投资影响的实证研究》，载于《南开管理评论》2006 年第 5 期。

13. 唐雨虹、周蓉、杨啸宇：《中国上市公司股权激励实施效果研究》，载于《财经理论与实践》2017 年第 4 期。

14. 王霞、张敏、于富生：《管理者过度自信与企业投资行为异化——来自我国证券市场的证据》，载于《南开管理评论》2008 年第 2 期。

15. 王蕾茜、邹辉文：《融券卖空机制是否抑制了上市公司过度投资?》，载于《商业研究》2018 年第 3 期。

16. 肖峰雷、李延喜、栾庆伟：《管理者过度自信与公司财务决策实证研究》，载于《科研管理》2011 年第 8 期。

17. 许红伟、陈欣：《我国推出融资融券交易促进了标的股票的定价效率吗？——基于双重差分模型的实证研究》，载于《管理世界》2012 年第 5 期。

18. 肖浩、孔爱国：《融资融券对股价特质性波动的影响机理研究：基于双重差分模型的检验》，载于《管理世界》2014 年第 8 期。

19. 徐永涛、李典：《第一大股东持股比例对企业非效率投资影响的实证研究——基于中国 A 股制造业上市公司》，载于《国际商务财会》2016 年第 5 期。

20. 许为宾、周建：《混合所有制、股权制衡与国企过度投资：基于政治观和经理人观的解释》，载于《广东财经大学学报》2017 年第 2 期。

21. 袁春生、杨淑娥：《经理管理防御与企业非效率投资》，载于《经济问题》2006 年第 6 期。

22. 袁玲、杨兴全：《股权集中、股权制衡与过度投资》，载于《河北经贸大学学报》2008 年第 5 期。

23. 俞鸿琳：《股票价格能否影响公司投资水平》，载于《经济科学》2011 年第 4 期。

24. 袁鲲、武梓杨：《卖空机制、盈余管理与公司投资效率》，载于《财经论丛》2018 年第 5 期。

25. 周春生、杨云红、王亚平：《中国股票市场交易型的价格操纵研究》，载于《经济研究》2005 年第 10 期。

26. 赵惠芳、贾德红、潘立生：《经理管理防御与企业非效率投资相关性研究——来自安徽省上市公司的实证研究》，载于《财会通讯》2010 年第 33 期。

27. 赵卿：《股权集中、股权制衡与过度投资》，载于《金融经济》2012 年第 10 期。

28. 朱冠平、孔明、蔡军：《基于经理管理防御视角下非效率投资行为研究》，载于《全国商情：理论研究》2013 年第 24 期。

29. 詹雷、王瑶瑶：《管理层激励、过度投资与企业价值》，载于《南开管理评论》2013 年第 3 期。

30. Bris, A., Goetzmann, W. N., & Zhu, N., 2010, Efficiency and the Bear: Short Sales and Markets around the World, *Journal of Finance*, 62 (3),

pp. 1029 –1079.

31. Baker, M. , Stein, Wurgler. J. , 2003. When Does the Market Matter? Stock Prices and the Investment of Equity Dependent Firms, *Quarterly Journal of Economics*, 118 (3), pp. 969 –1006.

32. Chang, E. C. , 2007, Short-sales Constraints and Price Discovery: Evidence from the Hong Kong Market, *Journal of Finance*, 62 (5), pp. 2097 –2121.

33. Chang, E. C. , Luo, Y. , & Ren, J. , 2012, Short-selling, Margin-trading, and Price Efficiency: Evidence from the Chinese Market, *Journal of Banking & Finance*, 48 (C), pp. 411 –424.

34. Jensen, M. C. , 1999, Agency Costs of Free Cash Flow, Corporate Finance, and Takeovers, *American Economic Review*, 76 (2), pp. 323 –329.

35. Karpoff, J. M. , & Lou, X, 2010, Short Sellers and Financial Misconduct, *Journal of Finance*, 65 (5), pp. 1879 –1913.

36. Miller, E. M. , 1977, Risk, Uncertainty, and Divergence of Opinion, *Journal of Finance*, 32 (4), pp. 1151 –1168.

37. Massa, M. , Zhang, B. , & Zhang, H. , 2015, The Invisible Hand of Short Selling: Does Short Selling Discipline Earnings Management?, *Social Science Electronic Publishing*, 28, pp. 1701 –1736.

38. Polk, C. , & Sapienza, P. , 2009, The Stock Market and Corporate Investment: A Test of Catering Theory, *Review of Financial Studies*, 22 (1), pp. 187 –217.

39. Richardson, S. , 2006, Over-investment of Free Cash Flow, *Review of Accounting Studies*, 11 (2 –3), pp. 159 –189.

Research on the Impact of Margin Trading on the Inefficient Investment of China's Listed Companies

——Evidence from difference-in-differences estimation method

WEI Yi YANG Hong

(School of Economics and Business, Xinjiang Agricultural University, 830052)

[**Abstract**] We analyze cross-sectional information from Chinese stocks market, using data from 2011 ~ 2016, to consider whether margin-trading affect the efficiency of investment of the listed companies. We find some evidences that investors will short sale when they accurately catch the negative news of the listed companies, and margin trading can play its external governance effectiveness. We find strong evidences that margin-trading can effectively suppress excessive investment in the company when the chairman and general manager of the company have a supervisory relationship. By comparison, the margin-trading can reduce under-investment and promote excessive investment when the company has a symbiotic relationship between the chairman and the general manager. We also get a same result by robust test. These results indicate that margin trading plays a role in making the corporation's invest more efficiently.

[**Key Words**] Margin-trading Inefficient Investment Difference-in-differences Estimation Method

JEL Classifications: G11 G14 G18

房地产市场与股票市场溢出效应研究

——基于多分辨率小波分解

滕越洋　张馨月　王希希*

【摘　要】大数据时代信息趋于透明，资本流动受限减少，各金融市场间的联系增强。金融市场间溢出效应作为金融市场研究中的重要内容一直是研究的焦点。本文将多分辨率小波分解应用于房地产市场与股票市场溢出效应的研究，研究方法上将时域维度与频域维度结合，克服传统研究方法的局限，并进一步实现金融时间序列分解。研究发现，代表短期趋势的高频分解项溢出效应较弱，更多为单向溢出或不存在溢出；代表长期趋势的低频分解项溢出效应呈现出双向溢出，从而不同的周期视角下溢出效应表现不同。

【关键词】**房地产市场　股票市场　溢出效应　小波分解**

中图分类号：**F832**　文献标识码：**A**

一、前　言

进入21世纪，金融市场发展迅猛，金融机构大量涌现，金融创新层出不穷。金融市场逐利特征、大数据时代信息趋于透明、资本自由流动增强，金融市场中各金融子市场联系愈发紧密，所谓“牵一发而动全身”。同受宏观经济基本面影响、“羊群效应”行为方式与信息传递启发式准则使各金融市

* 滕越洋，山东大学经济研究院博士生，地址：（250100）山东省济南市山大南路27号山东大学中心校区，E-mail：1263589327@qq.com；张馨月（通信作者），山东大学经济研究院博士生，地址：（250100）山东省济南市山大南路27号山东大学中心校区，E-mail：1443395329@qq.com；王希希，济南职业学院讲师，地址：（250103）山东省济南市历城区旅游路5518号，E-mail：625511254@qq.com。

场表现呈现出协同性，这种协同性被称为溢出效应。

1998 年住房分配货币化改革全面打破福利分房的局面，房地产走向市场化，消费需求迅速释放，此后经过近 20 年的发展，房地产市场逐渐成为国家支柱性产业和政府财税的重要来源。庞大的适龄购房人群提升了住房需求，收入水平提升带来住房改善的需要，房地产市场价格不断推高，一系列炒房行为进一步推高房价。中国股票市场自 1989 年开始进入试点，《证券法》出台以及股权分置改革的深入，股票市场逐渐由弱式有效市场转化为半强式有效市场。股票市场作为投机与投资双活跃的地方，成为一个国家和地区经济金融的“晴雨表”。作为金融市场重要的两个子市场，股票市场和房地产市场协调发展影响到国计民生、金融体系稳定以及宏观经济的发展。2010 年以来政府出台一系列措施抑制房价过快增长，2016 年 10 月之后各主要城市纷纷出台严格限购政策，一线城市房价趋于稳定；二线城市在 2016 年末和 2017 年初经历了疯狂的上涨，抢购热潮出现；在 2017 年，房产税的出现以及限贷、限量、限价等措施打压房地产投机，租售同权政策开始实施，中央政府提出“房子是用来住的不是用来炒的”，政策导向显示出政府调控房价的决心，进入到下半年，各主要城市房价维持稳定。强度越来越大的国家调控引发的房地产市场波动会不会影响股票市场波动甚至引发金融危机，国家调控下房地产市场收益变动会不会影响股票收益，成为投资者和政策制定者关注的问题。研究股票市场和房地产市场关联性对于把握金融市场的联系、稳定和发展金融市场、为政府实施有效政策以防范金融风险非常具有指导意义。

现有关于股票市场与房地产市场联动关系的研究集中于相关性研究、价格溢出效应与波动溢出效应研究以及联动机制三个方面。关于房地产市场与股票市场的相关性结论不一，有以下三个观点：市场分割、市场相关以及依条件表现出不确定。约翰和威尔逊（John Okunev and Patrick J. Wilson，1997）利用协整模型和非线性回归模型检验两个市场的关系，协整模型支持市场分割的结论，非线性模型支持两个市场存在非线性关系但不显著。雷蒙德（Raymond Y. C.，2001）、廖和杨（Liow and Yang H，2005）、奥卡瑞伦（Oikarinen，2006）等研究结果显示两个市场在长期中存在均衡。梁建峰等（2014）使用 1999～2012 年数据进行实证研究发现两市场长期维持正相关，但存在结构突变。刘（Liu，1990）认为两者关系取决于影响房地产市场和股票市场的风险因素，依据风险因素不同，表现出相互关联或相互隔绝。刘金全、解瑶姝（2016）采用 DCC－GARCH 模型研究我国房地产市场与股票市场的联动机制，结果显示两市相关性存在时变特征。在价格溢出方面，姚凤阁、宋春梅（2010）运用 Granger 因果关系检验及三变量 VAR－GARCH－BEKK 模型研究香港、上海、深圳三地房地产市场与股票市场在金融危机前后的溢出效应，发现两个时期均存在价格溢出效应，但金融危机冲击以后，价格溢出效应增强；汲源（2008）研究全球金融一体化背景下国家间溢出效应时发现价格溢出效应具有地域性，同区域国家间溢出效应更明显。在波动溢出方面，范驷倩（2016）构建了考虑结构突变和不考虑结构突变的BEKK—GARCH模型，研究显示两种情况下均存在由股票市场指向房地产市场的单向波动溢出；林三强（2009）研究在次贷危机影响下美国股市和我国房地产的波动溢出，发现美国股市通过影响我国宏观经济对我国房地产产生单向波动溢出。房地产市场与股票市场联动机制理论主要包括信贷机制理论、财富效应理论和投资组合理论，分别从宏观信贷、财富效应、微观主体角度进行研究。信贷机制理论以清泷和摩尔（Kiyotaki and John Moore，1997）为代表，以信贷传导机制视角研究联动机制。财富效应理论以卡斯和奎格利（Case K E and Quigley J M，2012）为代表，他们认为任一市场价格波动引起的投资者财富水平的变化都会影响消费投资行为。投资组合理论由马科维茨（Markowitz H，1952）提出，该理论关注投资的不确定性，房地产市场与股票市场可能存在的正相关关系与负相关关系意味着基于规避风险考虑的投资者会选择不同的投资组合策略从而产生不同的投资需求。

总结来说，现有研究在方法上多为传统的时间序列研究方法，侧重于时域分析或频域分析，不能将时域维度与频域维度结合起来，无论时域分析还是频域分析都有其局限性（樊颖等，2015）：时域分析具备时间定位能力却无法识别其他时间序列变化的信息，频域分析具备频率定位却不适用于非平稳时间序列。另外现有研究无法区分溢出效应在长期与短期中表现，决定金融市场长期表现的因素与决定金融市场短期表现的因素不同，前者如宏观经济环境或政策的制定和推行，后者如影响不可持续的突发事件。长短期因素的不同决定了长期中溢出效应与短期中溢出效应不同，而金融市场时间序列是长短期因素影响下不同周期趋势叠加的效果。

本文创新点有以下两点：将多分辨率小波分解应用于金融市场溢出效应的研究，克服传统时间序列研究方法中割裂时域维度与频域维度的缺陷，实现时域维度与频域维度结合；将金融时间序列分解成为不同周期视角下的金融时间序列，实现股票市场与房地产市场同周期时间序列相匹配。

本文以下部分安排如下：第二部分为小波分析工具介绍；第三部分为变量选取和数据描述；第四部分为价格溢出效应分析；第五部分为波动溢出效应分析；第六部分为总结。

二、小波分析

(一) 小波变换

小波变换建立在非线性理论基础上,“自适应性质”和“数学显微镜”性质使得小波分析可以在时频两方面进行局部联动分析。小波变换克服了Fourier变换单分辨率缺陷,具备多分辨率分析优良特征,在时域和频域均有能力表征局部信息。小波变换在实现时域、频域相结合的基础上也使其具备处理非平稳信号的能力。

若函数 $\psi(x)$ 满足以下容许性条件:

$$C_{\psi} = \int \frac{|\hat{\psi}(\omega)|^2}{\omega} d\omega < \infty \tag{1}$$

称 $\psi(x)$ 为一个基本小波,并定义如下积分变换:

$$(W_{\psi}f)(a,b) = |a|^{-\frac{1}{2}} \int f(x) \overline{\psi\left(\frac{x-b}{a}\right)} dx, f(x) \in L^2(R) \tag{2}$$

以上积分变换为 $f(x)$ 以 $\psi(x)$ 为基的积分连续小波变换,a 为尺度因子,表示与频率相关的伸缩,b 为时间平移因子。

真实金融时间序列往往为离散数据,$(W_{\psi}f)(a, b) = < f(t), \psi_{a,b}(t) >$,将 a、b 离散化,令 $a = 2^{-j}$,$b = 2^{-j}k$,j,$k \in Z$,可得离散小波变换:

$$(DW_{\psi}f)(j, k) = < f(t), \psi_{j,k}(t) > \tag{3}$$

其中,$\psi_{j,k}(t) = 2^{\frac{j}{2}}\psi(2^j t - k)$,j,$k \in Z$。

由此可见,一维信号 $f(x)$ 经离散小波变换得到的是一个二维数组。

(二) 多分辨率分析

1988 年马拉特 (S. Mallat) 提出多分辨率分解概念,基本思路是将原始信号分解成不同层次不同频率信号进行研究,提高信号分解、重构和特征提取的有效性。多分辨率分析要构造一组函数空间,每组空间构成都有统一形式,所有空间闭包则逼近 $L^2(R)$。在每个空间,所有函数均构成该空间的标准正交基,全部函数空间闭包中的函数构成 $L^2(R)$ 标准化正交基。因此,对信号在此类空间进行分解便得到彼此正交的时频特征。

信号在小波空间的展开为:

$$f(t) = \sum_{j \in Z} f_{w_j} = \sum_{j \in Z} \sum_{k \in Z} < f(t), \psi_{j,k}(t) > \psi_{j,k}(t) \tag{4}$$

使用多分辨率分解的金字塔算法进行小波分解：

$$f(t) = \sum_{k\in Z} < f(t), \varphi_{j,k}(t) > \varphi_{j,k}(t) + \sum_{j\leqslant j'<J}\sum_{k\in Z} < f(t), \psi_{j',k}(t) > \psi_{j',k}(t) \tag{5}$$

可以一次次进行小波分解，递推实现（J - j）次小波分解。记一次小波分解尺度系数和小波系数为：

$$\begin{cases} c_{j,k} = < f, \varphi_{j,k} > \\ d_{j,k} = < f, \psi_{j,k} > \end{cases} \tag{6}$$

进而可知：

$$\varphi_{j,k} = \sum_{n} < \varphi_{j,k}, \varphi_{j+1,n} > \varphi_{j+1,n} \tag{7}$$

$$\begin{aligned} < \varphi_{j,k}, \varphi_{j+1,n} > &= \frac{2^j}{\sqrt{2}}\int_{-\infty}^{+\infty} \varphi(2^j t - k)\overline{\varphi(2^{j+1}t - n)}dt \\ &= \frac{1}{\sqrt{2}}\int_{-\infty}^{+\infty} \varphi(t')\overline{\varphi(2t' + 2k - n)}dt \end{aligned} \tag{8}$$

由于

$$h_k = < \varphi(t), \varphi(2t - k) > = \int_{-\infty}^{+\infty} \varphi(t)\overline{\varphi(2t - k)}dt \tag{9}$$

那么

$$< \varphi_{j,k}(t), \varphi_{j+1,n}(t) > = \frac{1}{\sqrt{2}}h_{n-2k} \tag{10}$$

将式（10）代入式（7）有

$$\varphi_{j,k} = \frac{1}{\sqrt{2}}\sum_{n} h_{n-2k}\varphi_{j+1,n} = \frac{1}{\sqrt{2}}\sum_{n'} h_{n'}\varphi_{j+1,n'+2k} \tag{11}$$

进而有

$$\begin{aligned} c_{j,k} = < f(t), \varphi_{j,k} > &= \frac{1}{\sqrt{2}}\sum_{n} h_n < f(t), \varphi_{j+1,n+2k} > \\ &= \frac{1}{\sqrt{2}}\sum_{n} h_n c_{j+1,n+2k} \end{aligned} \tag{12}$$

得到以下递推公式

$$c_{j,k} = \frac{1}{\sqrt{2}}\sum_{n\in Z} h_n c_{j+1,n+2k} \tag{13}$$

相应地

$$d_{j,k} = \frac{1}{\sqrt{2}}\sum_{n\in Z} g_n c_{j+1,n+2k} \tag{14}$$

从而尺度系数和小波系数可以计算出来。根据需要可以实现信号的多级小波分解，直到指定级数的多级小波分解。以 3 层小波分解为例，小波分解示意见图 1。

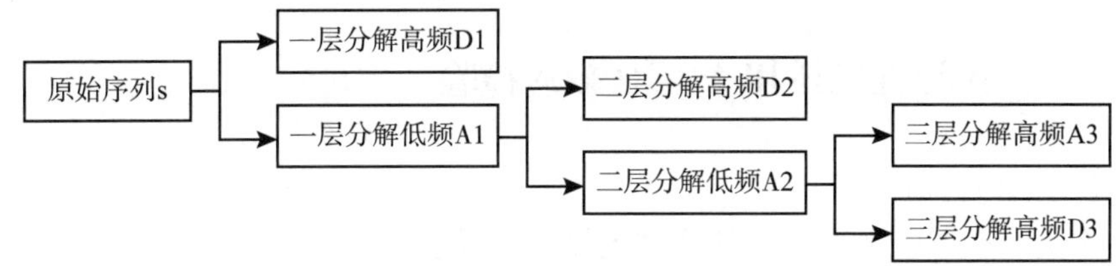

图1　小波多分辨率分解示意图

三、变量选取与数据描述

（一）变量选取与数据来源

房地产按用途划分包括住宅房地产和非住宅房地产，而房地产作为一种特殊的金融主要体现在住宅房地产市场；直接的价格水平很难全面真实地反映房地产市场价格，而房地产价格指数排除房屋质量、建筑结构、地理位置、销售结构因素影响，具有同质可比性。本文使用百城住宅价格指数衡量房地产市场价格水平，百城住宅价格指数囊括了全国100个重点城市，是目前覆盖范围最广的房地产价格指数。百城住宅价格指数又下分三类城市住宅价格指数，也是本文要选取的数据。上证综合指数涵盖所有上市公司股票，作为中国经济运行“晴雨表”具有代表性。本文选择上证综合指数，使用收盘价作为价格指数。

百城住宅价格指数和上证综合指数数据均来源于Wind。基于数据可获得考虑，选取2010年7月到2016年11月的月度数据。

两个市场收益率的计算式为：

$$R_t = \frac{P_t - P_{t-1}}{P_t} \tag{15}$$

R_t 为第t期收益率，P_t 为第t期资产的价格。

为了准确衡量收益率表现和使小波分析输入数值具有上下波动的曲线特征，本文使用剔除通货膨胀率后的真实收益率作为分析对象。

$$r_t = R_t - \pi_t \tag{16}$$

π_t 为通货膨胀率，以月度CPI进行衡量，CPI数据来自于国家统计局。r_t 为经过膨胀率调整后的真实收益率。r_h、r_{h1}、r_{h2}、r_{h3}、r_s 代表百城价格指数真实收益率、一线城市价格指数真实收益率、二线城市价格指数真实收益率、三线城市价格指数真实收益率、股票价格指数真实收益率，本文取百分号前的数值作分析。

（二）统计性描述和 ARCH 效应检验

1. 统计性描述

本文对获取的数据做统计性描述如表 1 所示。

表 1　　数据统计表

变量	均值（%）	标准差	最大值	最小值	中位数	偏度	峰度	正态检验
r_h	0.2352	0.8608	2.3	-1.67	0.24	0.1610	0.6138	正态
r_{h1}	0.6388	1.1129	3.31	-1.6	0.56	0.5615	0.5461	正态
r_{h2}	0.1636	0.8972	2.5	-1.77	0.08	0.0702	0.8369	正态
r_{h3}	-0.0492	0.7105	1.5	-1.82	-0.09	0.9477	0.9285	正态
r_s	-0.2269	0.5054	0.85	-1.62	-0.15	0.1056	0.6503	正态

注：正态性检验使用 Skewness/Kurtosis tests。

股票市场收益率在本文研究的时间段内整体为负，房地产市场收益率则整体上处于高水平。一线城市房地产收益率是房地产市场平均水平的 2.7 倍，二线城市房地产收益率较房地产市场平均水平低 30%，三线城市基本维持稳定。波动性方面，一线房地产市场波动最强，二线次之，三线最弱。经过通货膨胀率调整后的各收益率序列均表现出正态性，没有出现金融时间序列通常表现出的尖峰后尾性。

2. ARCH 效应检验

各金融市场波动性可能存在时间路径上的跨期影响，金融时间序列因此可能表现出一定的集聚性，从而可能存在 ARCH 效应。本文对原始数据进行 ARCH 检验以判断房地产市场和股票市场是否存在 ARCH 效应。

为确定合适的 ARCH 均值方程，本文进行了自相关检验。根据 AC 值、PAC 值及 P 值，本文对房地产市场选择 1 阶滞后自回归，而对股票市场选择 3 阶滞后自回归，其均值方程如下：

$$r_{ht} = r_{ht-1} + \varepsilon_t \tag{17}$$

$$r_{h1t} = r_{h1t-1} + \varepsilon_t \tag{18}$$

$$r_{h2t} = r_{h2t-1} + \varepsilon_t \tag{19}$$

$$r_{h3t} = r_{h3t-1} + \varepsilon_t \tag{20}$$

$$r_{st} = r_{st-3} + \varepsilon_t \tag{21}$$

在确定均值方程基础上，使用 ARCH - LM 方法检验 ARCH 效应如表 2 所示。

表 2　　ARCH - LM 检验结果

滞后阶数	r_h 残差序列		r_{h1} 残差序列		r_{h2} 残差序列		r_{h3} 残差序列		r_s 残差序列	
	chi2	P 值	chi2	P 值	chi2	P 值	chi2	P 值	chi2	P 值
1	0.009	0.92	0.108	0.74	0.127	0.72	0.166	0.68	1.369	0.24
2	0.085	0.96	0.157	0.92	0.245	0.88	0.208	0.90	2.045	0.36
3	0.510	0.92	1.384	0.71	1.070	0.78	1.348	0.72	2.482	0.48
4	1.418	0.84	2.713	0.61	2.694	0.61	2.939	0.57	3.523	0.47
5	1.569	0.91	2.762	0.74	2.720	0.74	2.925	0.71	5.717	0.33
6	1.596	0.95	3.397	0.76	3.214	0.78	3.947	0.68	8.301	0.22
7	1.968	0.96	3.556	0.83	3.466	0.84	4.129	0.76	9.761	0.20
8	3.000	0.93	3.684	0.88	4.847	0.77	5.551	0.70	11.428	0.18
9	3.418	0.95	4.453	0.88	6.263	0.71	6.041	0.74	15.175	0.09
10	3.873	0.95	4.946	0.89	6.572	0.77	6.699	0.75	16.809	0.08

各类房地产市场真实收益率时间序列均没有 ARCH 效应，表明房地产市场不存在或存在较弱的集聚性和后尾特征；股票市场真实收益率在 5% 的水平下接受不存在 ARCH 效应，而且除了滞后 9 期、滞后 10 期，股票市场真实收益率在 5% 的水平下接受不存在 ARCH 效应，本文同样认为股票市场真实收益率存在较弱集聚性。总之，房地产市场和股票市场均没表现出 ARCH 效应，一部分原因是我们选取的数据为月度数据。本文使用原数据进行小波分析。

四、房地产市场与股票市场价格溢出效应

（一）小波多分辨率分解

小波分解将离散时间序列变量进行多层次分解，得到一个趋势序列和多个细节系列。关键要选择合适的小波、小波基底函数，并在此基础上选择最优分解层数。综合考虑降噪小波函数正交性、紧支撑性、原点矩对称性等要求，选用 Daubechies（db）小波系。4 阶消失矩的 db4 在保证较好的光滑度的前提下拥有最小的支撑度，在参考前人研究基础上，选择 db4 作为小波基底函数。小波分解层数越大，其可决系数越大，去噪效果越好，然而分解层

数越多，趋势序列与原序列标准离差变大。参考樊颖（2015）的做法，本文使用最小 MSE 原则对 N＝3－6 进行分解层次选择，结果支持使用 N＝5。小波分解结果如图 2 所示，分解结果按股票市场、综合房地产市场、一线房地产市场、二线房地产市场及三线房地产市场的顺序排列。

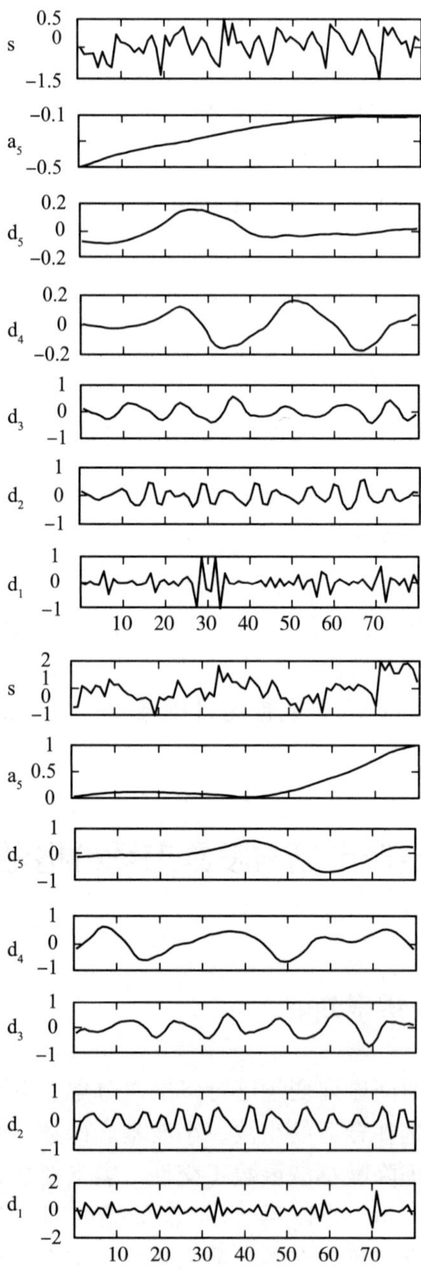

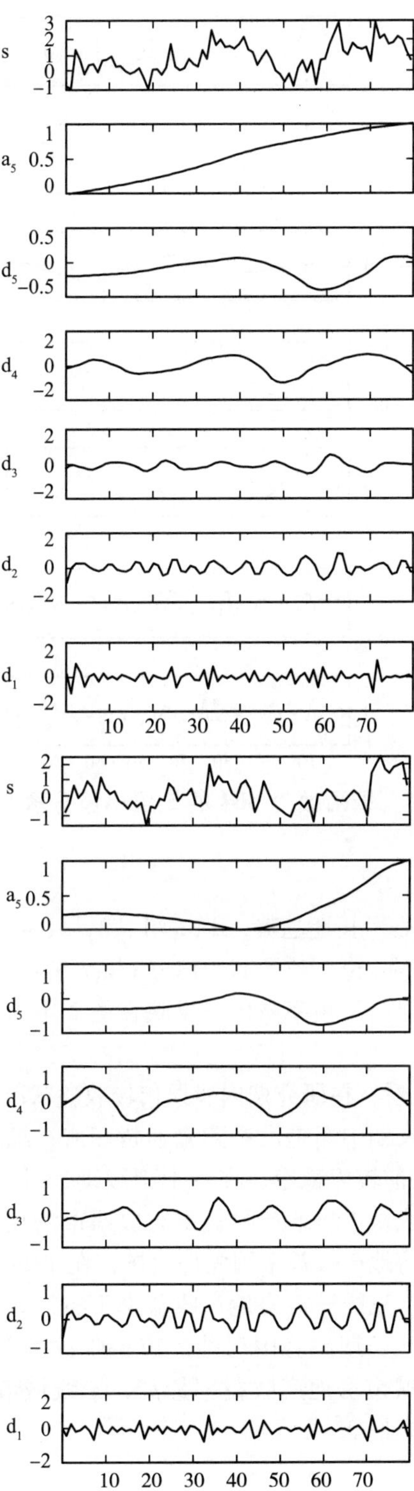
s
a5
d5
d4
d3
d2
d1
10 20 30 40 50 60 70
s
a5
d5
d4
d3
d2
d1
10 20 30 40 50 60 70

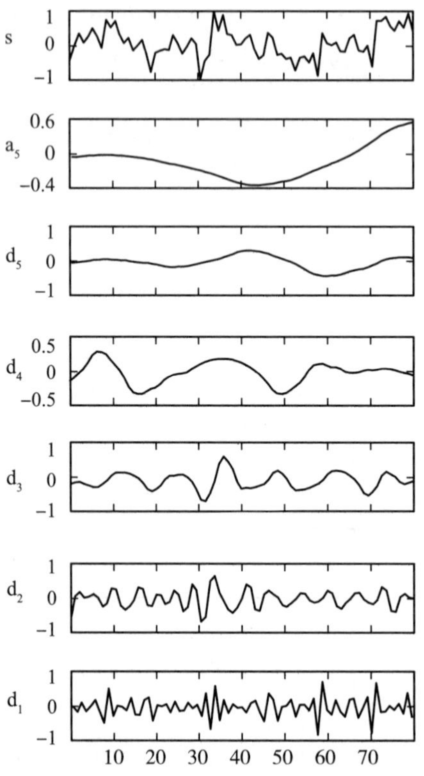

图 2　母函数为 db4 的 5 层小波分解结果

a5 为低频部分，表示长期趋势；d^i（i = 1，2，3，4，5）为高频部分，表示短期变化。其中 d^i 的 i 值反映了高频部分 i 层分解信号的波动情况，i 值越大，分解层越大，该层信号频率越低，反映在图 2 中为图形趋向平滑、波动减少。

从 a5 趋势序列来看，在研究期内股票市场收益状况长期中趋于改善，但股票市场收益水平在长期中还是没有跑赢通货膨胀；综合房地产市场收益率长期趋势在 2014 年之前较为稳定，在 0 上下波动，进入 2014 年综合房地产收益率开始提升。一线城市房地产收益率与股票市场收益率曲线呈现出相似的趋势；二线、三线房地产收益率则先抑后扬；在 2014 年之前，一线城市房地产收益率上行，二、三线城市房地产收益率下行，综合房地产收益率维持相对平稳。整体来看，长期趋势中房地产市场收益率大于股票市场收益率，而房地产市场中一线城市房地产收益率最高，二线城市房地产收益率次之，三线城市房地产收益率最低。

（二）协整性检验

使用 STATA 对包括常数项但不包括时间趋势项、包括常数项和时间趋势项、不包括常数项或时间趋势项的三种情况进行协整检验，结果如表 3 所示。

表 3　　　　　　　　　　协整性检验结果

	滞后阶数	最大特征值检验（原假设：不存在协整关系）					
		包括常数项和时间趋势项		包括常数项不包括时间趋势项		不包括常数项或时间趋势项	
		最大特征值统计量	5%临界值	最大特征值统计量	5%临界值	最大特征值统计量	5%临界值
a5	2	56.486	30.33	55.281	27.07	55.934	23.80
d1	2	123.785	30.33	124.035	27.07	123.792	23.80
d2	4	76.022	30.33	76.019	27.07	76.012	23.80
d3	4	88.072	30.33	87.609	27.07	87.748	23.80
d4	4	70.348	30.33	69.847	27.07	69.847	23.80
d5	3	51.287	30.33	31.451	27.07	20.082	23.80

在 1 个低频信号和 5 个高频信号各自三种形式的检验中，只有 d5 在不包括常数项或时间趋势项的形式中没有通过 5% 的显著性水平下的协整检验，除此以外 Johnson 协整检验结果均显示存在协整关系。本文认为在低频信号 a5 层面和高频信号 d1、d2、d3、d4、d5 层面均存在协整关系。

（三）价格溢出效应分析

本文将获得的小波分解项按高频组和低频组分别进行格兰杰因果关系检验。在各频率信号序列中，构建包括股票市场、一线房地产市场、二线房地产市场以及三线房地产市场四个变量的系统，滞后阶数的选择依据信息准则。由于本文立足于分析房地产市场与股票市场之间的溢出效应，出于篇幅考虑，我们不计划将各类房地产市场之间的溢出效应进行列示，波动溢出效应部分也不进行列示。价格溢出效应分析结果如表 4 所示。

表 4　　　　分解项匹配后格兰杰因果关系检验结果

原假设	d1		d2		d3		d4		d5		a5	
	Chi2	P 值	Chi2	P 值	Chi2	P 值	Chi2	P 值	Chi2	P 值	Chi2	P 值
一线城市房地产市场不是股票市场的 Granger 原因	2. 550	0. 28	8. 543	0. 07	13. 104	0. 01	5. 590	0. 23	0. 165	0. 98	31. 947	0. 00
二线城市房地产市场不是股票市场的 Granger 原因	1. 102	0. 58	10. 84	0. 03	12. 335	0. 02	4. 393	0. 36	3. 864	0. 28	11. 505	0. 00
三线城市房地产市场不是股票市场的 Granger 原因	2. 952	0. 23	14. 769	0. 01	7. 758	0. 10	5. 717	0. 22	2. 968	0. 40	2 242. 5	0. 00
股票市场不是一线房地产市场的 Granger 原因	4. 694	0. 10	2. 767	0. 60	2. 858	0. 58	18. 791	0. 00	1. 672	0. 64	610. 88	0. 00
股票市场不是二线房地产市场的 Granger 原因	0. 563	0. 76	4. 425	0. 35	7. 691	0. 11	21. 149	0. 00	2. 49	0. 48	127. 5	0. 00
股票市场不是三线房地产市场的 Granger 原因	2. 816	0. 25	1. 403	0. 84	6. 325	0. 18	22. 656	0. 00	0. 207	0. 98	182. 5	0. 00

低频信号显示，各类房地产市场与股票市场均互为格兰杰因果。低频信号反映长期趋势，从长期趋势看，房地产市场与股票市场之间存在双向的价格溢出效应。这说明长期中无论股票市场还是房地产市场，一方价格变动引起的收益状况会外溢到另一方，双方实现价格联动和协同。决定股票市场或房地产市场长期趋势的因素改变引起的价格变动和收益状况变化，譬如针对一方金融市场的政府政策发生变动、宏观经济基本面情况出现变化，从而该市场收益情况产生变化，会外溢到另一方金融市场。不仅如此，在我们未列示的结果中，各类房地产市场之间也普遍存在价格溢出效应。

高频信号反映短期情况。总体来说，短期中，首先表现出由房地产市场指向股票市场的价格溢出效应，随着交易周期的加长，这种价格溢出效应转为由股票市场指向房地产市场，并没有体现出双向溢出效应。从短期趋势来看，影响房地产市场短期表现的因素发生改变从而使该市场收益状况发生改变，这种改变会外溢到股票市场，而影响股票市场短期表现的因素改变引发房地产市场收益状况的变动则不会外溢到房地产市场。随着周期的加长，情况则刚好相反。

五、房地产市场与股票市场波动溢出效应

（一）小波多分辨率分解

同价格溢出效应的研究一致，本文选择 db4 作为小波基底函数，使用最小 MSE 原则对 N = 3 - 6 进行分解层次选择，结果支持使用 N = 5。由于原始收益率时间序列不存在 ARCH 效应，本文使用之前选定的均值模型回归后的残差平方项作为小波分解原始的波动时间序列。多分辨率分解结果见图 3，分解结果按股票市场、一线房地产市场、二线房地产市场及三线房地产市场的顺序排列。

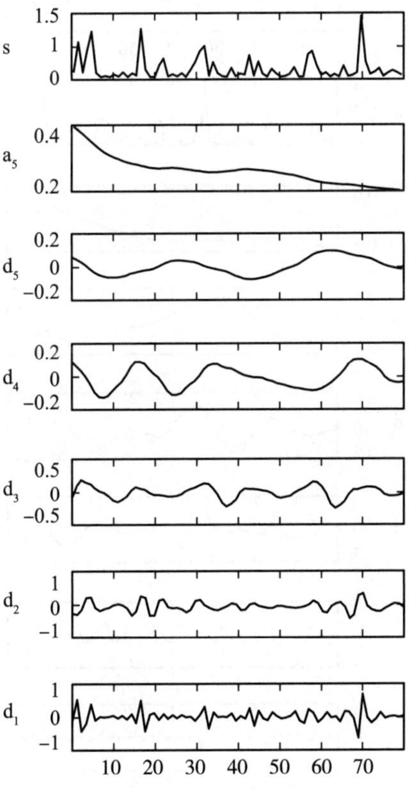

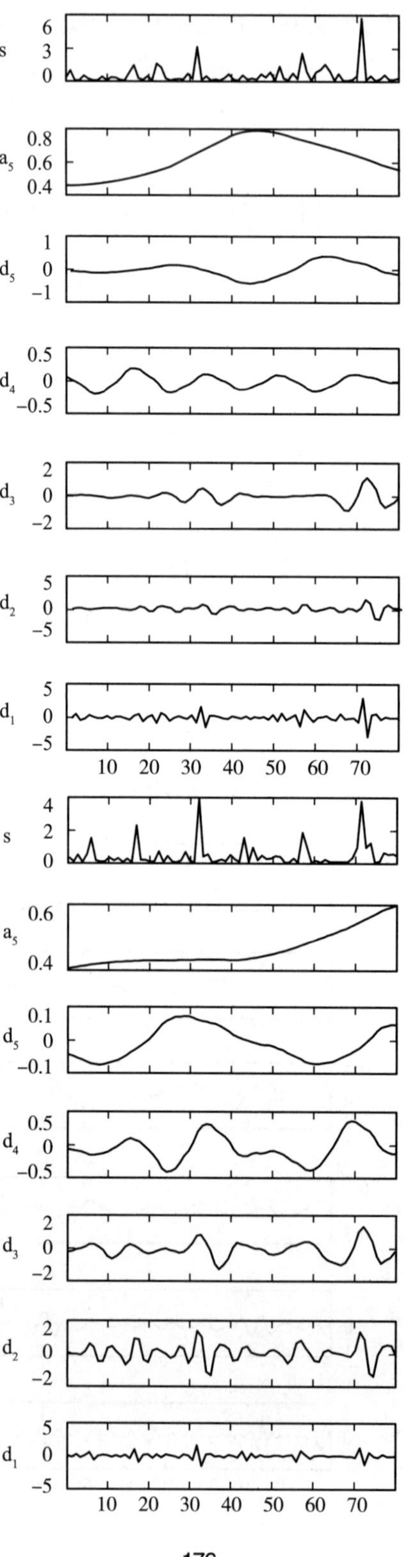

s
6
3
0
a_5
0.8
0.6
0.4
d_5
1
0
−1
d_4
0.5
0
−0.5
d_3
2
0
−2
d_2
5
0
−5
d_1
5
0
−5
10 20 30 40 50 60 70
s
4
2
0
a_5
0.6
0.4
d_5
0.1
0
−0.1
d_4
0.5
0
−0.5
d_3
2
0
−2
d_2
2
0
−2
d_1
5
0
−5
10 20 30 40 50 60 70

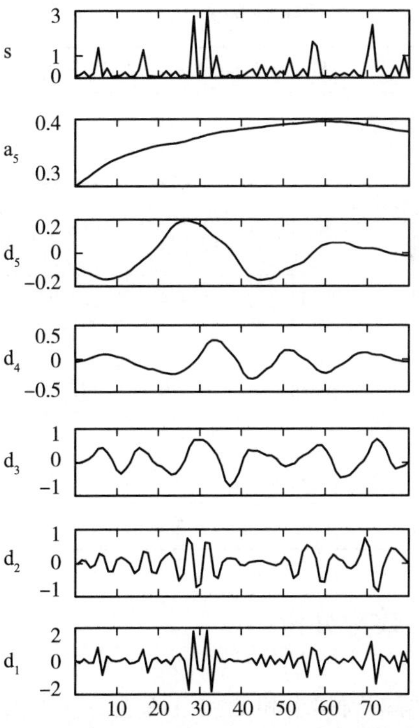

图3　母函数为 db4 的5层小波分解结果

从分解项 a5 看，长期趋势中房地产市场波动明显强于股票市场，房地产市场更加不稳定，各类房地产市场的波动情况为一线城市波动性最强，二线次之，三线最弱；在所研究时间段内，股票市场正处于波动性减弱的通道，一线房地产市场波动性经历过增强后，在2014年下半年进入下降通道，二线房地产市场与三线房地产市场波动性有上升趋势。

（二）协整性检验

使用STATA对包括常数项但不包括时间趋势项、包括常数项和时间趋势项、不包括常数项或时间趋势项的三种情况进行协整检验，使用信息准则选择各自最佳滞后阶数，结果见表5。

在5%显著性水平下，低频分解项 a5 与高频分解项 d1、d2、d3 以及 d4 在三种形式的检验中均拒绝不存在协整关系的原假设，即存在协整关系；高频分解项 d5 在不包括常数项或时间趋势项协整检验时接受原假设即认为没有协整关系，而其他两种形式在5%的显著性水平下拒绝原假设即认为存在协整关系。整体而言，本文认为低频分解项 a5 与高频分解项 d1、d2、d3、d4、d5 均存在协整关系。

表 5　　协整性检验结果

	滞后阶数	最大特征值检验（原假设：不存在协整关系）					
		包括常数项和时间趋势项		包括常数项但不包括时间趋势项		不包括常数项或时间趋势项	
		最大特征值统计量	5% 临界值	最大特征值统计量	5% 临界值	最大特征值统计量	5% 临界值
a5	4	62. 387	30. 33	55. 434	27. 07	28. 678	23. 80
d1	4	106. 500	30. 33	106. 501	27. 07	106. 472	23. 80
d2	2	160. 493	30. 33	160. 470	27. 07	160. 454	23. 80
d3	2	93. 812	30. 33	96. 328	27. 07	97. 087	23. 80
d4	4	56. 883	23. 78	55. 105	20. 97	54. 971	17. 89
d5	3	48. 145	30. 33	29. 795	27. 07	19. 163	23. 80

（三）波动溢出效应分析

将获得的小波分解按高频组和低频组通过格兰杰因果关系检验探究波动溢出效应。构建包括房地产市场、一线房地产市场、二线房地产市场以及三线房地产市场四个变量的系统，滞后阶数使用协整分析中信息准则选择的阶数。波动溢出效应结果见表 6。

表 6　　分解项匹配后格兰杰因果关系检验结果

原假设	d1		d2		d3		d4		d5		a5	
	Chi2	P 值	Chi2	P 值	Chi2	P 值	Chi2	P 值	Chi2	P 值	Chi2	P 值
一线城市房地产市场不是股票市场的 Granger 原因	2. 606	0. 63	11. 262	0. 00	2. 043	0. 36	8. 738	0. 07	6. 519	0. 09	204. 27	0. 00
二线城市房地产市场不是股票市场的 Granger 原因	7. 886	0. 10	4. 330	0. 12	2. 982	0. 23	25. 233	0. 00	5. 183	0. 16	55. 661	0. 00
三线城市房地产市场不是股票市场的 Granger 原因	2. 542	0. 64	0. 772	0. 68	3. 693	0. 16	10. 927	0. 03	5. 919	0. 12	260. 57	0. 00
股票市场不是一线房地产市场的 Granger 原因	50. 578	0. 00	23. 034	0. 00	2. 676	0. 26	15. 409	0. 00	0. 146	0. 99	411. 87	0. 00

续表

原假设	d1		d2		d3		d4		d5		a5	
	Chi2	P 值	Chi2	P 值	Chi2	P 值	Chi2	P 值	Chi2	P 值	Chi2	P 值
股票市场不是二线房地产市场的 Granger 原因	61.288	0.00	23.236	0.00	3.311	0.19	3.601	0.46	7.112	0.07	1 142.4	0.00
股票市场不是三线房地产市场的 Granger 原因	34.682	0.00	20.212	0.00	1.881	0.39	4.062	0.40	2.108	0.55	13 690	0.00

低频信号显示，各类房地产市场与股票市场均互为格兰杰因果。低频信号反映长期趋势，那么，从长期趋势看，房地产市场与股票市场之间存在双向的波动溢出效应。这说明长期来看，股票市场波动抑或是房地产市场波动都会引发另一方金融市场的波动。不仅如此，整体来看，在本文未列示的各类房地产市场之间也普遍存在波动溢出效应。

高频信号反映短期波动。短期来看，首先表现为股票市场向房地产市场的单向溢出，随着周期的加长转变为房地产市场向股票市场的单向溢出。总体来看，高频信号中房地产市场与股票市场不存在明显的双向溢出效应。在短期趋势中，影响股票市场短期表现的因素发生改变，从而市场波动状况发生改变，这种波动性的改变外溢到房地产市场。而影响房地产市场短期表现的因素发生改变引发的房地产市场波动状况的变动则不会外溢到股票市场。随着周期的加长，情况则发生反转。

六、总　　结

小波多分辨率分解同时实现时域分析和频域分析，将其应用于房地产市场和股票市场价格溢出效应和波动溢出效应分析，从不同的周期探析股票市场与房地产市场的溢出效应。本文研究结论如下。

第一，决定金融市场长期表现和短期表现的因素有所差异，这些决定性因素对其他金融市场的影响方式、影响范围、持续时间等均有所不同，进而决定了长期中溢出效应与短期中溢出效应不同。本文立足于房地产市场和股票市场，从实证角度验证了这一思想。

第二，在价格溢出方面，短期来看，首先表现为由房地产市场指向股票市场的价格溢出效应，随着周期的加长，价格溢出效应由股票市场指向房地产市场。长期趋势中，房地产市场与股票市场之间存在双向波动溢出效应。时下管控房地产市场政策的实施抑制了房地产过热的局面，一线城市房价增长停滞，进入调整阶段，二线城市维持稳定，三线城市2017年初经历短暂上涨后也基本平稳。政策的实施势必抑制长期中房地产市场真实收益，也必然会通过价格溢出效应影响到股票市场真实收益。

第三，在波动溢出方面，短期来看，首先表现为股票市场向房地产市场的单向溢出，随着周期的加长，转变为房地产市场向股票市场单向溢出。从长期趋势看，房地产市场与股票市场之间存在双向波动溢出效应。眼下房地产政策管控政策的实施，各类房地产市场趋于稳定，政策的推出降低了长期中房地产市场的波动，势必会影响到股票市场的波动性。

参考文献

1. 樊颖、张红、杨赞：《基于小波分析的北京市住宅市场景气循环周期》，载于《清华大学学报（自然科学版）》2015年第9期。

2. 范驷倩：《结构突变下房地产市场与股票市场的波动溢出效应实证研究》，华东师范大学硕士学位论文，2016年。

3. 汲源：《房地产股票市场溢出效应研究》，载于《统计研究》2008年第12期。

4. 梁建峰、张路：《基于结构突变的中国房地产与股票市场相关性研究》，载于《中国管理科学》2014年第1期。

5. 林三强：《次贷危机影响下美国股市与我国房地产市场波动溢出效应分析——基于BEKK－MVGARCH模型的检验》，载于《21世纪数量经济学（第10卷）》2009年第1期。

6. 刘金全、解瑶姝：《中国房地产市场与股票市场动态关联机制的实证检验》，载于《金融学季刊》2016年第4期。

7. 姚凤阁、宋春梅：《基于VAR－GARCH－BEKK模型的房地产股票市场的溢出效应分析——以金融危机为视角》，载于《中国软科学》2010年第1期。

8. Case K E，Quigley J M，Shiller R J，2012，Comparing Wealth Effects：The Stock Market Versus the Housing Market，*Advances in Macroeconomics*，Vol. 5，pp. 1235－1235.

9. John Okunev，Patrick J Wilson，1997，UsingNonlinear Tests to Examine Integration Between RealEstate and Stock Markets，*Real Estate Economics*，Vol. 25，pp. 487－503.

10. Kiyotaki N，Moore J，1997，Credit Cycles，*Journal of Political Economy*，Vol. 105，pp. 211－248.

11. Liow K H，Yang H，2005，Long－Term Co－Memories and Short－Run Adjustment：Securitized Real Estate and Stock Markets，*Journal of Real Estate Fi-*

nance & Economics, Vol. 31, pp. 283 – 300.

12. Liu C H, Hartzell D J, Greig W, et al., 1990, The Integration of the Real Estate Market and the Stock Market: Some Preliminary Evidence, *Journal of Real Estate Finance & Economics*, Vol. 3, pp. 261 – 282.

13. Markowitz H, 1952, Portfolio Selection. *Journal of Finance*, Vol. 7, pp. 77 – 91.

14. Oikarinen E, 2006, *Price Linkages between Stock, Bond and Housing Markets – Evidence from Finnish Data*, ETLA Discussion Papers 1004, Research Institute of the Finnish Economy.

15. Raymond Y C Tse, 2001, Impact of Property Prices on Stock Prices in Hong Kong, *Review of Pacific Basin Financial Markets & Policies*, Vol. 4, pp. 29 – 43.

The Study on Spillover Effect between Real Estate Market and Stock Market

——Based on Multi-resolution Wavelet Decomposition

TENG Yueyang ZHANG Xinyue

(The Center for Economic Research, Shandong University, 250100)

WANG Xixi

(School of Finance and Business, Jinan Vocational College, 250103)

[**Abstract**] In the big data era, the information tends to be transparent and the limitation of capital flows is reducing. As a result, the connections between financial markets are enhanced. As an important part of financial market research, the spillover effects between financial markets have always been the focus of research. This paper applies multiresolution wavelet decomposition to research the spillover effects of financial market. In the aspect of research method, this paper combines the dimension of time domain with the dimension of frequency domain. As a consequence, it overcomes the limitations of traditional research methods. What's more, our study realizes the decomposition of financial. It is found that the spillover effect of high frequency decomposition is relatively weak and is more of a one-way spillover or no spillover. In contrast, the spillover effect of low frequency decomposition is two-way spillover. The high frequency decomposition represents the short term trend and the low frequency decomposition represents the long term trend. Thus, the spillover effect is different from different cycle perspective.

[**Key Words**] Real Estate Market Stock Market Spillover Effect Wavelet Decomposition

JEL Classifications: G00 G10

对美出口商品增设关税对中国经济的影响

——基于 CGE 方法

王冠东　王洁琼*

【摘　要】基于静态单国可计算一般均衡模型，包含 42 个行业，两个国外账户，本文实证模拟了对美出口全部商品增设 7% ~12% 关税对中国整体和行业影响。结果表明，对美出口商品关税提高到 10%，对中国经济产生的影响为：（1）GDP 损失 3.5%；（2）农村家庭、城市家庭支出均减少约 4.5%，与要素收入降低同步；（3）人民币汇率贬值和国内通缩压力较大；（4）其他国家更多出口增加，与美国有替代效应，同时国内生产商品替代进口商品；（5）行业对要素需求减少存在异质性，对非出口行业的间接作用显著。

【关键词】**中美贸易摩擦　关税　可计算一般均衡**

中图分类号：**F724.7**　文献标识码：**A**

一、引　言

中国是对美主要出口者，在美国消除贸易不平衡问题过程中必然引起诸多贸易摩擦。参照美日于 1970 ~1990 年期间贸易纠纷，本文回顾当时美国三种主要贸易措施：自愿出口限制、反倾销和反补贴，并综述其对日本、中国和欧盟等其他国家和地区的影响，同时总结当前已有对中美贸易摩擦影响的研究，为应对中美贸易摩擦提供参考。汉密尔顿和梅隆等（Hamilton and Melo et al.，1992）总结美日贸易战影响的分析集中于出口商品在美国市场占比、出口商品价格、要素边际收益、产品质量以及出口总量配额带来的影响。

* 王冠东，山东大学经济研究院博士研究生；地址：（250100）山东大学经济研究院；E-mail：andre_wgd@163.com. 王洁琼，韦伯斯特大学（Webster University）硕士，E-mail：fackky@163.com。

从研究方法上分类，卢克曼（Lochmann，1986）用历史归纳总结方法，分析贸易摩擦前后出口国商品在发起国市场份额的变化。戈尔姆森（Gormsen，2011）运用计量方法分析贸易摩擦对异质性企业的影响。刘元春（2018）运用可计算一般均衡（CGE），弥补计量方法局部均衡分析的不足。

当前对中国贸易摩擦的影响，其中多数采用多国静态 GTAP 模型模拟中美贸易摩擦对我国 GDP，进出口数量，贸易条件，社会福利等宏观变量在不同关税比率、税基情况下的影响。一方面可计算一般均衡（CGE）的分类，存在单国静态、动态等多种选择，根据不同经济理论有凯恩斯闭合，约翰森闭合等。罗宾逊（Robinson，1990）总结了在国际贸易问题上模型、不同闭合选择对结果的影响；另外，从预测效果、抑或是模型的选择是否更接近我国发展中国家的现实情况，严斌剑和范金（2009），石季辉和刘兰娟等（2011）阐述了国际贸易和财政政策领域不同闭合的选择问题。凯西（Cassey，2012）认为相比于投入产出模型，可计算一般均衡更适用于短期分析。最后是不同行业，劳动力，家庭则更具体地体现对中美贸易摩擦的影响。正如张友国和郑世林等（2015）的总结，多国 CGE 模型主要关注那些对一个经济区起作用的多边贸易政策，主要用于分析贸易政策的资源配置和福利效应，而单国 CGE 模型关注于国内经济结构刻画，主要用于分析各种贸易政策的部门效应。故本文借鉴洛夫格伦等（Lofgren et al.，2002）单国静态模型在新古典闭合的情况，运用2012 年社会核算矩阵（SAM）测度我国全部出口美国商品征收 7%～12% 关税，进而研究对 GDP、汇率、要素、家庭收入、投资、进出口等宏观变量的影响，并解释对不同行业就业进出口的影响。

本文的结构安排如下：第二部分是文献综述，第三部分是模型介绍数据来源，第四、五部分对实证结果横向对比分析，最后总结全文并提出政策建议。

二、文献综述

21 世纪以来，中国逐步取代日本成为主要对美出口国家，并产生激烈的贸易摩擦。故本文综述 20 世纪后半叶美日贸易战，特别是 1970～1990 年期间，美国在贸易层面三种主要限制日本出口的手段以及影响，为当下中美贸易冲突提供参考。贸易壁垒中对出口国的影响分析较少，综述包括三种限制措施对日本、中国、欧盟等国家或地区的影响。

（一）对日贸易限制方法的影响

“二战”后，美国逐渐积累起巨大贸易逆差，所以美国采取诸多措施来修复贸易平衡，重点是限制对最大出口国的进口，比如日本，同时增加对该国商品出口。布朗和麦卡洛克盖（Bown and Mcculloch，2009）总结20世纪后半叶日本对美出口的贸易壁垒，包括自愿出口限制（voluntary export restraints）、反倾销（anti-dumping）、反补贴（countervailing duties）和特定国家安全法案（country-specific safeguards），提高他国出口商的可进入性。同时通过GATT贸易纠纷协调机制和301法案提高日本市场对美国商品的开放性。在1995～2008年期间共对日本发起23次正式301调查，涉及行业从农业扩展至木制品，知识产权密集型出口产品（intellectual-property-intensive export products）和服务业等。通过梳理当时诸多贸易壁垒，以及对日本的影响，有利于对当下中美贸易摩擦影响的研究。

1. 自愿出口限制

自愿出口限制对出口国的作用主要表现为，在美国市场占有量、出口商品价格、要素边际收益、产品质量以及出口总量配额带来的影响。首先关于日本是否自愿？宫城和大野（Miyagiwa and Ohno，2010）指出，相比于出口商更担忧配额、关税等其他措施而自愿接受出口限制，他们认为当主要出口国企业与进口国谈判过程中，会获得其他较小出口国企业无法得到的信息，并且利用该信息盈利。克里希纳（Krishna，1989）认为当行业处于垄断地位时，出口限制能够减少供给，提高价格，国内外企业均受益，所以是自愿行为。

卢克曼（Lochmann，1986）总结道，日本于1981年起对美出口汽车施行自愿出口限制。在美国汽车市场份额限制前是28.8%，三年后则降至23%。美国汽车行业扭亏为盈，但因限制竞争，导致美国消费者增加43亿美元成本。庞弗雷特（Pomfret，1989）认为自愿出口限制的经济后果分析相比基于关税的贸易政策分析更加复杂，因为VER促使寡头企业串谋，存在差异性产业结构的影响。VER的影响分析包括两方面：一是非限制行业对于限制行业的替代；二是由此引发资源错配降低全球福利。克兰德尔等（Crandall et al.，1987）总结1969～1985年美国对日本钢铁行业三种进口限制措施，分别是配额、价格限制（trigger prices）与自愿出口限制。但是受美元升值的影响，美国钢铁消费中进口占比从1970的13.8%上升至1986年的23.1%。其他国家在美增加制造厂而刺激汽车行业投资总量增加。达迪斯（Dardis et al，1994）基于日本在美销售汽车价格上升约8%计算生产商的福利损失，其中关键在于商品的需求价格弹性，相比于自愿出口限制，关税带来的福利损失更小。梅隆（Melo，1990）分析了韩国皮革行业对美出口接受自愿出口限制的影响，分为三个方面，降低行业要素边际收益，限制出口行业萎缩，贸易转移导致的效率降低。其中要素边际收益大约降低9%。刘（Liu，1991）研究出口行业受到志愿出口限制后是否会出现产品升级，其结论是只有当保持边际成本不变和对需求弹性的限制后才能够保证产品升级。圣东尼和考特

（Santoni and Cott，1980）认为只有当进口商为价格接受者时才会出现产品升级现象。汉密尔顿和梅隆（Hamilton and melo，1992）综述了制鞋业自愿出口限制对出口国家的影响，包括出口商品价格提高，从进口国获得溢价租金（rents），效率降低，存在商品质量升级和降级两种可能性，同时因为配额分配导致的效率降低，工资和就业降低，并且收入分配方面存在不公平。

2. 反倾销

对反倾销影响的研究集中在贸易出口变化和贸易转移效应，并且不同性质企业对反倾销影响各异。布鲁萨（Pursa，1996）认为反倾销措施限制对方出口量，尤其在调查期间，贸易转移效应显著，并导致出口价格升高。戈尔姆森（Gormsen，2011）构建异质性企业模型模拟反倾销，结论是部分出口企业得以存活但会降低国内销售的价格。从长期看更少的企业进入该市场，市场竞争降低进而引发社会福利损失。道恩和克劳利（Bown and Crowley，2006）分析美国对日本展开反倾销调查对日本和欧盟的影响，日本对美出口下降约25%，并对欧盟出口价格下跌。

钱德拉和朗（Chandra and Long，2013）从异质性企业层面研究对美出口进行反倾销调查（AD）对中国的影响。AD降低企业全要素生产率约12%，出口强度大的企业损失更严重。鲁和陶（Lu and Tao，2013）从短期视角看，反倾销措施执行初期出口量大幅减少，而长期反倾销措施结束后，存活企业出口量降幅有限。相反，劳动生产率较低，出口消费品，单一产品的企业在负面冲击时出口量锐减。克鲁卜和斯基特（Krupp and Skeath，2002）探讨反倾销调查对出口国的影响，发现对上游行业生产具有正面作用，下游行业相反。值得注意的是龙小宁和方菲菲（2018）指出美国对华反倾销措施增加非倾销产品在原有销售渠道的出口，对产品跨行业和外资企业影响较小。

3. 反补贴

李和严（Li and Yan，2014）测度反倾销和反补贴调查对股市的作用，对波及企业股价的正常收益率有负向影响，非限制企业股价的正向受益是得益于政府帮助，从而体现出贸易摩擦中的政府作用。世贸组织成员国中共有4230件反倾销调查和302件反补贴调查在1995～2012年间。健谷和播莫（Kagitani and Harimaya，2015）解释，如果出口国占据出口市场份额减少和出口商品价格下跌，在面临特别安全调查时会自愿选择接受出口限制。

（二）对中国的影响

贸易壁垒对中国的影响分为微观层面、宏观层面和制度层面的影响。既有对此次中美贸易摩擦的影响，还包括该事件之前贸易壁垒对中国影响的实证分析。

1. 中美贸易摩擦对微观企业的影响

何有良（2018）基于 PSM – Cox 比例风险模型，实证表明贸易壁垒加剧中国民营、一般贸易品出口企业退出市场的风险，通过生产率效应、竞争效应传导，与此同时，国有企业，加工贸易企业并不敏感。冯宗宪和向洪金（2010）综述反倾销的影响，包括贸易的破坏效应，转向效应，偏转效应，抑制效应。蒋为和孙浦阳（2016）发现美对华反倾销制裁实施后，对整体出口均有负面影响，微观机制为经营绩效和融资状况的恶化。李平和田朔等（2014）实证得出关税壁垒对劳动密集型、技术密集型企业创新具有负向作用，但促使技术密集型和大中型企业研发投入增加。陈等（Chen et al.，2017）探讨贸易壁垒对行业生产率，国企和民营企业资源分配的作用。施炳展（2014）表明反倾销抑制中国出口增长的内涵边际和外延边际，后者显著大于前者。李猛和于津平（2013）认为贸易壁垒刺激中国对非实施贸易壁垒国家的直接投资。

2. 对中观行业、宏观层面的作用

王小梅和秦学志等（2014）认为贸易保护对中国机械、金属、矿产品和加工食物行业的阻碍尤为明显。黄鹏和汪建新等（2018）运用 GTAP 模型测算不同关税额度，与东盟、欧盟建立自由贸易区，增加知识产权保护对 GDP、社会福利的影响，并指出全球价值链在中美贸易摩擦中起到了缓冲作用，但随规模扩大，负面影响同样会叠加。曲越和秦晓钰（2018）以 GTAP 模型预测美对华 301 调查在行业层面的影响。倪红福和龚六堂等（2018）运用全球投入产出模型，模拟中美贸易摩擦，美国价格效应显著大于中国。李春顶和何传添（2018）采用多国 GTAP 模拟中美贸易摩擦不同情形对宏观变量的作用，譬如增加值、进出口、就业等。刘元春（2018）运用标准静态 GTAP 模型，模拟中美互设不同层级关税对 GDP、进出口、贸易条件的影响。谈判可以对中国制度产生影响，黄少安（2018）指出在贸易摩擦中美国战略目标是逼迫中国全面开放金融市场。

（三）研究方法

从方法上讲，对中美贸易摩擦的影响分为定性，定量两种，定量可分为计量分析，可计算一般均衡，投入产出法。计量分析为局部均衡分析方法，文献多集中于对企业、行业的分析，后两种方法是基于一般均衡理论。班达拉（Bandara，1991）指出局部均衡的不足：“当回馈效应比较大时则不合适，譬如对降低关税的研究缺乏对生产、投资、消费决定的影响。投入产出法的不足在于没有生产要素和商品需求的限制，是需求导向型，同时投入结构不能随价格变动来调整。”

可计算一般均衡是分析此次中美贸易摩擦的有力武器，学者多采用GTAP多国静态模型。多国CGE模型主要关注那些对一个经济区起作用的多边贸易政策，主要用于分析贸易政策的资源配置和福利效应，而单国CGE模型关注于国内经济结构刻画，主要用于分析各种贸易政策的部门效应。相比于静态、动态，单国、多国的选择，CGE模型宏观闭合的确定则更具有主观性，是基于学者所信仰的学派，具体主要包括凯恩斯模型、新古典模型、约汉森（Johansen）模型、卡尔多（Kaldorian）模型等，正如马滕斯（Martens，1988）总结73篇CGE文章，其中新古典闭合38个，凯恩斯19个，约翰森15个。洛夫格伦等（Lofgren et al.，2002）实证得出结论，不同宏观闭合对模拟均衡结果影响较大。中美贸易摩擦的CGE分析集中在多国模型，新古典闭合。罗宾逊等（Robinson et al.，1990）研究得出在国际贸易问题上，不同宏观闭合对结果的影响在0.4%～4%之间。故本文采用单国的静态模型在新古典闭合的情况下，分析中美贸易摩擦对就业、收入、投资、消费的影响。

三、模型与数据

本文模型借鉴洛夫格伦等（Lofgren et al.，2002）单国静态模型，并对模型进行删减和补充，使模型更适合中美贸易摩擦问题。模型包括价格模块、生产、贸易、机构、系统限制模块，公式是刻画主体在一阶最优条件下的行为，诸如消费者效用最大化，企业成本最小化，在国际贸易中出口是企业供给国内与国外中选择并追求销量最大化，进口是在国内商品和国外商品之间选取成本最小化的商品，其中国际贸易中假定不同国家商品的异质性，即阿明顿假设。假定外生的变量有政府消费外生，为简化版政府角色。系统限制模块包括投资储蓄平衡、经常项目平衡、政府收支平衡，三者不同组合构成了闭合的相异，加之微观主体的最优化行为共同组成了模型的均衡。

（一）生产贸易

增加值（value-added）生产本文选取资本和劳动作为生产要素，惠利（Whalley，1984）对选取这两项作出解释：和经典理论一致，数据易得，利用要素成本计算其价格、需求从而便于模型自洽。式（1）说明每个活动增加值数量是要素的CES（不变替代弹性）函数。式（2）保证了要素价格等于其边际收益，是企业追求利润最大化行为的体现。式（3）定义所有活动的中间产品采用里昂惕夫形式，即固定投入产出比例，因为活动对不同中间产品的需求替代弹性难以确定。最后用里昂惕夫函数将增加值和中间产品加总，我们假设技术和规模收益不变，商品之间是完全竞争市场，不存在垄断企业。

$$QVA_a = a_a^{va} \cdot \{ (\sum_{f\in} \delta_{fa}^{va} \cdot QF_{fa})^{-\rho_a^{va}} \}^{-\frac{1}{-\rho_a^{va}}}, \ a \in A, \ f \in F \quad (1)$$

$$WF_f \cdot WFDIST_{fa} = PVA_a (1 - tva_a) \cdot QVA_a \cdot \{ (\sum_{f\in F} \delta_{fa}^{va} \cdot QF_{fa})^{-\rho_a^{va}} \}^{-1} \cdot \delta_{fa}^{va} \cdot QF_{fa}^{-\rho_a^{va}-1} a \in A \quad (2)$$

$$QINT_{ca} = ica_{ca} \cdot QINTA_a \quad (3)$$

$$QX_c = a_c^{ac} \cdot \{ (\sum_{\alpha\in A} \delta_{ac}^{ac} \cdot QXAC_{ac})^{-\rho_c^{ac}} \}^{\frac{-1}{\rho_c^{ac}-1}} \quad (4)$$

$$PXAC_{ac} = PX_c \cdot QX_c \cdot \{ (\sum_{\alpha\in A} \delta_{ac}^{ac} \cdot QXAC_{ac})^{-\rho_c^{ac}} \}^{-1} \cdot \delta_{ac}^{ac} \cdot QXAC_{ac}^{-\rho_c^{ac}-1} \quad (5)$$

式（4）和式（5）是厂商的一阶最优条件以保证最大化收益，即 PXAC 下降时对其需求会增加。国内总产出分为内销和出口两种途径，厂商最大化收入，其中国内销售价格与出口价格确定其最优数量分配。本文对模型进行扩展，加入第二层 CET 函数，是总出口在美国和其他出口商之间的最优分配。厂商收到出口价格是减去关税后，即关税成本均有国内厂商承担。国内总复合商品供给（composite supply）由国产内销和进口商品组成。阿明顿假设使同一种商品存在进口和出口，国产商品与进口商品的不完全替代使得厂商追求成本最小化时作出最优选择。

（二）机构模块

机构模块包括家庭、企业、政府，国外账户包括美国和其他国家。明确不同机构的收入与支出，以及不同机构之间的收入转移。从收入角度，家庭和企业的收入来源于要素收入，政府转移支付，具体是劳动和资本的收益。式（6）是去除直接税和国外转移后得到机构要素收入。式（7）为增加机构间转移收入得到国内非政府机构收入，即定义企业与家庭收入。式（8）是政府收入，其来源于税收和国外转移。从支出方面看，假定企业不参与消费，则家庭和政府支出与投资确保收入与支出的平衡。式（9）表示家庭在收入限制下通过购买不同商品获得最大效用。给定政府支出不变是对政府角色的简化，仅有税率和政府储蓄变动，部分财政政策，货币政策被省略掉，具体支出是商品购买和政府转移支出，如式（10）。

$$YIF_{if} = shif_{if} \cdot (1 - tf_f) \cdot YF_f - trnsfr_{rowf} \cdot EXR \quad (6)$$

$$YI_i = \sum_{f\in F} YIF_{if} + \sum_{i\in INSDNG} TRII_{ii'} + trnsfr_{igov} \cdot CPI + trnsfr_{rrow} \cdot EXR \quad (7)$$

$$YG = \sum_{i \in INSDNG} TINS_i \cdot YI_i + \sum_{f \in F} tf_f \cdot YF_f + \sum_{a \in A} tva_a \cdot PVA_a \cdot QVA_a + \sum_{a \in A} ta_a \cdot PA_a \cdot QA_a + \sum_{c \in F} tm_c \cdot pwm_c \cdot QM_c \cdot EXR + \sum_{c \in CE} te_c \cdot pwe_c \cdot QE_c \cdot EXR + \sum_{c \in C} tq_c \cdot PQ_c \cdot QQ_c + \sum_{f \in F} YIF_{govf} + trnsfr_{gov\ row} \cdot EXR \tag{8}$$

$$PQ_c \cdot QH_{ch} = PQ_c \cdot \gamma_{ch}^m + \beta_{ch}^m \cdot \{EH_h - \sum_{c' \in c} PQ_{c'} \cdot \gamma_{c'h}^m - \sum_{a \in A} \sum_{c' \in c} PXAC_{ac'} \cdot \gamma_{ac'h}^h\} \tag{9}$$

$$EG = \sum_{c \in C} PQ_c \cdot QG_c + \sum_{i \in INSDNG} trnsfr_{igov} \cdot CPI \tag{10}$$

（三）系统限制模块

系统限制模块：微观市场均衡包括要素市场和商品市场。要素市场存在失业和完全就业两种情况，卡尔内路（Carneiro，2003）在度量自由贸易对巴西就业市场的作用时，运用工资价格黏性和效率工资模型，并且将不同劳动力特点分别对待。宏观市场均衡设计经常项目，政府收支，储蓄与投资的平衡。储蓄与投资一方面可以固定投资通过储蓄变动得以平衡，另一方面，固定储蓄、内生投资同样使得项目平衡。政府平衡为调节税率保证收支平衡。本文通过固定国外储蓄，使汇率内生来平衡经常项目，考察对外贸易对汇率的内生影响。

（四）模型数据及来源

社会核算矩阵（SAM）编制运用 RAS 方法对微观 SAM 更新至 2012 年，宏观 SAM 参照冯彦杰和娄峰（2018）的数据。SAM 包括 42 个活动、商品，其中 27 个行业涉及出口。机构包括家庭、企业、政府和外国部门，ROW 本文按照 2007 年进出口数量中美国实际出口所占比例，进口占 0.09，出口占比是 0.19①，使得外国储蓄平衡，国外转移支付占比与出口比例相同。家庭分为农村、城市家庭两类，劳动力由熟练工和非熟练工构成。模型中参数大多可以从 SAM 校准得出，如要素份额、转移系数等。诸如要素替代弹性、阿明顿弹性，转换函数中的弹性，需求的支出弹性则需外生给定，来源于王勇和王恩东（2017）、翟（Zhai，2005）、包和唐（Bao and Tang，2013）、穆（Mu，2018）等的研究。

---

① 资料来源于灵宝经济洞察平台。

四、模拟和结果

本文首先基于社会核算矩阵求出基期解，在此基础上改变外生变量，获得不同冲击后内生变量的取值，即模拟结果。因为模型中多为非线性模型，所以只能得到局部均衡解。为检测模型的可靠性，保证模型内部平衡，我们在投资储蓄公式中加入变量瓦尔拉斯（Walras），如果模型本身平衡则该变量等于零。本文模型通过这两项检验，得到局部最优解和趋近于零的瓦尔拉斯（Walras）。

本文模拟对美全部出口增收10%的关税，探讨对GDP、汇率、国内投资、不同家庭的最终消费、要素收入等总体变量的影响。从行业角度，分析生产要素需求变化、进出口总量变动以及对美出口和对其他国家出口的转移效应。为研究关税对宏观变量的影响趋势，继而模拟关税从7%～12%的递增，观察对总体变量的作用，同时用于测试模型的稳健性。

（一）总体影响的机制分析

中美贸易摩擦对我国的影响首先取决对国际贸易的依赖程度，抑或是消费、投资对经济增长的带动作用。图1是2000年以后最终消费、资本形成总额、货物和服务净出口对GDP拉动作用占比。根据图1，2010年之前投资对经济增长的拉动作用最为显著，在此以后最终消费的作用则越发突出，尤其是近三年。相比于出口导向型特征，我国对进出口的依赖程度是明显低于最终消费和投资。以次贷危机为界，之前多为正向作用，但存在三个年份的负值，之后共有五个年份的正值，需要指出的是2017年净出口对经济增长的拉动作用明显提高。

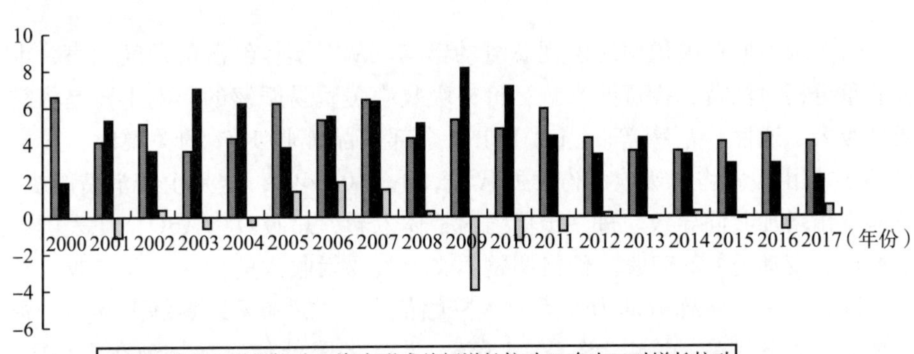

图1　三大需求对经济增长拉动比

资料来源：灵宝经济洞察平台，http：//lingbao. elecredit. com/Home/FrontLogin? lastUrl = http%3A%2F%2Flingbao. elecredit. com%2FMacro%2FMacroIndex%2F，访问时间：2018年12月3日。

从整体上看，中美贸易摩擦对我国今后经济增长影响较小，更多取决于消费与投资的增长。在去杠杆的背景下，对最终消费的依赖程度将加深。相比于2017年净出口的涨幅，今年贸易增长压力较大，可能会拖累经济增长速度，总体方向为负，具体值可由CGE计算得出。

因为存在小国假设，无穷弹性且出口世界价格不变，加之对美出口关税增加，导致对该国出口商品价格下降，出口减少，世界其他地区出口价格相对增长，出口利润增加，因为存在贸易转移替代效应，故吸收更多出口商品。鉴于不同国家出口的不可完全替代性，总出口依然会减少。国内价格相对上升，由于模型中不存在销售成本差异，企业在国内销售商品意愿增强，吸收了部分出口减少额。商品出口与国内销售不完全替代，否则一方销售商品完全为零，与现实不符，所以出口商品总产出降低无法全部由国内销售和世界其他地区弥补，继而总产出降低。模型中我们假设要素、商品价格完全灵活变动以调节供求关系平衡，正如李继锋（2012）指出，出口关税提高对我国的影响分为两部分：一是实体经济受到的影响；二来名义价格调整吸收负向冲击，二者难以分离。当出口商品价格降低，利润减少，企业通过调整所雇佣资本和劳动力需求价格压缩成本，要素回报减少直接导致居民收入降低，税率不变时政府收入减少。需求减弱与收入减少正相关，由此引发国内供给价格下降。因为此时进口商品相对价格提升，企业进口需求减弱，总体进口减少。除了调整要素需求价格，企业减少雇佣要素数量可以降低成本，由于要素需求价格等于要素边际收益，加之完全就业的假设，要素在不同行业之间转移。同时考虑到不同行业价格、数量的波动对进口商品的需求，进而影响商品供给价格，数量。

（二）总体变量的影响

表1为不同关税税率对宏观总量的影响。从对实体经济的角度而言，本文着重分析对消费、投资的影响；价格吸收中美贸易摩擦的影响主要是依靠要素收入、通胀、汇率等。当对美出口全部商品征收10%的关税时，投资（INV）是由投资占总吸收的份额所代表，上升0.24%，这是由于消费减少、政府支出增加共同导致。进一步从国内整体上看，总吸收（ABO）代表国内总产出，变动是-2.87%。价格调整本文考察要素收入的变化，要素收入总体下降，其中非熟练劳动力要素收入降幅最大，约4.6%，熟练劳动力、资本要素收入分别变动-4.2%、-4.6%。收入的降低如实地体现在支出中，尤其是被划分为非熟练劳动力的农村劳动力，其要素收入变动幅度与农村家庭支出减少比例接近。熟练劳动力和资本要素收入在税后流向城市家庭，降幅为-4.55%。通过价格调整来消化中美贸易摩擦带来的影响更直接地体现

在通货膨胀的降低中，约-6.5%，其波动高于收入与支出的降幅，未来我国可能存在较高通缩压力。正如通货膨胀（CPI）反映国内产品价格水平，汇率则是用直接法表示的变量，并灵活变动以保证现有的经常项目平衡，在模拟中，汇率贬值6.2%，人民币在未来存在较大贬值压力。

表1　　关税提高对总体变量的影响

单位%/税率	0.07	0.08	0.09	0.10	0.11	0.12
GDP	-3.063	-3.472	-3.482	-3.501	-3.526	-3.637
汇率	6.5330	5.4420	6.0360	6.2280	6.0740	5.6810
投资	0.2280	0.2300	0.2390	0.2400	0.2380	0.2490
政府收入	3.0640	2.7520	2.7660	2.7720	2.7400	2.6560
总吸收	-2.407	-2.860	-2.852	-2.868	-2.896	-2.986
通货膨胀	-6.385	-6.479	-6.471	-6.449	-6.485	-6.607
非熟练劳动力收入	-4.049	-4.498	-4.539	-4.603	-4.601	-4.753
熟练劳动力收入	-3.772	-4.237	-4.244	-4.277	-4.297	-4.429
资本要素收入	-4.034	-4.587	-4.526	-4.499	-4.557	-4.573
农村家庭支出	-4.064	-4.516	-4.551	-4.610	-4.611	-4.756
城市家庭支出	-4.041	-4.502	-4.514	-4.552	-4.567	-4.688

资料来源：笔者计算得出。

以上结果是税率为10%时，我们同时模拟税率提高对总体变量的影响，将税率从0.07增加到0.12。可以得到的结论是随着关税提高，影响逐渐变大，对名义GDP的作用并没有出现边际递减趋势，而是波动性得到提高。由于不同变量的相互作用，很难得出一个清晰的演变路径，但总体随关税提高而变大，不应该忽视关税壁垒对我国的影响。

（三）行业影响机制及效果

就业和进出口数据的不同行业表现，一方面明确哪些行业失业问题较为严重，同时哪些更具吸收就业潜力。除此之外，生产端的要素转移如实体现在进出口变动中，本文重点分析两种替代效应，第一种是出口到美国与其他国家的替代，即转移效应；第二种是进口与本国生产的替代。因为采取所有行业统一关税，出口企业所得商品价格均减少10%，随后形成国内销售与外销地替代，此外，行业之间的不同影响更多取决于外生的需求价格弹性，当弹性较大时，微弱价格变动则会引起更大幅度的商品数量波动，然而比较各行业弹性并无较大差异，模型结果更多是由收入效应和替代效应两种力量共同决定国内总产出的水平，同样影响不同行业的边际收益和要素就业水平。

因为假设所有要素在行业之间自由流动，要素供给给定，要素价格灵活变动与要素需求内生决定就业水平，均衡处是使得要素收益与要素成本相等。然而要素边际收益与成本为内生决定，所以基于边际收益递减规律，加上企业的生产曲线所处位置不同，导致了对待统一关税的异质性影响。故本文从要素就业来考察企业生产端的变动，借此来解释不同行业的进出口变动，同时用进口替代来说明部分行业的产出减少。纵然解释有内生性问题，主要在于模型是同时成立的方程，当两者一致时，更多体现出模型的稳健，我们借此考察就业对进出口的影响或者反向关联。

本文模型中共包括42个行业，其中27个行业产品出口世界，22个行业从其他国家进口商品。总共有24个行业雇佣要素减少，包括可贸易品和非可贸易品行业，非可贸易品就业的变动是对出口行业施加关税的间接作用，通过中间产品的供需传导而形成其中可贸易品就业减少7个行业。在27个出口行业中，有10个行业总出口量减少，总体与就业减少一致，其余增加行业更多是出口到其他国家增长所致。出口美国行业中减少了19个，相反，出口世界其他国家商品只减少了7个行业。出口其他国家的增长同样解释了就业增加。除了出口与就业的关系外，进口的作用同样不能忽视，22个进口行业中，13个减少，一方面是出口、就业的减少同时降低了进口需求，另外是进口对国内生产有替代作用。

表2列出重点行业的变动，从42个行业中剔除影响较小的行业，总共剩余27个行业。出口减少最多的行业分别是通信设备、计算机及其他电子设备制造业、金属制品业等。进口替代作用较小，当行业就业增加时，如纺织业。就业减少时进口则下滑幅度较大，如通用、专用设备制造业。值得重视的是有多个行业在关税提高时依然增加了就业和出口，如石油和天然气开采业，金属矿采选业，服装皮革羽绒及其制品业，电气、机械及器材制造业等。

表2　　就业与进出口行业层面数据

	非熟练劳动力	熟练劳动力	资本	出口	进口	对美出口	其他国家出口
农林牧副渔	5.12	5.20	5.15	-3.10	-6.27	-15.18	-0.03
煤炭开采和洗选业	5.20	5.27	5.22	58.57	-17.08	39.17	64.02
石油和天然气开采业	35.65	36.23	35.83	39.18	12.19	17.00	47.37
金属矿采选业	44.21	44.83	44.41	23.80	43.31	6.18	33.75
非金属矿采选业	-5.91	-5.50	-5.77	-14.00		-21.95	-1.69

续表

	非熟练劳动力	熟练劳动力	资本	出口	进口	对美出口	其他国家出口
纺织业	19.71	20.22	19.87	4.31	-4.13	-8.33	7.46
服装皮革羽绒及其制品业	49.68	50.33	49.89	87.83		63.63	93.54
木材加工及家具制造业	-15.16	-14.79	-15.04	5.03		-8.35	8.41
造纸印刷及文教用品制造业	8.24	8.71	8.39	5.55	0.12	-6.41	9.33
石油加工、炼焦及核燃料加工	3.59	4.03	3.73	-1.71	21.92	-12.30	1.13
化学工业	5.58	6.09	5.74	12.99	0.19	0.62	16.02
非金属矿物制品业	-9.53	-9.14	-9.40	-3.11		-14.40	0.08
金属制品业	-5.18	-4.77	-5.05	-45.71	-6.34	-53.86	-43.41
通用、专用设备制造业	-6.33	-5.92	-6.20	28.67	-29.46	8.78	33.41
交通运输设备制造业	-11.05	-10.66	-10.92	-5.06	-29.71	-19.74	-1.56
电气、机械及器材制造业	28.46	29.02	28.64	30.06	20.04	9.92	34.81
通信设备及其他电子设备制造业	-42.78	-42.54	-42.70	-48.42	-9.35	-56.41	-46.54
仪器仪表及机械制造业	7.34	7.80	7.49	-2.44		-13.05	0.26
其他制造业	-12.46	-12.09	-12.34	1.49	10.43	-9.47	4.39
建筑业	-6.44	-6.04	-6.31				
批发和零售贸易业	-3.40	-2.99	-3.27				
住宿和餐饮业	-8.20	-7.80	-8.07	-3.24	-19.80	-14.80	-0.47
金融保险业	6.93	7.39	7.07	9.28	-7.63	-2.75	13.60
房地产业	-5.43	-5.02	-5.30				
科学研究事业	-2.43	-2.01	-2.30				
综合技术服务业	0.35	0.78	0.49				
文化、体育和娱乐业	3.33	3.78	3.48	14.88	-9.77	1.67	18.76

资料来源：笔者计算。

五、敏感性检验

单国模型研究贸易问题时，转换函数中价格需求弹性设置尤为关键。为增加稳健性，本文在引用他人文献的基础上，对此关键弹性做稳健性检验。

同时对税率上下扩展以探究总体变量的波动幅度，增加模型稳健性检验。

图 2 展示情景 1 和情景 2 的模拟，分别是当转换函数中关键外生替代弹性增加 5% 和降低 10% 的反应，我们看到增加 5% 时，所有总体变量变动幅度均小于 5%。当提高 10% 时，变化较小。总体而言，模型稳健，但在分析汇率变动时需要注意替代弹性的选择。

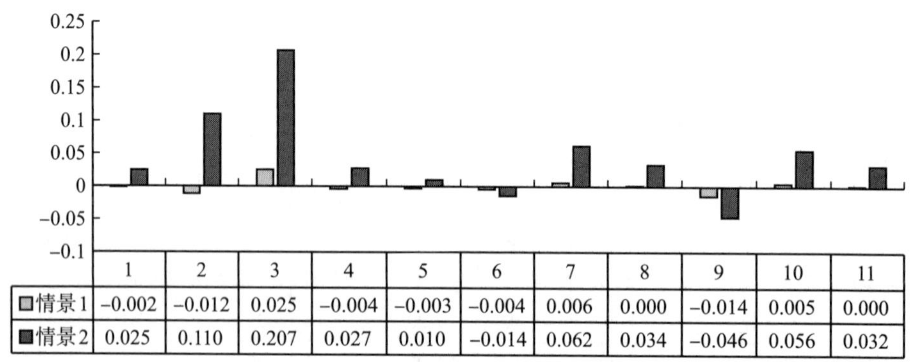

	1	2	3	4	5	6	7	8	9	10	11
情景1	−0.002	−0.012	0.025	−0.004	−0.003	−0.004	0.006	0.000	−0.014	0.005	0.000
情景2	0.025	0.110	0.207	0.027	0.010	−0.014	0.062	0.034	−0.046	0.056	0.032

图 2　替代弹性增减变化百分比

注：图中数字代码分别是：1. GDP；2. 汇率；3. 投资；4. 政府收入；5. 总吸收；6. 通货膨胀；7. 非熟练劳动力收入；8. 熟练劳动力收入；9. 资本要素收入；10. 农村家庭支出；11. 城市家庭支出。

资料来源：笔者计算。

图 3 刻画情景 3 和情景 4 的模拟，是对关税税率做敏感性分析的结果。我们对比分析了在 7% 和 12% 税率，总体变量的波动幅度。由图可知，整体变化较小，均小于 15%。关税提高 2% 变动范围小于降低 3%。故整体模型稳健。在不同关税模拟中，投资变化较大，应该引起注意。

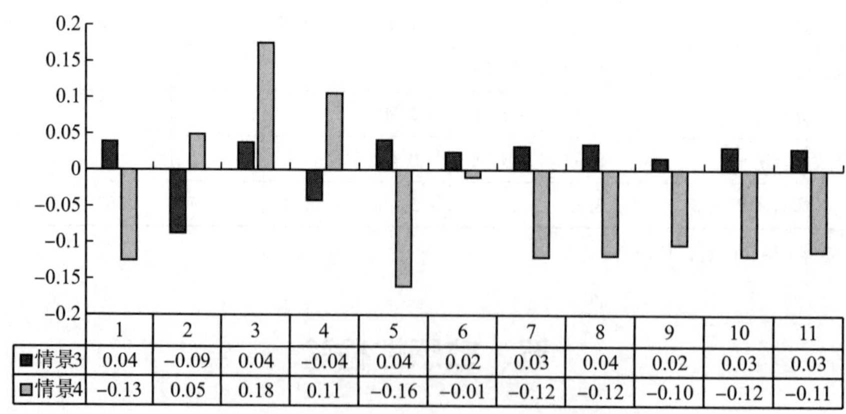

	1	2	3	4	5	6	7	8	9	10	11
情景3	0.04	−0.09	0.04	−0.04	0.04	0.02	0.03	0.04	0.02	0.03	0.03
情景4	−0.13	0.05	0.18	0.11	−0.16	−0.01	−0.12	−0.12	−0.10	−0.12	−0.11

图 3　不同税率对总体变量的影响

注：图中数字代码分别是：1. GDP；2. 汇率；3. 投资；4. 政府收入；5. 总吸收；6. 通货膨胀；7. 非熟练劳动力收入；8. 熟练劳动力收入；9. 资本要素收入；10. 农村家庭支出；11. 城市家庭支出。

资料来源：笔者计算。

六、结　论

本文运用可计算一般均衡（CGE）来模拟中美贸易摩擦对中国的影响。相比于其他学者运用多国静态模型，本文借鉴碳关税的已有研究方法，使用单国静态模型刻画更多国内总体变量如投资，居民收入，不同要素收入，更进一步在行业层面探讨对就业、进出口以及不同地区的贸易转移效应。相比于多国模型，单国模型更能充分测度对我国国内的影响，尤其是在行业层面，所以本文模型中包括 42 个行业。该模型使用完全就业的新古典闭合，运用 2012 年社会核算矩阵（SAM）模拟我国对美出口全部商品分别征收从 7% ~ 12% 关税带来的总体变量和行业影响。因为是完全就业，模型计算得出在面临负面需求冲击时可以吸收就业的行业，如通用、专用设备制造业，纺织业等。从整体上看，当征收 10% 的关税时。第一，对我国名义 GDP 整体影响约在 -3.5% 左右，并非无足轻重；第二，农村家庭、城市家庭支出均减少约 4.5%，与要素收入降低同步；第三，人民币汇率贬值和国内通缩压力较大；第四，其他国家更多出口增加，与美国有替代效应，同时国内商品替代进口商品；第五，行业对要素需求减少存在异质性，对非出口行业的间接作用显著。

参考文献

1. 冯宗宪、向洪金：《欧美对华反倾销措施的贸易效应》，载于《世界经济》2009 年第 8 期。

2. 冯彦杰、娄峰：《中国增值税改革的宏观经济效应研究》，载于《宏观经济研究》2018 年第 4 期。

3. 黄鹏、汪建新、孟雪：《经济全球化再平衡与中美贸易摩擦》，载于《中国工业经济》2018 年第 10 期。

4. 何有良：《易壁垒会加剧中国出口企业生存风险吗——以中国企业遭遇反倾销为例》，载于《国际贸易问题》2018 年第 1 期。

5. 黄少安：《中国不能被动开放金融——基于中美贸易战的战略思考》，载于《东北财经大学学报》2018 年第 3 期。

6. 李猛、于津平：《贸易摩擦、贸易壁垒与中国对外直接投资研究》，载于《世界经济研究》2013 年第 4 期。

7. 李春顶、何传添、林创伟：《中美贸易摩擦应对政策的效果评估》，载于《中国工业经济》2018 年第 10 期。

8. 李继峰、张亚雄：《基于 CGE 模型定量分析国际贸易绿色壁垒对我国经济的影响——以发达国家对我国出口品征收碳关税为例》，载于《国际贸易问题》2012 年第 5 期。

9. 李平、田朔、刘廷华：《贸易壁垒对中国技术创新的影响——兼论政府的作用发挥》，载于《国际贸易问题》2014 年第 2 期。

10. 龙小宁、方菲菲：《美国对华反倾销的出口产品种类溢出效应探究》，载于《世界经济》2018 年第 5 期。

11. 蒋为、孙浦阳：《美国对华反倾销、企业异质性与出口绩效》，载于《数量经济技术经济研究》2016 年第 7 期。

12. 倪红福、龚六堂、陈湘杰：《全球价值链中的关税成本效应分析——兼论中美贸易摩擦的价格效应和福利效应》，载于《数量经济技术经济研究》2018 年第 8 期。

13. 曲越、秦晓钰、黄海刚：《中美贸易摩擦对中国产业与经济的影响——以 2018 年美国对华 301 调查报告为例》，载于《中国科技论坛》2018 年第 5 期。

14. 石季辉、刘兰娟、王军：《财政民生支出 CGE 模型闭合条件的选择与检验》，载于《数量经济技术经济研究》2011 年第 9 期。

15. 施炳展：《贸易壁垒如何影响了中国的出口边际？——以反倾销为例的经验研究》，载于《经济研究》2014 年第 11 期。

16. 王勇、王恩东、毕莹：《不同情景下碳排放达峰对中国经济的影响——基于 CGE 模型的分析》，载于《资源科学》2017 年第 10 期。

17. 王小梅、秦学志、尚勤：《金融危机以来贸易保护主义对中国出口的影响》，载于《数量经济技术经济研究》2014 年第 5 期。

18. 张友国、郑世林、周黎安：《征税标准与碳关税对中国经济和碳排放的潜在影响》，载于《世界经济》2015 年第 2 期。

19. 严斌剑、范金：《中国 CGE 模型宏观闭合的实证检验》，载于《统计研究》2009 年第 2 期。

20. Bandara, J. S., 1991, Computable General Equilibrium Models for Development Policy Analysis in lDCS, *Journal of Economic Surveys*, 5 (1), 3 – 69.

21. Bao, Q., Tang, L., Zhang, Z., & Wang, S., 2013, Impacts of Border Carbon Adjustments on China's Sectoral Emissions: Simulations with a Dynamic Computable General Equilibrium Model, *China Economic Review*, 24, 77 – 94.

22. Bown, C. P., & Crowley, M. A., 2006, Policy Externalities: How US Antidumping Affects Japanese Exports to the EU, *European Journal of Political Economy*, 22 (3), 696 – 714.

23. Bown, C. P., & Mcculloch, R., 2009, U. S. – Japan and U. S. –

China Trade Conflict: Export Growth, Reciprocity, and the International Trading System, *Journal of Asian Economics*, 20 (6), 669 -687.

24. Chandra, P., & Long, C., 2013, Anti - Dumping Duties and Their Impact on Exporters: Firm Level Evidence from China, *World Development*, 51, 169 -186.

25. Carneiro, F. G., & Arbache, J. S., 2003, The Impacts of Trade on the Brazilian Labor Market: A CGE Model Approach, *World Development*, 31 (9), 1581 -1595.

26. Cassey, A. J., Holland, D. W., & Razack, A., 2011, Comparing the Economic Impact of An Export Shock in Two Modeling Frameworks, *Applied Economic Perspectives and Policy*, 33 (4), 623 -638.

27. Chen, Y. P., Lai, T. W., Lee, W. C., & Li, H. C., 2017, Trade Barrier and Misallocations: The Case of the Photovoltaic Manufacturing Industry in China, *International Review of Economics & Finance*, 52, 352 -367.

28. Crandall, R., 1987, The Effects of U. S. Trade Protection for Autos and Steel, *Brookings Papers on Economic Activity*, 271 -288.

29. Dardis, R., 1994, Consumer Preferences for Japanese Automobiles. *Journal of Consumer Affairs*, 28 (1), 107 -129.

30. De Melo, J., & Winters, L. A., 1990, Voluntary Export Restraints and Resource Allocation in Exporting Countries, *The World Bank Economic Review*, 4 (2), 209 -233.

31. Gormsen, Christian. 2011, Anti-dumping with Heterogeneous Firms, *International Economics*, 125: 41 -64.

32. Hamilton, C. B., Melo, J. D., & Winters, L. A., 1992, Who Wins and Who Loses from Voluntary Export Restraints? - The Case of Footwear, *The World Bank Research Observer*, 7 (1), 17 -33.

33. Hertel T., Zhai F., 2005, *Impacts of the Doha Development Agenda on China: the Role of Labor Markets and Complementary Education Reforms*, MA: The World Bank.

34. Kagitani K., Harimaya K., 2015, Safeguards and Voluntary Export Restraints under the World Trade Organization: The Case of Japan's Vegetable Trade, *Japan & the World Economy*, 36: 29 -41.

35. Krishna, K., 1989, Trade Restrictions as Facilitating Practices, *Journal of International Economics*, 26 (3 -4), 251 -270.

36. Krupp C. M., & Skeath S., 2002, Evidence on the Upstream and Downstream Impacts of Antidumping Cases, N*orth American Journal of Economics*

& *Finance*, 13 (2): 163 – 178.

37. Li W., Yan Z., Sun W., 2014, The Effect of Antidumping and Countervailing Investigations on the Market Value of Firms, *International Review of Financial Analysis*, 36: 97 – 105.

38. Liu, B. J., 1991, Quality Shifts and Voluntary Export Restraints from the Perspective of the Exporter's Home Market, *Journal of International Economic Integration*, 34 – 46.

39. Lochmann, M. W., 1986, The Japanese Voluntary Restraint on Automobile Exports: An Abandonment of the Free Trade Principles of the GATT and the Free Market Principles of United States AntitrustLaws, *Harvard International Law Journal*, 27 – 99.

40. Lofgren, H., Harris, R. L., & Robinson, S., 2002, A *Standard Computable General Equilibrium (CGE) Model in GAMS (Vol. 5)*. International Food Policy Institution.

41. Lu, Y., Tao, Z., & Zhang, Y., 2013, How Do Exporters Respond to Antidumping Investigations? *Journal of International Economics*, 91 (2), 290 – 300.

42. Miyagiwa K., Ohno Y., 2010, Planting Disinformation through Voluntary Export Restraints, *Pacific Economic Review*, 3 (2): 91 – 103.

43. Mu Y., Cai W., Evans S., et al., 2018, Employment Impacts of Renewable Energy Policies in China: A Decomposition Analysis Based on a CGE Modeling Framework, *Applied Energy*, (210): 256 – 267.

44. Pomfret, R., 1989, The Economics of Voluntary Export Restraint Agreements, *Journal of Economic Surveys*, 3 (3), 199 – 211.

45. Robinson, Sherman, Maureen Kilkenny, and Kenneth Hanson., 1990, *The USDA/ERS Computable General Equilibrium (CGE) Model of the United States*. AGES 9049.

46. Santoni, G. J., & Van Cott, T. N., 1980, Import Quotas: The Quality Adjustment Problem, *Southern Economic Journal*, 1206 – 1211.

47. Shoven J. B., Whalley J., 1984, Applied General – Equilibrium Models of Taxation and International Trade: An Introduction and Survey, *Journal of Economic Literature*, 22 (3): 1007 – 1051.

The Impacts on Extra Tariff of Export to US from Chinese in Multisector CGE Model

WANG Guandong

(Center for Economic Research, Shandong University, 250100)

WANG Jieqiong

(Webster University)

[**Abstract**] This paper uses static CGE model to evaluate the impacts on 10% extra tariff with all the export goods to US from China. The results show that trade war would slow down GDP growth rate about 3.5% and press a great pressure on CNY depreciation as well as the deflation in domestic. Second, the income from factors and expenditure of various households has decreased. Third, instead of shipping commodities to US, the rest of world imports more goods from china. Anyway china prefers to buy the production made by themselves so that import decreasing sharply. At the end, we need to pay attention to the indirect effects from trade war and also these industries cut off their production and employments.

[**Key Words**] Sino – US Trade War Tariff CGE

JEL Classifications: F13 F17

基于经济学家立场和法学家立场的法经济学研究进路*

侣连涛**

【摘　要】法经济学作为法学与经济学的交叉学科，具有了法学和经济学的自然禀赋。经济学家立场的法经济学研究者基于自身的经济学知识背景，把法律制度看作经济发展的内在变量，采取从法律的视角看经济的研究进路，形成了经济学家立场的法经济学。而法学家立场的法经济学研究者基于自身的法律知识优势，把经济学的原理和方法作为研究法律问题的研究进路，采取从经济的视角看法律的研究进路，形成了法学家立场的法经济学。两种立场的法经济学在逻辑起点、分析进路和本质属性等方面存在着较大差异。中国的法经济学应当在厘清两种立场的法经济学的基础之上实现两者的融合发展。中国的法经济学既要立足中国法治实践，又要实现外来法治资源本土化。法学研究者在法经济学视域中不能失去话语权，应当积极贡献自己的智识，努力建构中国特色的法经济学学科体系。

【关键词】**法学家　经济学家　法经济学　研究进路**

中图分类号：**F063**　文献标识码：**A**

20世纪50~60年代西方兴起的法经济学，在法学和经济学两大学科领域均产生了重要影响。经过几十年的发展，从英美法系到大陆法系，从西方到东方，法经济学的影响早就超越了美国，传播到世界各地。尽管法经济学本身面临着诸多的质疑和挑战，学界对法经济学研究范式褒贬不一，但是法经济学范式丰富了传统法学理论的研究视角，拓展了法学研究方法，为我们打开了法学传统理论研究的一扇窗。法经济学范式也必将在法学传统研究领

* 国家社科基金后期资助项目“宪法社会学”（编号：13FFX021）的成果。本文是第十六届（2018度）中国法经济学论坛最佳论文奖。

** 侣连涛，首都经济贸易大学法学院博士研究生，山东科技大学文法系讲师。地址：（271019）山东省泰安市泰山大街山东科技大学文法系。E-mail：siliantao@ cueb. edu. cn；75289052@ qq. com。

域中掀起一场方法论的革命。法经济学不但成为了许多经济学家和法学家研究问题的新思路和新方法，而且为立法和司法实践中具体问题的解决提供了一个全新的分析视角。国内外著名的法经济学家都从各自的学科背景和研究优势对法经济学进行了多维视角的解读与阐释。尽管法经济研究呈现百花齐放的繁荣状态，但总体来看，可以归纳为两种不同的学术研究进路：经济学家立场的法经济学和法学家立场的法经济学。厘清法经济学研究的两种不同学术立场和研究进路，不但有利于反思两种不同立场的法经济学存在的问题，而且有利于实现两种立场的法经济学扬长避短，互为裨益，最终实现两种立场法经济学的融合，从而促进中国特色法经济学学科的建构。

一、学界关于“法经济学立场”的划分

自20世纪80年代以来，法经济学在中国法学界日渐兴起。无论是理论法学学者，还是部门法学者在研究法律问题时，都频繁地使用了“法和经济学”“法经济学”“法律的经济分析”“经济分析法学”或者“法律问题的经济学视角”等相关字眼。其中既有国外法经济学经典著作的翻译和介绍，也有利用经济学（特别是微观经济学）原理对法律规范和法律制度进行的跨学科解读。法经济学已然成为我国法学研究领域的一个新兴的法学和经济学的交叉学科，抑或是一个新兴的法学分支学科。

国内学者结合国内外法经济学研究的现状，对法经济学研究进路和研究范式进行了概括和梳理。中山大学的周林彬教授认为，法经济学应当理性引入定量分析，并且实现法经济学研究进路的六大转变，即从方法研究到学科建设、从经济研究到法学研究、从国外研究到国内研究、从定性研究到定量研究、从英美法研究到大陆法研究、从理论研究到实务研究。中国人民大学的冯玉军教授认为，法经济学的兴起给传统法学研究带来了巨大的冲击，引起了范式革命。无论是基于静态视角的法律规则、法律原则、法律概念，还是基于动态视角的法的制定、法的实施都被赋予了经济学的阐释，法律制度成为社会资源配置的核心。山东大学的魏建教授认为，以传统价格理论为基础的谈判理论曾经是法经济学的主流分析范式；随着博弈论在经济分析中的广泛应用，博弈分析范式成为目前法经济学的主流分析范式，行为法经济学则成为法经济学正在成长的分析范式；而“理性”在精炼基础上的实证方向则成为法经济学的趋势。浙江大学的史晋川教授认为，中国法经济学者在推进法经济学本土化的过程中，逐步实现了由文字阐述与规范分析向数理分析和实证研究的范式转换，开始使用数理模型、博弈论、计量分析等经济学研究工具分析中国立法、司法实践中的案例。浙江大学的钱弘道教授认为，法

经济学的分析概念主要包括交易成本、最大化、均衡和效率，而供给与需求分析和成本与收益分析是法经济学的两个重要工具，四个重要概念和两种最重要的分析工具成为了法经济学的“瑞士军刀”。哈尔滨商业大学曲振涛教授认为，我国法经济学研究进路应当立足中国实际，实现法经济学研究的中国化、本土化，并且要努力加强法经济学的学科建设，构建法经济学学术共同体。南开大学的陈国富教授认为，在法经济学的研究中存在两种不同的进路，实证分析的进路和规范分析进路，前者侧重于揭示法律规则背后的经济逻辑，后者在于制定最有效率的法律规范。首都经济贸易大学喻中教授认为，法经济学其实包含了两种立场：法学家立场的法经济学和经济学家立场的法经济学。

综上所述，学者们从不同的视角揭示了法经济学的不同研究范式、研究进路和研究立场。笔者认为喻中教授关于法学家立场的法经济学和经济学家立场的法经济学划分是可行的，也是必要的。该划分较好地阐述了法经济学的逻辑进路，对于法经济学的认知和发展都具有一定的学术价值。法经济学研究者因为具有不同的学术立场，不同的学科背景，在不同世界观的指导下呈现出不同的理论视野、叙事策略。经济学家立场的法经济学受现代主义的影响，主要采用建构的分析进路来设计促进经济发展的制度体系。在经济学家立场的法经济学视野中，法律只是经济的一个内生变量，是影响经济发展的众多要素之一。不同的法律制度安排将会影响到经济的走势。经济学家立场的法经济学的主要旨趣在于指示法律制度的走向，探寻促进经济发展的制度设计和制度优化。而法学家立场的法经济学因为受到后现代主义的影响，主要采用解构的分析进路来阐释法律制度背后所暗含的经济逻辑。在法学家立场的法经济学视野中，法经济学是一种研究法律问题的方法，只是一种关于法律的方法论。法学家立场的法经济学主要学术旨趣在于解读法律制度背后的经济根源。喻中教授关于法经济学的两种立场的划分，绝非真理，但是对于我们认识法经济学家的不同角色、厘清法经济学研究的不同进路、进而反思两种不同立场的法经济学的优点与不足、探究法经济学发展的逻辑进路都具有较大的意义和价值。在这两类法经济学学者之间，叙述策略不同，立场差异明显，面对世界的态度也呈现出各自的特点，因此有必要予以专门的探讨。

二、经济学家立场的法经济学研究进路

经济学家立场的法经济学是阐释法律制度怎样对经济产生影响、通过法律制度设计如何提高经济效率、怎样稳定经济秩序的科学，其目的是改革和

完善经济制度，促进经济发展。经济学家立场的法经济学主要通过法律制度的创新、设计、安排制度变迁的方法来实现经济效率的提高，资源的合理配置，但在改革经济制度的同时，必然要探究法律制度的创新。经济学家立场的法经济学主要是扩大了经济学的研究视野，把法律制度、国家政策、习俗和意识形态等传统非市场经济领域的因素纳入经济学研究范畴，解读背后的经济学逻辑，也包括对正式制度和非正式制度怎样影响经济效率问题的诠释。

在法经济学界，经济学家立场的法经济学研究者主要是指这样一些学者：他们往往都是经济学学科背景出身，拥有经济学的知识背景和学术世界观，熟练掌握了经济学的基本原理、分析工具和分析范式，把法律制度和法律问题作为影响经济增长的因素进行考量。其研究的终极目的不在于优化法律制度，而是通过法律制度的优化实现经济的增长和经济效率的提高。他们一般侧重于从经济学（特别是制度经济学）的角度研究法经济学，诸如经济学家科斯、威廉姆森、阿尔钦、德姆塞茨等人的法经济学研究，即适其例。其实，法经济学最初渊源于制度经济学，法经济学与制度经济学之间存在密切的关联。波斯纳即认为，新制度经济学与法经济学是一体两面。中国学者周林彬也认为法经济学是制度经济学的一个分支，最早产生于经济学领域。法经济学的理论基础（产权理论、成本与收益理论、交易费用理论企、厂商理论、机会成本理论、制度变迁理论）和分析范式也主要是来自经济学的基本理论。法经济学属于经济学的一个思想流派、一个分支学科抑或一种研究方法，这已经成为经济学界的共识。

法经济学的兴起渊源于经济学家对经济与社会发展驱动因素的考量。经济学家从经济学的角度阐释法律问题，利用经济学的学术语言解读法律制度和法律问题。在经济学家看来，经济的发展是人力资源、自然资源、资本、科学技术、法律制度等多种因素综合的结果。如果把经济发展看作一个因变量，那么人力资源、自然资源、资本、科学技术、法律制度都属于自变量的范畴。经济发展约束条件自变量的状况影响和决定了因变量——经济的发展水平。经济分析经常视财产、合同等制度为内生的，而它们对经济运行具有显著的影响。法律制度的差异导致日本、德国和美国的资本市场组织形式存在巨大差异，财务法律和合约的缺失导致了美国 2008 年的金融危机以及后续的经济不景气，日本和德国的情况并不那么严峻。此外，安全的财产保护和可靠的合同的缺失使一些穷国的经济陷入瘫痪。提高穷国法律的有效性比他们的经济发展更为重要。法律需要经济学来理解它的行为后果，经济学需要法律来理解市场基础。经济学家认为，法律制度是社会经济发展的内生变量，法律制度的发展水平、法律制度的文明情况、法律制度设计的科学状况都会影响到经济的发展。不同的法律规范设计与制度安排会产生不同的制度绩效，先进而科学的法律架构可以推动经济与社会的发展，滞后而粗糙的法律制度设计则会大大延缓经济发展的进程。这与马克思的经济基础与上层建筑的基本原理又不谋而合。在马克思看来，经济基础与上层建筑是人类社会发展过程中的一对基本矛盾范畴。经济基础决定上层建筑，上层建筑反作用于经济基础，两者之间的矛盾互动不但推动了人类社会的发展，而且成为人类社会发展的基本规律。在马克思看来，法律属于上层建筑的范畴，对经济基础具有反作用，即既可以推动经济基础的发展，又可以延缓经济基础的进程。经济学家立场的法经济学立场就是从推动经济发展的要素视角解读法律的。

谁是经济学家立场的法经济学研究者？如果从活跃程度、受人关注的程度等指标来看，科斯堪称其中的代表性人物。由于西方经济学立场的法经济学家人数众多，限于文章篇幅不能一一罗列，本文仅以代表性的法经济学家科斯为样本管窥经济学家立场的法经济学立场。

通过科斯的生平和简历，我们发现，科斯的学术背景和研究领域主要是经济学领域，获得诺贝尔经济学奖进一步证明了科斯的经济学立场和经济学的研究进路。可以说，科斯的法经济学研究进路是典型的经济学家立场的法经济学研究范式。作为法经济学的开创者，科斯对于法经济学的产生起到了奠基作用。《企业、市场与法律》并非科斯本人的学术专著，而是包括著名的《企业的性质》和《社会成本问题》两篇论文在内的论文和演讲辑录。

在科斯的法经济学思想理论体系中，主要包括了交易成本理论、权利的相互性理论、雇主与雇员关系理论，以及科斯定理。科斯认为在资源的配置过程中存在着市场性经济体制和企业性经济体制。市场性经济体制通过价格机制在企业之外的资源配置中充分发挥着作用，而在企业之内价格机制则无能为力，只能通过指挥生产的企业家式协调来实现企业内部的资源配置。

科斯认为市场的运行是存在交易成本的，而企业的存在是减少交易成本的重要形式。科斯在《社会成本问题》中主要是表达人的行为给其他人造成的负外部性，即对他人利益和权利造成的损害。在科斯看来，之所以会产生这样的损害其实是因为权利具有交互性，把侵害的权利应当赋予哪一方取决于资源的最优化配置，他最终还是想表达权利界定与交易成本对资源配置的影响，也就是著名的科斯定理。科斯利用交易成本工具分析具有相互影响的外部性问题，在交易成本大于零的情况下，不同的产权界定和法律制度设计会产生不同的资源配置效率结果，从而转变了古典经济学把制度作为外部条件的研究范式，开启了把制度作为内生变量的新阶段。

时间相差 23 年的《企业的性质》与《社会成本问题》尽管在写作内容方面存在较大的差异，但是两篇论文最终要阐述的核心思想是现实世界中交易成本约束下的资源配置问题。在科斯的世界里，法律制度是经济增长的“内生变量”；制度与传统经济学视野中的劳动力、资本，技术与资源等要素样，都是影响经济增长的重要因素；所以制度落后是发展中国家经济发展停滞不前的重要原因。因此，科斯得出的重要结论是：制度的创新与变迁是一个国家和地区经济发展的决定性因素。通过科斯经济法律思想的梳理，我们发现，在科斯看来，法律制度不仅是节约市场交易成本、优化资源配置的重要工具，而且是促使企业发展、合理确定产权边界，优化资源配置的重要方式。在以科斯为代表的经济学立场的法经济学家把法律看成了经济发展的内生变量，看成了影响资源配置和权利界定的一种方式。

尽管《企业的性质》比《社会成本问题》发表早了二十多年，但是以英美普通法思想和大量抽象案例模型和实践案例揭示交易费用的《社会成本问题》却是《企业的性质》的基础。《企业的性质》在 1937 年发表以后并没有引起经济学界的广泛关注，恰恰是学界在关注 1960 年科斯发表的《社会成本问题》以后，才广泛进入人们的研究视野。这表明科斯是利用法学的钥匙开启了新古典经济学的企业"黑箱"，开创了新制度经济学。科斯指出，《社会成本问题》中运用的研究方法最终会改变微观经济学的结构。科斯这里所指的研究方法便是把法学的研究思路引入到经济学，开创了经济的法律分析范式。

经济学家立场的法经济学家除了科斯以外，还有国外的弗里德曼、乔治·斯蒂格勒、贝克尔、布坎南、诺斯、威廉姆森、奥尔森等法经济学家，国内的则主要有熊秉元、史晋川、黄少安、魏建、李增刚等法经济学家。他们都是学有专长的经济学家，对经济学的原理和分析工具的应用得心应手，所以他们以自身的学科优势进入法律世界，把法律制度看作是促进经济和社会发展的内生变量，利用熟练掌握的经济学工具对法律制度进行深入的剖析和研究。贝克尔教授，也赞同科斯教授的观点，认为虽然并不能够确切知道法律对经济的影响究竟有多大，但法律对经济影响的研究无疑是非常重要的，反之，经济（而不是经济学）对法律变革的影响也极为重要，但"目前对此可能了解得更少"。我国学者熊秉元认为，经济学帝国主义的扩张之所以在法—经济学领域成果辉煌，从方法论角度看，最主要的原因是经济学的研究有"一套强有力的行为理论"，这一理论是以方法论个人主义为基础的。方法论个人主义能够被经济学家成功地运用到法学领域，重要的原因之一是经济学和法学的研究主题具有共同点。在《正义的成本——当法律遇上经济学》一书中，熊秉元进一步指出："在演化的过程中，为了生存和繁衍，有了正义和效率的概念。假设冲突和利益永远会同时存在，那么以经济学中的效率来解释法律上正义的内涵再合适不过了。"

综上所述，经济学家立场的法经济学注重对经济分析范式的灵活运用，强调法律规范与法律制度的经济表达，其目的是通过优化制度安排促进经济的发展。在经济学家的法经济学看来，法律制度的安排设计属于手段与工具范畴，而促进经济发展则属于目的和归宿范畴。经济学家的法经济学在经济学世界观和方法论支配之下，其研究进路表现为：经济学—法学—经济学。例如山东大学的李增刚教授在《征地补偿资本化——解决失地农民收入来源的途径探讨》一文中，笔者对土地征收补偿制度的解读就是立足于经济学家立场的阐述，其目的不在于土地征收补偿制度的具体构建，而在于通过土地补偿资本化的途径解决失地农民的权益保障。由此可见，在经济学家的法经济学视野中，法律和法学充其量只不过是经济和经济学的论据罢了，其研究的出发点是经济，虽然方法及手段是法律，而研究问题的最终归宿和落脚点则属于经济和经济学的范畴。他们不再把法律制度、政策规则、社会规范作为经济发展的前提，而是作为经济发展需要考虑的内生变量，动态地探究真实世界，进而增强经济学对人类行为的阐释力和说服力。

三、法学家立场的法经济学研究进路

法学家立场的法经济学比经济学家立场的法经济学产生得要晚一些。他们以法律实践和法学理论中存在的问题为出发点，主要运用经济学，特别是微观经济学的基本观点、原理和分析范式对法律制度的合理性进行诠释，并据此预测法律制度变迁和创新的路径，进而形成新的法学分析范式或理论，或者对传统法学问题、法律理论进行新的解释。法学家立场的法经济学家最大的特点是通过经济学原理，来阐述和论证法律规则、法律原则和法律制度的合理性，解释法律规范和法律制度的形成、结构、内容、运作和未来的制度变迁方向。在法学家立场的法经济学家视野中，法经济学与其说是一种交叉学科和边缘学科，不如说是一种研究方法、研究工具、分析框架抑或是一种研究范式。由于强调经济因素对于立法活动、执法活动、司法活动、守法行为的影响，从而使法学研究和法律实践摆脱了法律教条主义的束缚。他们研究的学术旨趣不在于改变现有的法律规范与法律制度，而在于对现有制度安排的诠释和解释。

如果说科斯作为经济学家立场的法经济学代表的话，那么作为法学家立场的法经济学代表当属波斯纳了。波斯纳曾任芝加哥大学法学教授和美国联邦上诉法院法官的双重身份使得他在理论与实践之间游刃有余。波斯纳认为“法经济学采用经济学的理论与分析方法，研究特定社会的法律制度、法律关系以及不同法律规则的效率；其研究的主要目的仅在于使法律制度原则更清楚地显现出来，而不是改变法律制度”。在以波斯纳为代表的法学家立场的法经济学家看来，法经济学就是利用经济学，尤其是微观经济学和福利经济学的基本原理、经验方法和工具分析法律现象与法律问题的研究方法。

其实波斯纳《法律的经济分析》一书的名字也早已表明了他的法学家立

场，顾名思义，波斯纳就是利用经济学的原理分析法律理论和法律实践中的问题，经济学的工具主义和法律的目的主义都是书名的应有之义。在该书中波斯纳广泛采用价值、效用、效率、成本、收益、利润等经济学的术语和研究工具，不但阐述了法经济学的基本原理，而且对普通法，市场的公共管制，法律与收入、财富的分配，法律程序、宪法和联邦制度等几乎所有法律领域的具体问题展开了微观经济分析。受美国法律现实主义的影响，波斯纳认为，法官的裁判行为除了受到法律规则的影响以外，还受到自身情绪、偏好和直觉等因素的影响，经济思考在司法裁决形成的过程中具有重要影响，而法院和立法机关主动运用经济思维，会使法律制度更理性，更符合利益分配和资源配置最大化的价值目标。波斯纳法律经济分析的最大特点在于他的法学家立场和法律经济分析的逻辑进路。在波斯纳法律经济分析的语境中，经济学的原理和方法是射出的箭，法学领域中的现象与问题则是靶子，经济学原理与分析方法的选用以法律问题分析的需要为靶向。波斯纳进一步指出："我的目的过去不是，现在仍然不是为法学研究提出社会学、人类学或哲学的方法；我的目的在于提出一种法律研究的经济学方法——这对一本书而言已经足够了。"由此可见波斯纳的学术研究进路主要是采用经济学的理论和分析方法，研究普通法律制度及其运行情况，阐释各种法律问题，他研究的目的在于使法律制度更清楚地显现出来，而不是改变法律制度本身。

波斯纳在全面吸收了科斯等人研究方法和成果基础上，以一个法学家的立场，探究了法经济学的研究范式。他不仅把经济分析的方法从经济法律领域拓展到了非经济法律领域，而且实现了法经济学由经济学家"天下独唱"向经济学家和法学家联袂出演的两元格局，构建了从法律视角全面阐述法律经济原则的法经济学逻辑体系。法经济学从此得以成为一个独立的法学流派登上了历史舞台。因此，波斯纳教授的法律经济分析可谓法学家立场的法经济学之典型。而受到波斯纳影响，研究法经济学的法学学者，习惯于将法经济学谓之"法律的经济分析或经济分析法学"。在斯蒂文沙维尔看来，法和经济学是一门运用经济理论（主要是微观经济学及其福利经济学的基本概念）来分析法律的形成、法律的框架和法律的运作以及法律与法律制度所产生的经济影响的学科。1961 年，卡拉布雷西在《关于风险分配和侵权法的思考》一文中利用经济学的原理和分析工具对侵权法进行了研究，他研究的逻辑起点是法律规范中的效率和公正问题，侧重于从宏观制度形成的视角来研究法经济学。

法学家立场的法经济学代表除了国外的波斯纳、斯蒂文沙维尔、卡拉布雷西等著名法经济学家以外，还有国内的苏力、喻中、冯玉军、周林彬、吴元元、桑本谦等。他们都是学有专长的法学家，法理学出身占据了绝大多数，所以他们以自身扎实的法学理论功底为基础，要么引介或探究国外法经济学思想，要么利用法经济学的分析范式解决中国法治实践中的具体问题，为具体法律制度的变迁提供参考建议。苏力教授不但翻译了波斯纳大量的学术著作，而且利用经济学的原理分析了海瑞定理的经济逻辑。喻中教授则对波斯纳法经济学的理论逻辑、科斯的法经济学思想、卡拉布雷西法律规则理论的方法论价值、奥尔森的集体行动理论、威廉姆森的法经济学研究范式、布坎南宪法经济学内在理论与外在关联、欧肯经济宪法和经济秩序思想等西方著名法经济学家的法律思想进行了引荐和述评，并在此基础上形成了专著《西方法经济学》。周林彬教授和冯玉军教授不但出版了法经济学的教科书，而且对法经济学的中国化和研究范式进行了构建。吴元元则主要利用信息经济学理论对中国法律实践中的问题进行了分析。桑本谦利用法经济学的基本范式解读了中小微企业的公司资本制度改革、赠与承诺、利他主义救助的法律干预、疑案判决等具体法律问题。国内还有其他一些法学家立场的法经济学学者对整个法律部门、某项法律制度或者某个法律问题展开了研究。

结合国内外法学家立场的法经济学研究现状，笔者认为法学家的法经济学具有以下三点特点。第一，从研究者的职业特点和学科背景来看，法学家的法经济学大多是法律实务者或者法学的研究者。与经济学家立场的法经济学相比，法学家立场的法经济学研究群体要小得多，这主要是因为法律人对经济学分析工具，尤其是计量经济学的数理模型统计分析知识的掌握远远滞后于经济学家出身的法经济学学者。此外，法学家进入法经济学领域的广度和深度不够，并且研究缺乏持久性和连续性。以冯玉军教授为例，知网可以检索到的研究成果共计 167 篇，其中只有 18 篇左右是法经济学相关的研究成果，占总研究成果的 10.8%，并且近十年来，冯教授已经很少涉猎法经济学问题，而转向了宗教法律问题的研究。此外周林彬教授、喻中教授、苏力教授、桑本谦教授的法经济学成果也存在类似情形，在整个学者研究的知识谱系中，法经济学只占很少的比例。第二，从学科属性来看，法学家的法经济学在本质上隶属于法学学科范畴。法学家的法经济学通常简称为法经济学。法经济学的称谓和法社会学、法统计学、法文化学、法人类学等称谓相近，成为法学的一个分支学科。从国内法学家立场的法经济学研究者来看，大部分学者都有法理学或者经济法学的学科背景。另外从研究对象来看，虽然在法律研究中运用经济学研究的基本原理和基本分析工具，但所分析的对象，解决的法律问题是法学界常见的法律主题。第三，从研究进路来看，法学家的法经济学呈现出“法学—经济学—法学”的逻辑进路。法学家立场的法经济学研究的出发点立足于法律现象和法律问题，虽然研究方法及工具属于经济学的范畴，但研究问题的逻辑起点和最终归宿都是属于法律和法学的。

四、经济学家与法学家立场的法经济学的辨异

中外众多的经济学家立场的法经济学，尽管研究的具体问题各有侧重，分析的视角各种各样，运用的理论分析工具和研究范式也各有特色，但是，既然把他们统称为“经济学家立场的法经济学”，就表明，他们在逻辑起点、话语体系、叙事策略、研究范式、逻辑进路及价值归宿等方面，具有一定的同构性。同理，“法学家立场的法经济学”之所以归为同一个立场谱系，一定也包含着某些“家族相似性”。在清楚了谁是经济学家立场和法学家立场的法经济学研究者之后，自然而然会进一步追问两者之间到底有什么区别？他们的具体差异体现在哪些方面？对于这样的追问，可以从以下四个方面进行比较分析。

（一）逻辑起点：效率优先 VS 公平优先

所谓逻辑起点，用恩格斯的话说，就是指“科学应该从何开始?”质言之，逻辑起点就是科学理论体系的起始原点。“从最简单的基本的东西出发……因为这里，在这些基本东西那里，全部发展就在萌芽中”。因此，逻辑起点是一门科学的起始范畴，以它为基础可以推演出整个科学的体系。逻辑起点作为整个理论体系的根本，是建构整个体系的关键所在，它甚至可以被称为“准则的准则”。讨论逻辑起点的目的，是为了建构科学的理论体系。根据上述逻辑起点的基本阐述，法经济学的逻辑起点应当是整个科学体系的研究基础与前提，甚至是价值归宿。熊秉元认为，效率和正义分别是经济学和法学范畴的核心概念，构成了两大学科研究的逻辑起点。经济学家立场的法经济学和法学家立场的法经济学因为各自的世界观和学术立场不同，他们的逻辑起点也存在一定的差异，经济学家立场的法经济学更多关注的是效率，而法学家立场的法经济学关注的则是公平。他们认为经济学立场的法经济学过分强调效率而忽略了公平和正义，并且分析方法也太过于形式和抽象，最关键的是与司法实践的关联性不大。那么效率和公平之间到底是什么关系呢？我们从法经济学的角度来看，它们之间是做蛋糕和分蛋糕的关系。效率追求的是把这个蛋糕做得越大越好；公平就像分蛋糕，追求的是如何分才公平。但是这两者可能会有冲突，也就是说有时你讲效率就无法兼顾公平。比如说，我国《刑事诉讼法》第 277 ~ 279 条规定的刑事和解制度，该制度虽然契合了中国的和合文化，提高了诉讼效率，满足了相关主体对诉讼效率的追求，但是对刑事被害人保护和犯罪人惩罚的社会公平与正义诉求却大打折扣。

效率（efficiency）是经济学所要研究的一个中心问题。“效率”一词用来指某种情形下的总成本与总收益之间的关系，“公平”则指收入分配。换句话说效率相当于“饼的大小”，公平则涉及怎么分饼。传统上，经济学家只关心怎样把饼做得最大，而把如何分配的问题留给了其他人，如立法者。效率是经济分析法学的基本概念、核心概念。无论是科斯的交易成本理论、波斯纳的《法律的经济分析》，还是考特和尤伦的《法和经济学》等使用的都是效率概念。微观经济学是经济分析法学的基本分析工具。微观经济学的三大概念就是：最大化、均衡和效率。波斯纳在《法律的经济分析》的第一章第一节的基本概念中提到“价值、效用、效率”三个概念。由此可见，经济学家立场的法经济学和法学家立场的法经济学都关注效率和公平，但是两者的逻辑起点和最终的价值归宿有所不同。经济学家立场的法经济学关注更多的是效率，当效率与公平两者发生冲突的时候，他们往往会舍弃公平而选择效率。法学家立场的法经济学的价值位阶理念则与此不同，他们在选择的时候往往还是会回归到自己的学科属性——公平。效率与公平通常被认为是两个对立的概念。一个有效率的法律解决办法却可能是不公平的，而一个公平的解决办法可能是缺乏效率的。反对法经济学的许多学者就有像这样的主张：法律应关注正义和公平。虽然对社会而言，做任何事情总要付出一些代价，可是法律工作者还是不应去做没有效率的事。正如钱弘道所言，“我们现在司法改革的目标就是公平和效率。公平和效率不会发生重大的冲突。当然，如果有冲突，我个人认为，公平是第一位的，效率是第二位的。”钱弘道的上述阐述完美地诠释了法学家立场的经济学的逻辑起点，仍然是立足于公平和正义的基本价值属性。

（二）分析进路：以经济为中心 VS 以法律为中心

经济学家与法学家立场的法经济学的问题分析进路也存在较大的差异。经济学家立场的法经济学遵循的是“经济—法律—经济”的逻辑分析进路，而法学家立场的经济学则是遵循“法律—经济—法律”的逻辑分析进路。经济学家立场的法经济学在问题研究过程中的立足点和根本出发点仍然是经济发展中存在的问题。在他们看来，经济发展缓慢迟滞的原因是现有制度对经济发展的动力形成了束缚。要促进经济发展，必须改革和优化现有的法律制度。但是现有法律制度的改进不是他们研究的最终落脚点和归宿，其制度改良、法律变革的最终目的则是释放被既有制度框架束缚的经济发展活力，促进经济的发展。所以经济学家立场的法经济学主要充当了“立法者”的角色，遵循了“经济—法律—经济”的逻辑分析进路。法学家立场的法经济学在问题研究过程中的出发点则是基于对法律制度的反思，他们利用经济学的原理和方法阐述法律制度背后的经济逻辑，利用经济学的基本原理探究法律制度变迁的路径，从而为法律制度的改革与变迁提供经济学的智力支持。在这个过程中法学家立场的经济学主要充当了“阐释者”的角色，遵循了“法律—经济—法律”的逻辑分析进路。

（三）本质属性：分支学科 VS 研究方法

经济学家立场的法经济学，经常把法经济学称为 Law and economics。在两个学科专有名词之间加“and”来表示新兴学科的用法，开始于 20 世纪 30 年代在美国风起云涌的法律现实主义运动，这个运动坚持把法律置于整个社会之中，分析各种社会的、政治的、心理的以及文化的诸因素对于法及其运作的作用和影响，由此出现了法律和社会学、法律和人类学、法律和政治学、法律和文学等多种研究取向。与此同时，随着经济学帝国主义的发展趋势，经济学展开了对其他学科的攻城略地。法经济学，既是法律现实主义的重要指征，又是经济学入侵法学领域的集中体现。法经济学与管理经济学、环境经济学等学科一样，成为经济学的分支学科，而经济学立场的法经济学则成为这个学科的集中代表。另外在期刊栏目设置方面也有所体现。《经济文献杂志》是美国经济学界的顶尖级期刊之一，该期刊在学科分类体系里面把法经济学列在应用经济学下面，内容涉及：法经济学总论，以及包括宪法、合同法、证券法、公司法、劳动法、环境法、税法、侵权法、管制企业法、国际法、产品责任法、刑法等各个分领域都充斥着法律的经济分析。从这种意义上来说，经济学立场的法经济学是经济学和法学交叉的一种结果，是法学和经济学的边缘学科。法学家立场的法经济学，通常被称为“法律的经济分析”（economic analysis of law）。这表明在法学家立场的法经济学的视野中，法经济学与其说是一种交叉学科，不如说是一种研究方法。在他们看来，法经济学属于方法论的范畴，法经济学与法律社会学、法律统计学、法律历史学一样，只是采用其他学科的研究方法对法律问题进行研究的一种叙事策略。

五、经济学家与法学家立场的法经济学的融合

人类社会的发展历史告诉我们，法律和经济之间存在着天然的密切联系。在马克思看来，人类文明社会发展的每个历史时期，经济生活都会直接或间接地受到当时社会政治意识形态和法律规则的影响，无论是政治的立法，还是市民的立法，都只不过是当时经济关系的记载与表达。而法经济学思想的萌芽可以追溯至贝卡利亚、边沁、亚当·斯密和卡尔·马克思，甚至更早，他们的著作中都或多或少地体现了经济学和法学交叉研究的思想。经济学家

和法学家可以相互学习分析方法，法学家可以从经济学家那里学习构建理论的数量推理和经验研究，经济学家可以从法学家那里学习如何说服普遍人的做法——一项法学家持续训练和推敲的艺术。如果经济学家听从法学家的教导，他们的模型更加贴近普通人所关心的事物。由此可见，法律与经济、法学与经济学的融合的历史由来已久。

（一）经济学家与法学家立场的法经济学应进行化学反应式融合

之所以会产生两种立场的法经济学，是因为研究者在不同的世界观、知识背景、研究范式、叙事策略等不同因素影响下所形成的两种不同的学术研究进路。两种不同立场法经济学的存在在发展初期是很正常的现象，是经济学和法学两种不同学科进行物理混同的一种初级产品。但是随着法经济学作为一门独立学科的逐步形成，两种立场的法经济学应当打破学科的壁垒，在理论基础、分析范式、研究工具、叙事策略等基本范畴实现化学反应式融合。法经济学作为一门法学与经济学相互结合的边缘交叉学科理论，其基本特征是“从法律角度看经济学和从经济学角度看法学”。这意味着借助法学理论知识框架来更好地阐释经济现象、经济制度时，必须关注法律规范、法律部门、法律制度和法律体系对经济制度的影响；当借助经济学基本原理来更好地分析法律现象和法律制度时，则必须注意法律现象及制度背后的经济逻辑。因此，任何将法经济学在经济学或法学“画地为牢”，单纯从经济学范畴或法学范畴加以单独研究的思路，往往是片面的。

哈耶克很早就指出：“学科的专门化划分所造成的恶劣影响，再没有比它在两门最古老的学科即经济学和法学中间所造成的影响那么明显了。”耶鲁大学的法经济学家布鲁斯·阿克曼对此也表示了担心，他认为新古典主义经济学对分析和捕捉法律问题有很大的局限性，他建议经济学家应该“学习法学、文化学、人类学、社会学、社会语言学等科学”以弥补自己知识框架的不足，而这与法律现实主义所强调的法学与其他社会科学的融合有异曲同工之妙。按照笔者的理解，阿克曼所呼唤的是法学和经济学或法律与经济在“化学反应”意义上的融合与交流，而不是经济学“控股”下的法学和法学“控股”下的经济学。换句话说，我们应该致力探讨的是“交叉持股”的现实主义法经济学或新经济法理学。毕竟跨学科或多学科与交叉学科还是有很大区别的，交叉学科往往涉及的是两个或多个学科在发生“化学反应”之后的真正融合与交流；而跨学科则是学科之间根本没有发生“化学反应”（顶多只是“物理反应”），只是多学科知识的混合物（或悬浮物）而已。从法律现实主义的发展历史来看，其之所以在后来日渐式微，主要归咎于其仅仅走了跨学科的路子，而没有按照交叉学科的方式来推进其研究计划。在这方面，旧制度经济学也犯了类似错误，所幸的是新法律现实主义和新制度经济学的崛起正在改变跨学科混合的学术弊病，从而实现交叉学科在真正意义上的融合与沟通。在构建法经济学学科共同体的过程中，无论是法学家立场的法经济学，还是经济学家立场的法经济学都应当贡献自己的智慧，在法学和经济学学科知识化学式融合的基础上积极建构共同的基础理论体系和学术研究范式。

那么如何才能实现法学家立场的法经济学和经济学家立场的法经济学的化学式融合呢？其实东晋高僧竺法雅为我们指明了一条融合的途径，竺法雅阐释印度佛教的方法对于今天两种立场的法经济学的融合具有一定的借鉴意义和价值。因为当时佛经由印度传入，其中的名词概念在中国传统语境中找不到对照的概念，一般人难以理解。竺法雅年轻的时候对中国固有的思想文化及其典籍已经有了很高的修养，后来又对佛学义理有了深刻的理解，所以他可以利用中国固有思想文化中名字概念去解读外来佛学中的名字概念，实现外来佛教文化向中国传统话语体系的转换，用中国固有的文化体系和概念话语实现外来佛学的解构和建构。

经济学家立场的法经济学和法学家立场的法经济学要实现融合，需要经济学家和法学家两种职业共同体的共同努力。经济学家在自身学科理论体系的基础上，实现经济学语言的法律化，用经济学的概念、名词、术语解构对应的法学概念、名字和术语，在此基础上实现经济学叙事策略的法律化。法学家也应当从固有的法学专业知识背景出发，实现法律语言的经济化，利用法学的话语体系解构经济学的话语体系，在此基础上建构法律经济相融合的研究范式。另外法学家和经济学家也可以加强合作研究，正如张曙光教授所言，经济学家最好能与法学家一起来做一个题目，最好能够先从案例做起，经济学家和法学家都存在一个（对对方的）知识了解不足的问题，从一个具体的问题出发来研究，双方才有达成一致的可能性。经济学的法律化，法学的经济化，这是形成法经济学学术共同体的必然路径，也是法经济学走向成熟的重要标志。

（二）中国法经济学何处去

法经济学自20世纪80年代初传入我国，至今已经接近40年。40年来，我国法经济学取得了巨大的成绩。主要表现在以下四个方面：首先，翻译了波斯纳、科斯等国外著名法经济学家的系列著作。① 其次，国内出版发表了

① 如：［美］罗伯特考特、托马斯尤伦著，史晋川、董雪兵译：《法和经济学》，格致出版社、上海三联出版社、上海人民出版社2012年版。［美］科斯著，盛洪、陈郁译：《企业、市场与法律》，上海三联书店、上海人民出版社1990年版，第1页。［美］诺斯著，陈郁译：《经济史中的结构与变迁》，上海三联出版社2003年版。［美］波斯纳：《法律的经济分析》（上），蒋兆康译，北京：中国大百科全书出版社1997年版。［美］米切尔・波林斯基著，郑戈译：《法和经济学导论》，法律出版社2009年版，第7页。

部分法经济学的专著、教材和论文（见图 1）。① 再次，国内部分高校成立了法经济学研究中心，并定期召开法经济学学术年会，逐渐形成法经济学学术共同体。最后，法经济学人才培养体系日益完善，多所高校在经济学或法理学方向下招收法经济学博士研究生。这表明我国法经济学逐步实现了由国外到国内、由方法到学科，由理论到实践的转变，并形成了法经济学学术共同体。

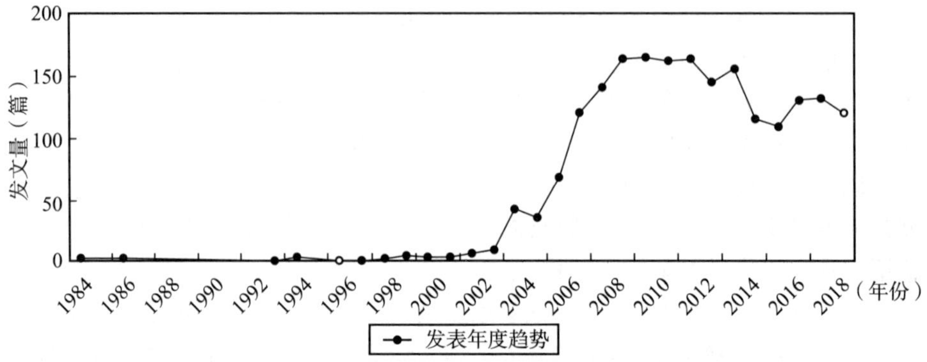

图 1　我国以“法经济学”冠名的论文发表年度趋势

资料来源：在中国知网（www. cnki. com），以“标题”为检索项，以“法经济学”或者“法律经济学”为关键词进行检索，根据检索结果按照年度进行的数据统计。检索时间：2018 年 11 月 13 日。

尽管目前我国法经济学的研究取得了一定的成绩，但是目前还存在不少问题。需要实现中国法经济学的转型发展。

第一，中国法经济学应当立足于中国的法治实践。法经济学是个舶来品，主要是从美国传入的一个研究思潮，抑或一个学术流派。无论是科斯，还是波斯纳，他们的法经济学理论都立足于美国特定的法律文化传统和法治实践，是在回应和诠释美国社会法律治理经验基础上所形成的理论智识。如果中国的法经济学只是“拿来主义”，只是停留在理论的引荐和推介，而不注意回应中国法治的实践，不注重对中国法律问题的研究，那么法经济学就成了镜中花、水中月，只能是看上去很美。中国法经济学要想焕发出生机，成为真正的有中国特色的法经济学，就必须立足本国的法治实践，利用法经济学的基本原理解释中国的法律制度，探求中国法律问题的答案。例如，当下中国进行农村土地制度改革，尤其是农村土地所有权、承包权和经营权的三权分

① 笔者在中国知网把篇名关键词设置为“法经济学”进行检索，发现我国第一位研究法经济学的学者是西南政法大学的种明钊教授，他在《现代法学》1983 年第 2 期上发表了《马克思主义法学的理论基础与法经济学的建立》一文。种明钊教授是国内法经济研究最早的学者，因此被誉为“法经济学”的先驱者。自种明钊教授发表第一篇法经济学论文以来，至今以“法经济学”冠名的学术论文达到了 2 457 篇，以“法律经济学”冠名的论文为 653 篇，检索日期 2018 年 11 月 13 日。

置制度的具体设计和实施，农村宅基地制度的改革与创新，土地征收制度的改革与完善，都涉及经济学问题和法学问题，需要中国法经济学的智慧与贡献。中国法经济学在立足法治实践，解决中国法治进程中遇到的困境与障碍，服务于中国的法治建设，才能够理论之树常青。

第二，中国法经济学应当实现外来资源的本土化。法学整个学科的本土化研究一直是中国法律学人孜孜不倦的努力方向。法经济学家在引介西方法经济学理论和思想的研究过程中，应当注意外来理论的本土化，不能食洋不化，应当立足传统中国，结合中国的本土资源和法治实践，改造国外的法经济学理论，使之能够在中国语境下解决法治建设过程中产生的实际问题。无论是萨维尼的法律历史根基论、吉尔兹的法律地方性知识理论，还是苏力的法治本土资源理论，都告诉我们这样一个事实：在依法治国的过程中，存在着法治的外来资源和本土资源，我们应当实现外来资源的本土化，并且立足于本土的法治资源，才能够实现法律的政治效果、社会效果和法律实效的统一。事实上，法学和经济学都是西方理论体系移植的结果。作为法学和经济学交叉融合的法经济学，更是一个舶来品，是正宗的外来资源。法经济学如果要在当下中国发挥应有的作用，必须结合中国的本土法治资源，在解构的基础上实现建构，最终实现本土化。这要求法经济学者在研究过程中不能总是坚持西方法经济研究的立场，不能总是用西方的法经济学话语诠释中国的法制建设，应当注意中国特色的语境转换。法经济学应当实现由最初的文字阐释和规范分析向数理统计和实证分析转型，加大数理模型、计量分析和博弈论等经济学分析工具在法经济学领域的运用，不断实现本土法经济学的规范化。

第三，法学家应当积极发挥在法经济学研究中的学术贡献。熊秉元早就指出，经济学学者进入法学领域已经取得相当璀璨的研究成果；相反法学家与经济学家相比，却没有类似的举止，没有取得同样的学术成就。为了了解中国法经济学研究的过程中法学学者和经济学学者的学术贡献，笔者专门梳理了历年中国法经济学年会的论坛情况。从 2003 年第一届中国法经济学论坛在山东大学经济研究中心召开至今，已经连续召开了十五届。笔者发现每次学术论坛的主办方都是山东大学经济研究院、浙江大学经济学院、《经济研究》编辑部三家机构，而协办方主要是各大财经类院校或者综合性大学的经济学院或者商学院，会议的参加学者也主要是经济学领域的专家。法经济学的学术领域中法学家和经济学家都应当是主角，但限于经济学的学科壁垒使得传统单一法学知识背景的法学研究者望而却步，从而形成了法学家立场的法经济学研究相对滞后。因此法学学者应当补充自己的经济学知识短板，掌握经济学的基本原理和分析工具，从法学的视角重新审视法经济。博登海默认为，法律问题与经济问题之间的紧密联系广泛存在于法律领域中，如果一个人没有经过经济学训练，不具备经济学的基本知识，那么他则无法洞察到两者之间的联系。一个人如果只是精通实在法规则和程序法的规定，那么他不可能成为一流的法律人，充其量只是个法律工匠罢了。博登海默进一步指出，如果一个法律职业者不了解经济学，那么他很可能会成为社会公敌。按照博登海默的逻辑，一个法律工作者怎样才可以成为一个合格的法律人，而不沦为法律工匠，甚至是人民公敌呢？答案就是在学好法律知识的同时应当加强经济学和社会学知识的学习，提高自身的经济学素养和社会学常识。同时无论是法学家立场的法经济学，还是经济学家立场的法经济学，其本质是完全一致的，不能出现研究的两张皮现象，应当注意两种不同视角研究成果之间的沟通与对话，避免自说自话，从而实现法经济学学科体系的内部协调统一，促进法经济学学科体系的形成。

第四，努力构建中国特色的法经济学学科体系。法经济学是一种研究方法、研究范式，抑或是一个单独的学科，目前国内没有定论。从国内法经济学研究之术可以看出，无论是部门法的经济学分析、法律制度的经济学分析，还是具体法律问题和现象的经济学分析，本质上都是把法经济学视为一种分析的工具和方法。在学界，法经济学的工具方法论主义几乎成了传统法学界的共识，法经济学丧失了独立的地位，而成为经济学或者法理学的附庸，这非常不利于中国特色的法经济学学科体系的建立。国外法经济学的发展经验告诉我们，从研究工具方法论到学科体系知识论是法经济学发展的必然趋势。我国法经济学也应当实现从研究的方法论逐渐过渡到法经济学学科论。无论是经济学立场的法经济学家，还是法学家立场的法经济学家都应当从学科基本理论体系、基本原理和研究范式构建独立于法学和经济学的学科理论体系。为了构建中国特色的法经济学学科体系，笔者建议：首先，应当积极在法学和经济学基础上，构建法经济学学术共同体。以法经济学论坛作为平台，实现经济学家立场的法经济学和法学家立场的法经济学的对话和交流，形成话语体系统一的学科对话平台。其次，在全国著名经济学家和法学家共同参与下，编写中国特色的法经济学教科书，作为法学本科生、研究生、博士生学习和研究的基本依据。再次，在教育体系方面，在经济学院和法学院合作基础上增设法经济学研究方向的博士和硕士研究生。最后，在每年中国法经济学论坛基础上，定期出版《中国法经济学研究》学术辑刊，使之成为法经济学研究者的精神家园和学术交流平台。

六、结 束 语

法经济学作为边缘学科和交叉学科的特点，决定了法经济学既要符合经济学的内在里路，又要符合法学的理论逻辑。法经济学作为经济学帝国主义的结果，其中的经济学色彩更加浓厚。从国外的法经济学界研究现状来看，著名的法经济学家大多是经济学家出身的，例如科斯、威廉姆森、奥尔森、贝克尔等。从国内研究现状来看，自 2012 年以来举办历届中国法经济学论坛，主办方和协办方主要是经济学界的学者，参会者也以经济学者居多。在中国知网上以“法经济学”冠名的 1 800 多篇法经济学的研究成果中，经济学学者也占据绝大多数。无论是国外还是国内的法经济学研究现状都表明了一个共同的事实，即法学家在法经济学研究过程中缺位现象比较严重，法学家应当在法经济研究中贡献自己的学术智慧。经济学帝国主义的浪潮席卷了整个社会科学领域，法经济学是经济学理论入侵法学领域的必然产物。法经济学产生的过程决定了法经济学具有内在经济逻辑的天然基因。经济学家进入法律领域，探究经济发展的内在因素，塑造了经济学家立场的法经济学。而法学家基于阐释者视角对法律问题的经济学诠释则形成了法经济学的另一种研究进路。尽管我国法经济学在发展过程中还存在一些问题，但是法经济学作为一种全新的问题分析视角却实现了传统法学研究范式的转变，法经济学也必将在推动法治中国的建设中贡献自己的智识。

参考文献

1. 理查德·A. 波斯纳：《法律的经济分析》，中国大百科全书出版社 1997 年版。

2. 陈国富：《法经济学》，经济科学出版社 2006 年版。

3. 冯玉军：《法经济学范式研究及其理论阐释》，载于《法制与社会发展》2004 年第 1 期。

4. 冯玉军：《法经济学范式》，清华大学出版社 2009 年版。

5. 高建伟：《中国集体所有土地征收研究——基于法经济学的分析》，南开大学出版社 2015 年版。

6. 胡中锋：《“教育学逻辑起点”研究述评——教育学有没有逻辑起点》，载于《现代教育论丛》1999 年第 1 期。

7. 罗伯特·考特、托马斯·尤伦：《法和经济学》，格致出版社、上海三联出版社、上海人民出版社 2012 年版。

8. 李增刚：《征地补偿资本化——解决失地农民收入来源的途径探讨》，载于《财经问题研究》2013 年第 12 期。

9. 米切尔·波林斯基：《法和经济学导论》，法律出版社 2009 年版。

10. 马克思、恩格斯：《马克思恩格斯全集》，第四卷，人民出版社 1958 年版。

11. 科斯：《论生产的制度结构》，上海三联书店 1994 年版。

12. 诺斯：《经济史中的结构与变迁》，上海三联出版社 2003 年版。

13. 曲振涛：《论法经济学的发展、逻辑基础及其基本理论》，载于《经济研究》2005 年第 9 期。

14. 钱弘道：《经济分析法学》，法律出版社 2005 年版。

15. 钱弘道：《法律的经济分析》，清华大学出版社 2006 年版。

16. 钱弘道：《经济分析法学的几个基本概念阐释》，载于《同济大学学报》（社会科学版）2005 年第 2 期。

17. 史晋川、吴晓露：《法经济学：法学和经济学半个世纪的学科交叉和融合发展》，载于《财经研究》2016 年第 10 期。

18. 苏力：《“海瑞定理”的经济学解读》，载于《中国社会科学》2006 年第 6 期。

19. 桑本谦：《法律经济学视野中的公司资本制度改革——聚焦中小微企业》，载于《中国法律评论》2017 年第 4 期。

20. 桑本谦：《法律经济学视野中的赠与承诺——重解〈合同法〉第 186 条》，载于《法律科学（西北政法大学学报）》2014 年第 4 期。

21. 桑本谦：《利他主义救助的法律干预》，载于《中国社会科学》2012 年第 10 期。

22. 桑本谦：《疑案判决的经济学原则分析》，载于《中国社会科学》2008 年第 4 期。

23. 魏建：《法经济学分析范式的演变及其方向瞻望》，载于《学术月刊》2006 年第 7 期。

24. 王素玉：《版权法的经济分析》，经济科学出版社 2016 年版。

25. 王佐发：《科斯定理对中国法学的启示》，载《制度经济学研究》2007 年第 1 期。

26. 吴元元：《双重博弈结构中的激励效应与运动式执法——以法律经济学为解释视角》，载于《法商研究》2015 年第 1 期。

27. 乌戈·马太：《比较法律经济学》，北京大学出版社 2005 年版。

28. 熊秉元：《正义的经济学——当法律遇上经济学》，东方出版社 2014 年版。

29. 喻中：《西方法律经济学批判》，中国人民大学出版社 2018 年版。

30. 喻中：《波斯纳法律经济学的理论逻辑》，载于《烟台大学学报》（哲学社会科学版）2014 年第 2 期。

31. 喻中：《权利设置与规则选择：法理意义的理论建构——卡拉布雷西法律规则理论的方法论价值》，载于《江汉学术》2017 年第 3 期。

32. 喻中：《奥尔森法律经济学的理论逻辑》，载于《法学杂志》2017 年第 6 期。

33. 喻中：《论威廉姆森法律经济学的研究范式》，载于《中国政法大学学报》2014 年第 4 期。

34. 喻中：《布坎南宪法经济学的内在理路与外在关联》，载于《山东社会科学》2015 年第 6 期。

35. 喻中：《在经济宪法与经济秩序之间——欧肯法律经济学思想的理论逻辑》，载于《中国政法大学学报》2016 年第 5 期。

36. 喻中：《中国法理学界的“立法者与阐释者”》，载于《中国图书评论》，2007 年第 11 期。

37. 喻中：《格义的再现——法家学说与法学对等关系之建构》，载于《现代法学》，2017 年第 4 期。

38. 喻中：《科斯的法律经济学思想述论》，载于《政法论坛》2014 年第 3 期。

39. 朱全景：《对波斯纳与科斯法经济学范式的解析》，载于《国家检察官学院学报》2007 年第 2 期。

40. 张建伟：《法律、经济学与国家治理》，法律出版社 2008 年版。

41. Ackerman, Bruce, Law Economics, and the Problem of Legal Culture. Duke Law Journal 6 (December), 1986, pp. 929 – 947.

42. Hayek F A. Law, *Legislation and Liberty* (*Volume I*): *Rules and Order*. London: Routledge Kegan Paul, 1973.

43. Nicholas Mercuro, Steven G. Medema, *Economics and Law*: *From Posner to Post – Modernism*, Princeton University Press, 1997.

44. Richard Posner, *Overcoming Law*, Cambridge, MA: Harvard University Press, 1995.

Two Approaches to Law and Economics: A Comparative Analysis

SI Liantao

(School of law, Capital University of Economics and Business, 100070, Shandong University of Science and Technology, 271019)

[**Abstract**] As an interdisciplinary subject of law and economics, Law and economics have natural endowments of law and economics. Based on the background of their own economic knowledge, the economists' standpoint of law and economics regards the legal system as the internal variable of economic development, and takes the approach of economic research from the perspective of law and forms the law and economics of the economists' standpoint. On the basis of the legal knowledge advantage of the jurist, the law and economics researchers take the principles and methods of economics as the research route for the study of legal problems, and take the research approach of the law from the perspective of the economy, and form the law and economics of the standpoint of the jurists. There are great differences between the two standpoints of law and economics in logic starting point, analytical approach and essential attribute. China's law and economics should realize the integration and development of the two positions based on clarifying the law and economics of the two positions. China's law and economics should not only be based on the practice of rule of law in China, but also realize the localization of foreign legal resources. In the field of law and economics, legal researchers should not lose their right to speak, and should actively contribute to their intellectual knowledge and strive to construct the subject system of law and economics with Chinese characteristics.

[**Key Words**] Jurist Economist Law and Economics Research Approach.

JEL Classifications: K00

中国实践推动制度经济学理论发展*

——“2018年中国制度经济学论坛”会议综述

李增刚**

2018年11月10~11日，由山东大学经济研究院、北京大学国家发展研究院、浙江大学经济学院和《经济研究》编辑部主办、山东大学经济研究院承办的2018年中国制度经济学论坛在山东大学中心校区举行。来自北京大学、清华大学、浙江大学、复旦大学、中国人民大学、上海交通大学、南京大学、中山大学、华中科技大学、北京师范大学、香港科技大学、中央财经大学、暨南大学、西南财经大学、山东大学和中国社会科学院等高校和科研院所及《经济研究》《光明日报》《世界经济》《经济学动态》《中国农村经济》《制度经济学研究》等多个权威期刊和报纸的160多位专家学者和代表参加。开幕式由教育部“长江学者”特聘教授、山东大学讲席教授、山东大学经济研究院院长黄少安教授主持，黄少安和《经济研究》常务副主编、编辑部主任、中国社科院经济研究所刘霞辉研究员分别代表主办方致辞。本次论坛包括大会主题报告和小组讨论。大会主题报告共分为四个阶段，分别于11月10日上午、11月11日上午和下午分别进行；小组讨论于11月10日下午分为六个小组分别进行。

11月10日上午进行了两个阶段的大会主题报告。第一阶段由湖南工业大学校长唐未兵主持。长江学者、香港科技大学工商管理学院谢丹阳教授报告的题目为《论美国优先》。他指出“美国优先”是美国面对多重压力“迫不得已”的选择，特朗普政府的对华政策无价值观但目标清晰，中美之间博弈的最终结果只能是合作。浙江大学资深教授史晋川教授报告的题目为《互联网时代的新技术与旧制度》通过电子商务、移动支付、移动新媒体等实例分析了互联网时代的技术红利与制度红利，之所以存在制度红利是因为政府管制限制了相关产业的发展，而技术进步又能够成功地避开政府管制从而产生了技术红利。长江学者、北京大学国家发展研究院院长姚洋教授报告的题

* 本文受到山东大学人文社会科学青年团队项目（IFYT17028）的支持。

** 李增刚，山东大学经济研究院教授；地址：（250100）山东省济南市山大南路27号山东大学（中心校区）经济研究院；E-mail：casslzg@126.com。

目是《如何设定中国制度经济学的研究议题》，他将改革开放之后中国经济学发展分为引进消化、模仿追赶和自主创新三个阶段，认为西方以科斯（Coase）、诺思（North）和阿西莫格鲁（Acemoglu）为代表的主流制度经济学无法解释中国的经济奇迹，进而他提出了中国制度经济学的研究议题：一是中性政府假说；二是晋升激励官员；三是官员能力影响经济增长；四是正式制度与非正式制度的耦合问题。长江学者、山东大学经济研究院院长黄少安教授报告的题目为《中国经济体制改革和经济发展的理论创新》，他首先分析了中国改革开放的理论依据：马克思主义政治经济学、东欧经济学、凯恩斯主义经济学，提出中国改革开放的重大理论创新：一是公有制与市场经济的相容性；二是以渐进式改革为主线的“北京共识”；三是农村土地的所有权、承包权和经营权的“三权分置”。

11 月 10 日上午第二阶段的大会主题报告由北京大学经济学院院长董志勇教授主持。复旦大学特聘教授孟捷做了题为《农民工、竞争性地方政府和社会主义政党国家》的报告。中国人民大学经济学院副院长陈彦斌教授做了题为《应对经济下行压力：宏观政策和体制改革》的报告，分析了我国经济下行现状，并提出了宏观政策和体制改革相配合的对策建议。复旦大学经济学院副院长寇宗来教授做了题为《第二机器时代的贸易冲突》的报告，认为人工智能时代已经来临，详述了“第二机器时代”的贸易冲突。中山大学岭南学院徐现祥教授做了题为《目标引领发展》的报告，阐释了各级党组织通过增长目标领导中国经济增长的事实。青年长江学者、北京师范大学经济工商管理学院罗楚亮教授做了题为《高等教育的机会差异》的报告，从城乡差异和地区差异两方面证实了中国高等教育的确存在机会差异。浙江大学经济学院副院长潘士远教授做了题为《资源错配和贸易不平等》的报告，他通过理论分析和中国的实证数据分析认为，资源错配是导致企业内和企业间效率降低的原因，也是导致中国贸易不平等的根源。清华大学公共管理学院副院长王亚华教授做了题为《中国大一统的起源和演进：新制度经济学的视角》的报告，从新制度经济学视角分析了中国大一统的起源和演进，并拓展了对当代中国国家治理的含义。

第三阶段的大会主题报告于 11 月 11 日上午进行，由山东大学威海校区副校长黄凯南教授主持。长江学者、浙江大学经济学院院长黄先海教授报告的题目为《中美贸易战背景下中国产业政策体系的重构》，从“废、立、改、保”四方面提出构建中国特色、国际规范的新产业结构的措施。中山大学岭南学院副院长才国伟教授报告的题目为《财政压力、地方保护与僵尸企业的形成》，从财政压力和地方保护两个方面剖析了僵尸企业形成的原因，以及源错配带来的恶劣后果。河南大学经济学院院长宋丙涛教授报告的题目为《中国传统文明中的时空机制设计：家国天下》，分析了中国传统文明中家庭单位的重要作用，提出了家庭内部的宪政机制设计，并从三代叠加和四代叠加的角度分析了儒家孝道的公共经济学意义。山东大学经济研究院孙圣民教授报告的题目为《制度变迁、生产规模与农业生产绩效》，利用中华人民共和国成立后的历史数据实证研究了农业合作化对农业生产的正向影响。江西财经大学经济学院袁庆明教授在报告《诺斯第二悖论的再破解》中，指出了诺斯第二悖论的破解需要直视交易费用问题。

第四阶段大会主题报告于 11 月 11 日下午进行，由《经济研究》杂志社社长张永山教授主持。长江学者、华南农业大学国家农业制度与发展研究院院长罗必良教授做了题为《农业家庭经营：合理性反思》的报告，他重新审视了家庭经营接受新技术、融入分工经济的可能性。南京大学经济学院副院长葛扬教授做了题为《基本经济制度的历史逻辑与理论创新》的报告，分析了中国基本经济制度的历史原因，归纳了中国基本经济制度的理论创新。华中科技大学经济学院院长张建华教授做了题为《服务业供给侧结构性改革与中等收入陷阱的跨越》的报告，指出中国在供给侧结构改革过程中必须把握好方向，防止“中等收入陷阱”。青年长江学者、中央财经大学经济学院院长陈斌开教授做了题为《供给侧结构性改革与中国工业企业生产率》的报告，分析了新旧动能转换和供给侧结构性改革的原因，从中国工业企业全要素生产率的变化分析了新旧动能转换的着力点。山东大学经济研究院博士生白彩全做了题为《长期人力资本积累的历史根源：制度差异、儒家文化传播与国家能力塑造》的报告，以中国四川省实行土司制和未实行土司制的地区为样本研究了中央集权和分权对人力资本积累的影响。南京审计大学经济学院戴翔教授做了题为《制造业“服务化”一定能促进价值链攀升吗?》的报告，采用实证数据检验了对制造业“盲目服务化”对价值链提升的影响，指出制造业服务化未必能够促进价值链的提升。

11 月 10 日下午，论坛分为六个小组进行了分组讨论，主题分别为：制度经济学基本理论问题、制度与增长、制度与行为、制度与资本市场、制度与三农和制度与治理。

一、制度经济学基本理论问题

制度经济学的基本理论问题向来是制度经济学研究者关注的核心。马克思主义政治经济学包含制度理论，中国社会主义经济理论也涉及很多制度经济学的问题。河南大学商学院的徐本华系统地研究了马克思的工资理论，认为马克思的工资理论包括工资的本质、表现形式、运动规律、国民差异、影响因素等。他提出，中国工资制度所存在的问题包括：劳动者工资水平整体较低、工资在国民收入分配中所占比例较低、地区发展不平衡、行业差距大等；工资制度改革的思路是：提高工资水平，实现消费驱动型经济；规范工资分配秩序，规范劳动者权益；缩小收入差距，形成健康的收入分配格局。浙江农林大学经管学院的许建明提出了一个在理论上研究公有制与市场经济兼容性的思路。他认为，当集体所有制作为一个谋取成员福利的投资选项时，成员就会要求集体所有制给予个人所有制同等的投资回报率；当集体所有制是政府的偏好时，必会侵害私人产权，使得社会福利水平降低与个体积累低效率；当政府是为全社会福利最大化服务时，它将会把为补贴集体所有制而对私人产权的税收降为零，并且对集体所有制的补贴为零。他进一步提出，物化的集体所有制是与计划经济体制相匹配的，而与市场经济体制是相悖的；集体所有制的价值化才是集体所有制与市场经济的兼容之道；价值化的集体所有制，使得社会主义计划经济体制时代的农村集体所有制所积存的资产可以提供转化为农民养老金账户储备。山东大学经济研究院的黄少安对改革开放以来国有企业改革的历程进行了理论总结和提炼，认为：改革的总体依据基于历史唯物主义基本原理的“初级阶段理论”；初期的“放权让利”不符合契约理论，“利改税”混淆了国家收益的依据；承包制可以在“不完全契约理论”框架里解释；以股份制为主要形式的国有企业改革深入产权改革和公司治理结构改革；“国资委”的设立不仅导致其自身机构膨胀，而且导致国有经济不合理扩张，这种扩张很难导致经济有效增长，还可能有副作用；相对成功的中国特色的经济体制改革也有副产品——形成利益集团，导致国有企业改革一定程度上陷入“是”“否”改革的二元悖论。

有学者关注了帕累托标准等微观经济学的基本理论问题。中央财经大学的王伟佳研究了包含异质性信念和信息冲击的帕累托标准。他认为，根据多数现有的福利分析模型，从帕累托效率的角度看，在纯交换经济中，风险共担分配优于基于异质性信念的赌博分配；但是在出现负面信息冲击时，风险共担分配可能导致金融传染，造成整个社会福利更多的损失，而赌博分配是可以通过减少个人期望效用波动或者价格波动来有效降低这种风险。为了解释传统福利理论与现实经济现象的这一矛盾，他提出了新的帕累托标准，并认为该标准的优势在于：（1）可以满足出现信息冲击时赌博分配优于风险共担分配的现实；（2）可以分析解释目前福利标准无法涵盖的其他情形；赌博分配可以在负面信息出现时起到稳定器的作用，单方面限制赌博式交易对预防金融危机可能是不利的。山东大学经济研究院的曾琳华试图解释消费的超平滑性和超敏感性这两个难题。她将消费品区分为耐用品和非耐用品，采用可加可分的效用函数形式，证明了在引入耐用品后，消费政策函数由永久收入的期望贴现、谨慎性储蓄以及折旧带来的摩擦决定。中央财经大学经济学院的伏霖和李涛等基于集体主义的文化视角研究了相对收入对主观经济地位的影响。研究发现，个体在其所在区县的相对收入的提升会显著增加其主观经济地位；并且在集体主义文化氛围更强的地区，相对收入对主观经济地位的影响更大。

合作机制的理论研究一直是制度经济学基本理论中的重要问题。山东大学经济研究院的孙瑞琪和韦倩利用演化视角研究了合作的脆弱性和门槛效应。他们认为，合作在经济发展中扮演着重要角色，无论是市场经济的运行还是契约的签订与执行都离不开互相合作，但是合作却具有脆弱性；人们创立了一定的机制来维护合作，主要包括惩罚机制和声誉机制；但是在现实中，惩罚机制和声誉机制并不总是有效。通过构建模型和仿真模拟，他们发现，无论是惩罚机制还是声誉机制，在维护合作的过程中都存在门槛效应，在一定的阈值之前，这些机制很难发挥作用，只有迈过这个门槛后，它们才能成功地维系群体的合作。

行政审批改革、分利集团等政治现象会成为影响经济活动的重要因素。中山大学岭南学院的徐现祥、陈邱惠、毕青苗和马晶研究了行政审批改革对企业制度性成本的影响。他们认为，虽然行政审批改革不断深化，但是企业的获得感不强，根本原因在于行政审批改革未能大幅度降低企业的制度性成本。他们分两个阶段进行了实证检验：在全面启动行政审批改革阶段，以行政审批中心为切入点，发现设立行政审批中心降低了企业约 6% 与政府打交道的时间；在全面深化行政审批改革阶段，以广东商事制度改革为切入点，发现商事制度改革降低了企业约 20% 的开办时间。他们指出，这些发现在统计学意义上虽然都是显著的，也是稳健的，但是在经济学意义上，这个下降幅度很难让企业感受到改革所带来的积极影响。进而，他们提出，真正大幅度降低企业与政府打交道的时间成本是深化行政审批改革的努力方向。河南师范大学的张广根从分利集团和制度僵化的角度解释了中国经济增长放缓的根源。他认为，在理论上，增速下降源自增长动力窒息，增长动力窒息源自制度僵化，制度僵化则源自分利集团，而分利集团源自利益集团，任何社会都可能产生利益集团；在实践上，现阶段中国确实存在利益集团，也存在大量分利集团，更是出现了明显的制度僵化趋势，虽然增长动力转换已成共识，但增长动力的转换还没有取得成功，经济增长动力窒息迹象明显。进而，他提出保持中国持续增长的关键是破除分利集团的不利影响。山东大学（威海）商学院的宁光杰和南开大学经济学院的张雪凯利用世界银行 2012 年中国企业营商环境调查数据以及 CHIP 2013 数据研究了户籍制度和劳动力流动性对企业用机器替代劳动的影响。结果表明：劳动力流动性高会促使企业更多地使用机器设备和增加研发投入，经过一系列内生性和稳健性检验后结论依然成立；而户籍制度的存在是导致劳动力流动性过高的原因。这为当前我国企业机器替代劳动力、人工智能运用增多等现象提供了一个新的解释。

家庭内部的制度、性别制度以及姓氏等社会现象也会对经济活动产生重要的影响。山东大学经济研究院的刘姝辰和孙圣民从婚姻中房屋的产权归属解释了家庭内部的不平等以及家庭的生育意愿和子代的营养状况。他们利用2012年CGSS和2010~2014年CFPS数据，实证研究发现：房产所有权通过界定离婚后的财产划分，影响了夫妻双方在婚姻存续期间的议价能力，导致了家庭内部的不平等——房产所有者负担更轻的家务并拥有更多家庭事务的决策权；在高离婚率、高房价的群体中这种不平等体现得更明显；进一步研究表明，房屋产权归男性所有，显著降低了女性群体的生育意愿，且不利于子代营养状况的提升。控制地域文化观念特征后结论仍成立。山东财经大学国际经贸学院的郭艳茹和上海海关学院的王素素使用2003和2015 CGSS数据并匹配同期市场化指数，检验、对比了两个时期中国城市居民阶层身份认同影响因素的变化情况，以期对中国转型期社会分层的内在机制作出判断。结果表明，中国改革进程中市场力量和国家权力的对比变化相应地体现在社会成员的阶层身份认同上；20世纪90年代初开启的市场化改革，导致私营经济部门居民的阶层定位提升以及国企员工阶层定位下降；2003年私营经济部门的居民阶层定位不但高于国企员工，甚至高于政府机关部门人员；这种情况随着20世纪后期的国进民退大潮发生改变，到2015年私营经济部分居民的阶层定位已经低于国有企业员工和政府机关人员。北华航天工业学院的阎晓莹基于劳动力薪酬性别差距的经验证据，研究了非正式制度对社会性别关系改进的影响，结果表明：传统性别制度对女性劳动者的束缚并未彻底瓦解，女性在社会性别关系中一直处于相对劣势地位，尤其是薪酬水平的性别差距表现最为突出；来自城市与来自农村的劳动力群体的性别关系开始表现出明显的不同，前者所呈现出的性别差距显著小于后者，这对削弱性别歧视的路径依赖起到了正向的激励作用；要遏制传统制度中的消极部分，避免其对社会性别关系演进产生不利影响，发展开放的经济环境、为女性提供更多受教育机会和更平等的就业制度是重中之重。暨南大学华侨华人研究院的赵子乐和中山大学岭南学院的林建浩基于中国工业企业数据库研究了同姓企业家之间的知识溢出对企业创新的影响。研究发现："同姓"企业（即企业负责人姓氏相同的企业）的研发投入会提升企业自身的创新产出；安慰剂检验分别把解释变量改为"异姓"企业研发投入以及把样本改为"改姓"企业，结果均不显著；本县与外县"同姓"企业的研发投入都有显著影响但前者作用稍大；行业研发投入均值越高、城市人均GDP越高，姓氏网络作用越弱；大姓与小姓的姓氏网络影响没有显著差别，但如果企业与研发领先企业"同姓"，则会有更高的创新产出。西南财经大学经济学院的邹红等利用中国家庭金融调查（CHFS）2011、2013、2015三期调查数据，探究了有未婚子女、房价与老年人劳动参与的关系，从家庭代际关系视角，解释了中国老年人"无休止劳动”背后的原因。研究发现：有未婚成年子女对老年人的劳动参与存在“婚姻效应”，有 18 岁及以上未婚子女会显著增加老年人劳动参与约 3.3% ~ 4.9%；子女的婚姻状况会通过房价对老年人的劳动参与产生显著的正向影响，房价上涨会显著增加有未婚儿子的农村老年人参与劳动；有未婚子女会显著增加家庭的购（建）房概率和因购（建）房而产生的家庭债务。

产业组织和契约理论是制度经济学的重要问题。兰州大学经济学院的杨志良、姜安印、王杰将农业全产业链模式视为一种准纵向一体化治理结构，他们通过扩展威廉姆森的简单契约框架，构建了准纵向一体化动态分析框架，对农业全产业链模式给出了统一的逻辑解释。他们认为，准纵向一体化是一种从市场向企业不断演进的过渡性治理结构，随着资产专用性的提高，准纵向一体化治理范围逐渐扩大且强度不断增加，当准纵向一体化治理范围涵盖整个产业链时，便实现了全产业链控制；在准纵向一体化推进的过程中，企业规模也会同步扩张，当产业链上所有组织都被并入核心企业内部时，意味着实现了完全纵向一体化。农业企业实施全产业链控制的根本性动机，是出于保护专用性的企业品牌资产免受损失。农业企业的品牌资产与农产品质量声誉高度共生，因而促使龙头企业通过对全产业链的准纵向一体化和纵向一体化治理，来控制分布于各中间产品的质量阴影，以保证为消费者持续提供高质量的农产品。

二、制度与增长

制度对宏观经济的影响是制度经济学关注的核心问题。有学者研究了央地关系、反腐败等对创新创业及经济增长的影响。厦门大学经济学院的柏培文实证考察了我国十八大以来反腐败对实体企业创新的影响，在此基础上考察了反腐败对经济增长的影响，提出其中的机制为政治关联。结果表明：政治关联对实体企业创新起到负向作用，在 2013 年之前，这种负向作用尤其显著；政治关联对企业创新的抑制影响在非国有企业强于国有企业、在东部地区强于中西部地区；反腐败净化了政商环境，对企业创新有明显的刺激效应，其中对非国有企业影响高于国有企业，对东部地区的影响高于中西部地区。进而得出结论：反腐败促进了企业投资的增长，并与创新一起推动经济增长。该研究为十八大以来的反腐败促进企业创新、促进经济增长提供了有效的经验证据。东北财经大学经济学院的张为杰和窦程强利用 2000 ~ 2015 年中国 30 个省份的面板数据为研究样本，考察了企业家精神和社会资本对经济增长的影响，在此基础上进一步考察了社会资本对企业家精神的经济增长效应的影响。研究发现，企业家精神能够显著地促进经济增长，创新精神比创业精神对经济增长的影响程度要高；社会资本是强化企业家精神对经济增长促进作用的重要渠道。兰州大学经济学院的冯国强考察了央地关系影响地方经济增长的机制。通过匹配 1998 ~2012 年间部长履历与关联省份的经济表现，冯国强发现，在一定条件下，央地之间非正式的组织关系既能从正面影响地方的经济增长，也可以从负面影响地方的经济增长；非正式的组织关系所起的作用，受到部长政治出身的影响；政治出身决定了部长主要面临的政治风险，通过影响部长的策略选择来影响地方经济增长。西南政法大学经济学院的于文超利用 2012 年全国私营企业调查数据，考察了经济政策不确定性对民营企业活力的影响，以及政治关联和区域市场化程度在其中的调节作用。研究发现：经济政策不确定性对民营企业活力有显著负向影响；对拥有政治关联的企业而言，经济政策不确定性对企业活力的负向影响更强；而随着地区市场化程度提高，这种负向影响会减弱。机制检验表明，经济政策不确定性会显著增加民营企业的政府摊派支出和税费支出，成为经济政策不确定性损害民营企业活力的重要机制。

有学者研究了地方政府债务及其对经济增长的影响。中国人民大学经济学院的杨其静、吴海军和杨继东基于 4 万亿刺激计划下城投债的数据研究了持续经济增长对地方政府融资的影响。结果表明：经济增长压力越大的地方政府倾向于发行更多的城投债，而财政压力限制了其通过发债融资的能力。山东大学经济研究院的李冠青基于产业网络效应视角，考察了地方债务资金不同产业投向的有效性。结果表明：①债务资金投向不同产业所带来的产业拉动效应不同；②交通运输、建筑等基础建设类行业及金融、卫生等具有较强网络效应的行业投资更能带动实际产出增长；③分样本回归发现，东部地区房地产、卫生、文体等第三产业拉动效应较为显著，中部地区制造、建筑等第二产业拉动效应较为显著，西部地区农、林、牧、渔业拉动效应较为显著，东、中、西部呈现三次产业梯次布局。

随着国家之间经济联系的加深，国家之间的政策会相互产生影响。中央财经大学经济学院的黄乃静和于明哲使用中国总量和行业层面的数据，研究了美国经济政策不确定性升高影响中国宏观经济的传导机制和溢出效应。结果表明，美国经济政策不确定性升高将通过国际金融市场、跨国直接投资和国际贸易三个渠道的传导引起中国宏观经济波动，具体表现为美国经济政策不确定性的升高将导致中国股指回报率的下降、外商直接投资的增加以及中国对美出口的减少。此外，行业层面的分析表明，在美国经济政策不确定性跨国传导的三个渠道内部存在着行业异质性。当面对同样的美国经济政策不确定性升高的冲击时，与美国股票市场联动性较强、对境外投资者较具吸引力以及对美国消费市场依赖程度较高的中国行业的反应更为明显。东南大学经济管理学院的刘梦从全球价值链分工的特征事实出发，利用投入产出模型，在数理层面推导并构建了“净出口”对经济增长拉动率与贡献率的新测算框架；以中国经验数据为例，利用 WIOD 的最新基础数据，采用修正后和传统的两种方法，分别测算了 2001 ~2014 年中国“净出口”对经济增长的影响。结果表明：传统方法确实低估了“净出口”对经济增长的拉动率和贡献率，而且伴随全球价值链分工深化，低估“现象”更普遍、更严重。

北京大学国家发展研究院的宋泽和西南财经大学经济学院的邹红利用 2010 ~2012 年中国城镇住户调查（UHS）的月度数据构建家户季度面板，通过工具变量—固定效应实证分析了中国城镇居民不同消费类型示范效应的影响。研究发现，城镇居民服务、食品、衣着与燃料的消费示范效应分别为 0.139、0.282 和 0.435，且三类消费的消费示范远大于消费习惯的影响；消费示范的深度影响体现在消费品质升级，食品方面为蔬菜类、瓜果类、奶制品类和肉类消费的增加，服务方面为医疗、教育和娱乐等消费的增加；而广度影响主要体现在城市规模与人口结构差异，城市人口规模越大就会带来更大的消费供给规模效应，青年群体比中老年群体受到的消费示范影响更大。

山东大学经济研究院的李芳慧和王高望从人力资本的角度研究了中国省际经济增长的差异。他们引入了房地产经营收入作为控制变量，其在关于人均实际 GNP 增长率的回归中系数显著为正；总量变量的回归结果表明，相对富裕省份的劳动边际产出高于相对贫困省份，且这种状态在回归年份内一直保持；人均经济增长率的回归结果表明，人力资本的作用存在地区差异，中部地区及相对贫困地区人力资本对人均经济增长率的影响更为显著；以农业产值占比作为低技术生产的代理变量，回归结果表明，农业产值占比的提高会对经济增长率产生负向影响。

西南财经大学经济与管理研究院的赵国昌等基于中国 1952 ~2000 年的省级和部分市级面板数据，使用一种用面板数据构造反事实的方法，评估了唐山地震及其重建工作对当地经济的长期影响。研究发现，唐山地震及其灾后重建工作对当地经济产生了长期的、持续的正向影响。这种正向影响主要体现在第二产业，对第一、第三产业没有影响，而且这种正向影响并不能完全由投资所解释——地震及其灾后重建提高了河北省的人均单位资本产出。

三、制度与行为

政府政策、制度等会影响个体行为，进而会对经济绩效产生影响。上海交通大学安泰经济与管理学院的梁超以 2003 年开始的农业税取消作为自然实验，基于广义双重差分法研究了财政压力对地方政府撤点并校行为的影响。结果表明，取消农业税显著推进了地方的撤点并校行为，地级市小学数量平均减少50所；这种影响主要集中在县级区域而非市辖区，农业税收入损失越大、农村人口占比越高的地区，取消农业税对撤点并校的影响越大。厦门大学经济学院的龙小宁和易巍研究了中国政府从2000～2016年陆续出台了鼓励高校实施科研成果转化的政策（简称BD类政策）对高校创新的影响。结果表明，采取BD类政策的高校对应的专利申请量、授权量和续期率在长期得到了提高，引用量和转化合同金额则实现了短期增长；与BD类政策相比，专利申请补贴政策提高了申请量和授权量，但对续期率、引用量和转化合同金额没有显著影响；职称晋升激励政策提高了续期率与引用量；专利授权现金奖励则对所有创新产出指标均无显著影响。分样本回归结果显示，高校促进科研成果转化与专利化政策，无论是BD类还是非BD类政策，对非理工类院校的专利数量产生了更为显著的影响，而对理工类院校的影响则体现在专利引用量与转化合同金额的提高。西南财经大学经济学院的刘璨运用中国家庭追踪调查（CFPS）的微观数据，利用双重差分方法研究了延迟退休政策宣告对城镇家庭储蓄率的影响。结果表明，尽管政策尚未实施且细节不明，政策宣告已经显著地降低了城镇家庭的储蓄率；平均而言，家庭每增加一个劳动力，其储蓄率大约降低5%。该效应在不同家庭之间存在较大差异，具有更高储蓄率和财富性收入水平的家庭，更不易于降低其储蓄率；户主越临近退休，宣告效应越为明显；政策宣告效应主要通过收入增加预期发生作用，而家庭的健康状态预期并没有显著性改变。浙江财经大学经济学院的姜树广和赵磊探究类似国家监察委的反腐败权力机构与群众监督相结合的反腐败机制的可行性。通过实验，在一项多轮陌生配对索贿博弈的框架下，引入群体监督和内生严打机制，检验了其对腐败水平的影响。研究发现，群体监督机制下较高比例市民进行了有成本的监督，并显著降低了官员的索贿程度，严打机制的引入进一步提高了市民的监督比例且抑制了官员的索贿行为。

随着制度环境的变化，政企关系、政商关系也会发生变化，进而对企业或个人的行为产生影响。山东大学经济研究院和山东发展研究院的李亚飞、王凤荣和李安然以中国A股上市企业2008～2015年的数据为样本，基于中介效应模型实证研究了技术型企业家对企业创新的影响。结果表明，具有研发经历的技术型企业家显著地促进了企业的创新。在作用机制方面，非国有企业的技术型企业家通过改善企业内外部创新环境促进企业创新产出，而国有企业的技术型企业家没有改善企业内外部创新环境。他们使用滞后一期董事长研发经历、董事长的教育背景、学术背景等作为工具变量，实证结果依然稳健。南开大学经济学院的李飞跃、北京大学的刘明兴和山东大学经济研究院的侯麟科从匹配的视角研究了晋升的机制，发现对较高级别官员来说通用技能水平越高晋升的可能性越大；因为对于治理中国这样庞大的国家，部门、地区、层级之间的协调与沟通非常重要，而通用技能比专业技能更适合做跨部门、跨地区、跨层级的协调工作；他们以1956～2015年的省级官员为样本，实证检验了通用技能对晋升的影响，结果发现在控制经济绩效、社会关系等诸多因素的条件下，通用技能对官员晋升具有显著正向作用。辽宁大学经济学院的张紫薇研究了市场化程度对地方国企控制权转移动机的影响。她通过构建地方国企控制权转移动机的理论模型并以2003～2017年地方国企国有股转让数据为样本，运用Logit和Multilogit计量模型进行了实证分析。结果表明，地方政府转移地方国企控制权时倾向于将“劣质资产”转移给民企，而将“质优资产”转让给央企或在地方国企体系内转移。山东大学经济研究院的腾越洋研究了国企高管限薪背景下晋升激励能否成为薪酬激励的有效替代方式。研究发现：①晋升激励是薪酬激励有效的替代性激励方式；②作为替代性激励方式，政治晋升激励比非政治晋升激励具有更强的替代性；③相比于CEO，晋升激励对薪酬激励的替代性对董事长而言更加明显；④相比于东部地区，晋升激励对薪酬激励的替代性在中、西部地区更加明显；⑤相比于市县属国企，晋升激励对薪酬激励的替代性在省属国企更加明显；⑥相比于不在股东单位任职的高管，晋升激励对薪酬激励的替代性比任职于股东单位的高管更加有效。四川大学经济学院的张雪原和孙丰伟从政企合谋的异质性对矿难的影响。他们认为，安监分权背景下，政企合谋成为导致矿难的重要因素，一是省级政府及其官员更有可能因政绩与国有重点煤矿形成中性合谋；二是基层官员与乡镇煤矿的合谋激励更可能是寻租腐败。经验证据表明，国有重点煤矿分权时期，主管安全生产副省长为本地人时，中性合谋显著增加了煤矿死亡率；乡镇煤矿分权且关井时期，腐败合谋显著增加了煤矿死亡率；两种合谋不能交叉解释，中性合谋不是乡镇煤矿矿难成因，腐败对国有重点煤矿无显著影响。中南大学的李业梅通过构建非对称演化博弈模型，研究了新媒体环境下，政府机构与食品企业行为之间溯源体系建设主体策略选择和博弈结果的影响。结果表明，“食安中国”需要社会共治，食品溯源体系的建设需要各方共同努力，消费者对“可追溯食品”的支付意愿，企业建设成本及政府机会成本都是食品溯源体系建设主体分配结果的重要影响因素；随着溯源体系的逐渐发展完善，“区块链”技术下，政府由建设主导角色转变为监管者角色成为必然；而在新媒体塑造的舆论环境下，政府机构和食品企业将改变原有策略选择状态，并趋向有利于社会总体福利增加的方向变化，新媒体监管将成为食品安全社会共治的重要力量。山东大学经济研究院的李金玮和韦倩等基于2011～2016年A股上市公司的数据，采用双重差分和三重差分等研究了地方官员政绩考核政策变化对政府补贴的影响。结果发现，随着地方政府政绩考核不再以GDP论英雄的政策转变，地方政府会直接减少对区域内企业的财政补贴，尤其是减少对区域内非国企上市公司的政府补贴；由于政策转变导致GDP对官员考核影响力下降，从而使地方政府在是否利用财政补贴挽救长期亏损企业时有更大的选择空间，无论是国企或者非国企都表现为对处于特殊处理状态企业的补贴下降；虽然 GDP 在官员考核中的地位下降，但出于稳定社会增加就业的要求，雇用员工增加有助于获得更多政府补贴，这一作用对非国企的上市公司更为显著。

企业行为或个人行为是特定制度背景下企业的最优选择。山东大学经济研究院的蔡英玉和孙涛在 KMRW 声誉模型的基础上，构建了“监管机构—信托公司—投资者”三方多阶段博弈模型研究信托公司的“刚性兑付”问题。他们认为，由于投资者缺乏识别和定价能力，以及监管机构的准入审批和评级机制，使信托公司可以利用监管机构的“信用背书”，在前期通过“刚性兑付”建立声誉，进而在未来获取超额收益。他们还利用 68 家信托公司 2010 ~2015 年度的数据进行了实证检验，结果表明，当期声誉与下一期收益呈现出显著正相关关系，好声誉能够为信托公司带来更高收益。中央财经大学经济学院的翁慧敏与李彬利用在微信群中进行的现场实验，探寻了网络社交关系对于利他行为的影响。结果表明，微信群总体利他水平随微信朋友占比增加而增加；微信朋友作出利他行为的概率显著高于非微信朋友，其对于利他决策的正效应甚至超过了现实社交关系；在微信网络社交中，私聊表情消息数和互助行为数等微信社交行为能够显著地提高利他行为发生概率；在微信群中，个体发生利他行为的概率也会随群活跃度增加而显著增加。

中北大学经济管理学院的褚红丽和山东大学经济研究院的孙圣民、魏建基于 2014 ~2016 年贪污罪、受贿罪的判决书数据和各省市的司法投入数据，实证分析了财政激励对法官财产刑判决行为的影响。研究发现，法官对腐败官员的经济惩罚存在明显的地区性差异，这一现象与各地区罚没收入予以返还的财政激励有关；司法投入越低的地区，法院获得财政返还的激励越大，法官越倾向使用财产刑，尤其倾向于使用罚金形式的财产刑，这一现象在中西部地区，基层法院尤为明显；使用不具有“创收”作用的监禁刑进行安慰剂检验，发现财政激励不会对监禁刑产生影响；用省委书记、省长的法学背景和政法委书记的任职年限作为工具变量，处理内生性问题后，该结论依然成立。

四川大学经济学院的赵达基于中国城镇住户调查 2010 ~2012 年月度数据，利用失业率在外生性特征群组和月份的变异性研究了失业率对家庭消费和劳动参与的影响。结果表明，在控制当期收入的前提下，群组失业率每提高 1% 将导致城镇地区就业家庭消费下降 0. 48% ，未来失业预期引起的预防性储蓄动机明显；所有制异质性方面，群组失业率每提高 1% ，国有、集体和股份制就业者所受影响在统计意义上并不显著，个体或私营企业被雇者家庭消费下降 0. 50% ，没有固定性职业的就业者家庭消费下降 1. 22% 。年龄异质性方面，临近退休的户主对群组失业率并不敏感。

西南财经大学经济学院的何石军基于清代的刑科题本的记录，通过计量实证研究了清代的婚姻形式与财礼之间的关系。结果表明，童养媳价格比妻价更低；妾价相对于妻价较高；姿色越好，财礼越高；财礼会随着年龄呈现出倒“U”形关系；买卖妻妾和寡妇再嫁价格高于正常婚嫁，嫁卖女性之人是父母兄弟的，其价最低；媒人越多，财礼越高；买方的身份越高，出价越高。

浙江工商大学经济学院的周圆和刘文革从利益集团的角度研究了中美贸易摩擦的根源。他们认为，美国政府对华贸易政策选择取决于国内各方团体势力从美国对华贸易政策中可以获得利益或需要承担的成本，是国内各利益集团博弈的结果；当且仅当政府对于包含所有消费者的社会总福利十分重视时，消费者才能以被动的方式对政府的政策造成影响；利益集团的捐资水平及除捐资行为外的综合影响力（如所在产业重要程度）将决定所有的利益集团最终对政府的贸易政策保护水平的干扰方向。

广东外语外贸大学卢万青和杨永聪运用省份面板数据检验了开放型经济新体制对技术创新能力的影响。结果表明，市场化制度改革对技术创新能力具有显著的直接影响，转变经济运行管理模式通过推动市场化改革进程对技术创新能力具有显著的间接影响，但是扩大开放对技术创新能力的影响不显著；政府对经济的普遍性干预对技术创新能力影响不显著，但政府对技术发展的专门性干预（即政府科技扶持）对技术创新能力却有显著影响。

四、制度与资本市场

金融制度的发展变化及其对经济的影响是一个重要的研究领域。许多学者考察了上市公司、证券市场的制度问题。山东大学经济研究院的张原野从信息不对称的视角研究了机构交易对市场质量的影响。结果表明，在当前个人投资者占主导地位的市场参与结构下，引入更多机构投资者可以提高市场价格效率，但短期内可能恶化市场流动性和投资者福利水平；机构投资者具有信息优势，其交易行为将使价格更有效地反映资产潜在收益，从而提高市场效率；然而市场短期内仍存在大量个人投资者，大规模的机构交易可能加剧个人投资者的逆向选择与羊群效应，从而降低市场流动性；机构的信息交易也将减少个人投资者之间因信息差异而产生的交易行为，从而降低其福利水平。山东大学经济研究院的孙瑞琪研究了上市公司交叉持股的动机。研究发现，企业选择交叉持股是一种强强联合而又同舟共济的行为；企业在面临一定问题时，更倾向于参与交叉持股，但是存在的经营风险越大，交叉持股就越难以达成。山东大学经济研究院的王凤荣和慕庆宇运用 2006 ~ 2016 年中小企业板数据，结合经济换挡背景，考察政府干预异质性作用下，中小银行发展对中小企业融资约束的影响。研究发现：从总体来看，中小银行发展有助于缓解中小企业的融资约束，但受政府干预的影响，该支持效应主要集中于国有及弱政府干预地区民营中小企业。源于政府干预的异质性特征，相比经济换挡前，换挡期中小银行发展对中小企业融资约束的缓解更为显著，且上述效应主要集中于民营及弱政府干预地区国有中小企业。中泰证券的於勇成等利用我国 2002 ~ 2015 年企业上市及增发数据，实证分析了专用性资产在企业增发时对承销商的选择以及承销费用跨期关系的影响。结果表明，上市公司首次发行上市时间与增发时间间隔越长，其更换承销商的概率越高；如果企业上市后存在增发行为，那么其首次发行时支付的承销费用显著低于没有增发的企业；如果增发时企业与承销商维持合作关系，那么其首次发行时支付的承销费用显著低于更换承销商的企业。浙江财经大学经济学院的姜树广和山东大学经济研究院的韦倩等使用深圳证券交易所 2016 年和 2017 年两个年度的个人投资者行为调查数据对个人投资者的认知能力和动物精神进行度量，分析了其对股票投资行为的影响。结果表明，通过心理学量表方法测度并构造的动物精神指标可以较好地刻画投资者非理性程度的差异性，而这种差异与投资者的认知能力水平具有极强的关联性，低认知能力的投资者显著呈现更强的动物精神；动物精神越强的投资者表现出越高的股票投资份额、更频繁的股票交易以及更差的投资绩效；动物精神对投资中的交易风格、持股数量、止损策略的使用等行为均具有显著的解释力。新疆农业大学的韦祎以我国 2010 年实施的融资融券业务为背景，使用 2011 ~ 2016 年上市公司数据，采用双重差分模型，实证研究融券卖空交易机制对上市公司的非效率投资行为的影响。研究发现，投资者能够准确识别公司的负面消息并进行卖空交易，使卖空制度能够发挥其外部治理效用。当公司的董事长和总经理存在监督关系时，卖空机制的引入可以有效约束公司的过度投资行为；相比之下，对于董事长和总经理之间是相互共生关系的公司，卖空机制的引入在约束投资不足行为的同时也促进了过度投资现象的发生。山东大学经济研究院的孙涛和逯苗苗利用中国制造业上市公司的商业信用数据研究了信用议价能力对双维企业绩效（总资产报酬率和可持续增长率）的影响，并探究了连锁董事网络对这一影响的调节作用。研究发现，信用议价能力与总资产报酬率、可持续增长率均呈现倒“U”形关系，并由于制度环境与市场环境的不同而存在异质性；连锁董事网络特征中，结构洞特征对这一关系具有正向调节作用，中心度特征具有反向调节作用。进一步研究发现，在连锁董事特征弱的企业，高风险水平抑制了企业的信用议价能力；信用议价能力与企业的融资约束呈“U”形关系，交叉持股网络中的点出度特征对这一关系有着正向调节作用。山东大学经济研究院的张鑫基于公司层面的数据，将发行债券上市公司的股票价格波动信息与债券价格波动信息分别作为经济不确定性与信用利差的表征变量，利用面板数据模型研究了经济不确定性对信用利差及宏观经济的影响。结果表明：经济不确定性提高，导致企业资产负债表恶化，融资能力受限，信用利差上升；企业资本资产的波动性及非流动性，通过企业违约率的提高及资产质押率的降低，显著影响了企业的债务融资能力。研究结果说明，除了实物期权效应和观望效应，金融摩擦也是影响宏观经济的不确定性因素。石河子大学经济与管理学院田宗涛和刘嫦运用中国2010～2016年沪深A股上市公司的数据研究了企业社会责任对股价同步性的影响。结果表明，企业社会责任与上市公司股价同步性正相关；在细分企业社会责任后，股东责任、员工责任以及社会责任对公司股价同步性的影响显著。

有学者关注了金融风险、互联网金融等问题。山东大学经济研究院的张馨月基于我国2006年第1季度～2018年第1季度的时间序列数据，刻画了房地产市场、银行部门和非金融部门中风险的变化情况，利用TVP－VAR方法综合分析了三者之间的动态关联。结果表明：房价上涨会推动银行部门风险的上升，但从长期来看这种影响会逐渐减弱；短期内，房价上涨与宏观债务风险之间存在互相推动的关系；经济主体债务水平的上升在短时间内会导致银行风险的增加，非金融部门风险的上升最终会导致风险在银行部门积聚；政府宽松的房地产调控政策与货币政策对各部门间的风险传递有放大作用。山东大学经济研究院的贺新宇分析了平台治理的相对优势，提出在我国信用体系及纠纷解决渠道不完善的情况下，互联网金融的健康发展需要实现“平台赋能”，构建起平台信任体系，从而实现投资者权益有效保护；他们进一步以P2P网贷借款人违约纠纷为例，实证得出了平台具有更高的追偿效率，平台在遵从“信息中介”定位的同时，应当重视平台功能，发挥平台治理的相对优势。山东大学经济研究院的杨晨姊基于世代交叠模型（OLG）研究了长期实际利率的影响因素。模型和数据表明，经济发展和人口增长率是影响实际利率的重要因素，也是导致20世纪90年代以来长期利率下降的主要原因。

山东大学经济研究院的蔡英玉和孙涛以多项任务委托代理模型为基础，研究了我国信托公司经营和治理过程中的委托代理关系和激励机制，认为存在股东与经营者、投资者与经营者、监管机构与经营者等多重委托代理关系，经营者同时面临着股东权益最大化、投资者权益最大化、控制风险等多项目标。结果表明，信托公司经营者的薪酬水平与公司业绩、超额投资者收益率显著正相关，与超额资本充足率不存在显著关系，从而说明了现行监管措施无法对经营者进行有效激励约束，导致经营者将过多精力和资源花费在提高股东回报和投资者收益方面，而忽视了防控风险，不利于公司和行业的长期健康发展。

西南财经大学经济学院的刘定等利用贝叶斯方法和季度数据对中国

1993～2017年间的货币政策与财政政策相互作用进行了结构性估计和实证分析。结果表明：中国货币政策和财政政策符合PM/AF政策体制，即被动型货币政策和积极型财政政策组合；在PM/AF体制下，货币政策冲击在短期和长期对通货膨胀率和产出增长的波动影响不大，但是财政政策冲击对他们有重要的影响。

五、制度与“三农”

农业、农民和农村问题都与制度关系密切。山东大学经济研究院的黄少安等通过实地考察和理论分析，对我国已经实施多年的种粮直接补贴政策的效应进行了评估。结果表明：政策目标符合经济发展需要；政策实施的依据——“农民种粮食不合算，赔钱，比较利益低”——并不客观可靠；政策实施初期的短期内，起到了刺激农民扩大种粮土地面积从而增加产量的作用，但是很快递减甚至消失；从收入效应上考察，对众多小户而言，增加额对改变其收入状况基本没有作用，可以忽略不计。但是有改善政府与农民关系的作用（不过有更好的替代方式获得这种效应）；对于种粮大户而言，本来就是利润高，总收入也高，不需要也不应该补贴，他们有足够的种粮积极性。进而，他们提出政策建议：鉴于收入刚性，虽然不必取消种粮直接补贴政策，但是，不要再提高补贴标准、增加补贴额度。计划增加的财政资金，采取其他更加有效率的改善民生的方式（例如增加医疗保障基金等）；从多方面的政策（包括建立和完善普适性的社会保障体系）和技术上鼓励、促进土地流转和集中，推进农业农场化和现代化，既能推进城市化和工业化，又能相对更好地解决收入问题和粮食安全问题。西部农林科技大学的李星光等采用1 467户苹果种植者的数据研究了土地政策扭曲、信贷约束对农业生产率的影响。结果表明，正式信贷的行政配置对农业生产率有显著的负向影响；以提高农地利用效率为目的土地登记和确权提高了农业生产率，但是不显著；而以稳定产权和推动市场化交易为目的的土地登记和确权能够显著提高农业生产率。西北农林科技大学的李星光等基于产权风险视角，用762个苹果户调查数据，研究了农地租赁契约的形成机制。结果表明，农地确权颁证、第三方参与对形成有偿契约机制、提高农地租金具有正向影响，而农地交易双方关系对形成无偿契约机制具有正向影响；农地确权颁证、第三方参与对形成长期契约、延长契约持续性具有正向影响，而且农地交易双方关系对契约持续性的影响不显著；契约中是否包括违约惩罚性条款显著影响农地租金水平和契约持续性，契约形成过程及契约有效期内第三方参与具有违约规制功能。

有学者研究了乡村振兴、农民市民化的问题。河南师范大学商学院的杨玉珍通过河南省 3 个全国文明村民营企业家任村主职干部的案例，分析了民营企业家任村主职干部的决定因素，是制度环境和制度供给、乡镇政府中意、农民的理性选择、民营企业家个人特质以及村庄发展内部困境下第一行动集团共同作用的结果。华南农业大学的文乐和山东大学经济研究院的周志鹏利用 2015 年流动人口动态监测数据和相匹配的城市宏观数据，基于威廉姆森交易维度的分析视角，研究了农民工留城意愿对其家庭消费的影响。研究发现，农民工留城意愿对其家庭消费具有显著的正向影响，这一结果在加入控制变量以及克服内生性问题后依然成立；相比于没有留城意愿的农民工，有留城意愿的农民工家庭消费总支出高出约 31.76%，尤其是非基本消费支出超出近两倍；分组回归表明，留城意愿对省外农民工、高收入、高技能、“80 后”农民工的家庭消费影响相对较大。吉林农业大学的霍灵光和山东大学经济研究院的王海宁根据中国教育追踪调查数据，对农村地区留守儿童同伴效应对学习成绩的影响及其异质性进行了深入的研究。结果表明，留守儿童同伴效应对语文和英语成绩具有显著的负向影响，但对数学成绩的影响不显著；这种负外部性在不同群体之间异质性较大，且主要是由内生效应所引起的，针对留守儿童学习的外生冲击可在留守儿童和其同学之间反射循环产生乘数效应。

有学者研究了农村金融的问题。山东大学经济研究院的黄少安和陈健试图通过引入土地发展权来释放土地的财富效应，构建市场化与政府引导相结合的“以地养老”方案。他们通过拓展跨期替代模型，考虑土地发展权影响这一因素，得出判断：随着农村土地发展权的渐进释放或分离，老人的土地财富效应不断扩大，从而有助于农村“以地养老”的实现；他们还基于中国的数据，利用非线性的 Hansen 门槛模型，探讨了这种影响过程的渐进特性。北京大学经济学院的方达基于政治经济学理论，从资本、信用与收入视角入手，讨论了农地经营权抵押本质及其对农业投资、资本周转、信用格局和不同农业经营者收入的影响，并明确三个视角之间以农业生产流通环节为基础的逻辑关系；认为农地经营权抵押在不同视角层面分别面临着意愿不足、风险控制、负担沉重的困境，并提出要从健全经营权流转机制、引入信贷保险以及各贷款主体差异性对待等途径来稳步推进农地经营权抵押工作开展。河南大学经济学院的纪鸿超利用“百县千村整村调查”的 4 503 个农户数据，考察了影响农村家庭脆弱性的主要因素，尤其是农户的融资选择对于农村家庭脆弱性的影响。结果发现，越靠近社会网络核心，比如自身、亲戚朋友等进行融资，家庭经济的脆弱性越大；家庭规模越大、非农就业比例越高，劳动收入比例越高，户主受教育程度越高，家庭经济的脆弱性越小。上海财经大学经济学院的韩家彬等建立了一个剩余控制权—土地投资收益理论分析框架，利用中国健康与养老追踪调查2011年和2015年农户调查数据，研究了农地确权对农户土地投资收益的影响。研究发现，确权将农地的剩余控制权配置给农户，保障了农户土地关系专用性投资的事后收益，激励了农户土地关系专用性投资，有助于农户土地经营收入增长；确权保障了土地转出户的土地流转投资的事后收益，增加了转出户的租金收入；确权保障了耕地转入农户土地流转投资的事后权益，激励了农户扩大土地经营规模，增加了耕地转入户的规模经营收入；农地确权对农户土地规模经营收入存在滞后效应。

还有学者研究了土地出让和土地资源配置的问题。中国人民大学经济学院的周方伟和杨继东通过将2008~2013年我国工业用地出让数据与同期工业企业数据相匹配，计算得到每宗土地的配置效率指标，进而具体研究了制度环境与土地资源配置效率间的关系。结果发现：在控制各种可能的影响因素后，制度环境越好的地区，微观层面土地资源配置效率越高；在具体的机制分析中，虽然制度环境可能在土地出让中的政府供给端和企业需求端对资源配置效率产生影响，但该文发现，制度环境主要通过优化政府行为进而影响土地配置效率；对于存在增长压力和财政压力的地区，制度环境的改善对于土地配置效率提升的促进作用更大。湖南商学院经济与贸易学院的谢冬水基于2009~2013年中国282个地级市的面板数据，研究了土地供给结构扭曲对城市化滞后于工业化的影响及其作用机制。他认为，在土地垄断供给制度下，地方政府大量低价供给工业用地、少量高价供给商住用地造成土地供给结构扭曲，是导致城市化滞后于工业化的一个重要原因。根据地级市层面工业用地和商住用地的供给构成情况，他选取了商住用地供给比重构造了土地供给结构扭曲的负向指标。实证结果表明，土地供给结构扭曲显著扩大了城市化和工业化的差距，商住用地供给比重越低，城市化滞后于工业化程度越严重。在考虑了一系列稳健性检验和使用工具变量克服内生性问题后，结论仍然成立。进一步的影响机制分析发现，土地供给结构扭曲主要通过住房价格、产业结构资本密集化、所有制结构偏向和财政支出结构偏向的途径影响城市化滞后。进而提出，要想实现城市化与工业化平衡联动发展，一个有效的途径就是推进土地供给的市场化改革，平衡工业用地和商住用地的供给。

华南农业大学国家农业制度与发展研究院的米运生等从私人资本低能激励、役畜异常损失的角度解释了大饥荒的根源。他们认为，合作化时期对私人资本的低能激励，不但导致了役畜这一重要农业资本的异常损失，而且也埋下了粮食减产的隐患；集体化初期的私产充公政策更导致了农户大规模的役畜宰杀，并恶化了全国范围内的粮食减产；尽管农业机械化的推广可以缓解这一问题，但其效果却因地形地貌而异，从而使得南方省份的粮食减产问题变得更为严重。利用1953~1966年的数据、使用个体固定效应模型及平滑转换模型所进行的实证分析表明，相对于重工业导向等传统因素，役畜损失对粮食减产的影响更为持久也更为严重；地形坡度对饥荒地区的差异，也存在显著性影响。

安徽财经大学财政与公共管理学院的崔亚飞和山东大学经济研究院的黄少安基于22篇中国农户农药使用行为影响因素的实证文献，利用Meta分析法对研究结论的综合效应量进行了评估。结果表明，男性性别、年龄、种植经验和家庭人口属于负向影响因素，农药使用技能培训、农药相关知识、受教育水平、政府补贴、家庭年收入、合作社组织、零售商推荐属于正向影响因素，但是种植面积的作用方向仍存在分歧，而且影响因素的综合效应大多属于中相关性和弱相关性范畴；农药使用技能培训和农药相关知识都比受教育水平具有更高的正向作用，而普遍实施的政府补贴措施仅属于弱相关性影响因素。

六、制度与治理

学者们围绕着政府行为、宏观政策的影响、环境治理、食品安全等问题进行了讨论。国家发改委宏观经济研究院的曹玉瑾和北京师范大学经管学院的陈济冬分析了地方政府的作为在我国减贫过程中发挥的作用。研究发现，地方政府在民生事务中的努力程度显著促进了农村低收入家庭增收。他们还分析了地方政府作为起到的三个机制性作用：促进农村低收入家庭土地使用效率；促进农村产业结构转型；通过产业结构升级促进低收入人群在第三产业就业。中山大学政治与公共事务管理学院的梁平汉等研究地方官员早年的生活经历对其政治决策的影响。他们选择县级党委书记是否经历过1959～1961年大饥荒作为自然实验来验证其对财政决策的影响。结果表明，如果县委书记经历过比较严重的饥荒，那么其会显著提高农业财政支出和社会安全支出。中南财经政法大学财政税务学院的魏福成基于新政治经济学视角及在位者对政策水平是单峰偏好的情况下，构建了一个非完全信息动态博弈模型，分析了在位者在政治竞争中获胜概率的类型存在信息不对称时，在位者投资国家能力的决定因素及其影响机制。研究发现：在位统治者可能通过对国家能力水平的选择或投资，向民众发送其类型的信号，从而改变民众的政治行为，最终改变政治均衡及国家能力水平；国家能力存在历史路径依赖，初始国家能力越高的国家，统治者越有动力提高国家能力水平；政治冲突的成本越高、统治者事后对国家能力的偏好越强，国家能力水平越高；统治者在冲突中获胜的概率、冲突后的惩罚力度、国家能力建设的成本函数性质等因素，均会影响国家能力水平。更重要的是，研究发现具有较高获胜概率的统治者，可能对国家能力进行过度投资，即国家能力水平大于实施的政策水平。

环境治理和碳排放等问题是学者们讨论的一个重点。山东大学经济研究院的白彩全等运用社会网络分析方法探讨了2005～2015年间中国省域运输业碳排放的空间相关网络结构的特征及其影响因素。结果表明：中国省域运输业碳排放城乡网络结构模式；中国的中东北地区，特别是河南、河北和山东的网络中心，发挥着“桥梁”和“代理人”作用；在空间相关网络中，渤海湾周围的地区为净收益地区，并且中南和东南沿海地区为主要的净收益地区；在地理上相邻的地区，研发投入的差异和能源价格的差异能够非常显著地强化空间相关性。南京财经大学国际经贸学院的余泳泽等基于将环境绩效纳入官员考核这一外生冲击，通过手工收集整理230个城市2004～2013年政府工作报告中对环境目标约束的数据，采用DID方法实证检验了地方政府环境目标约束对产业转型升级的影响。结果表明：将环境绩效纳入官员考核后，制定环境目标约束的地方政府，其产业转型升级效果较为明显；环境目标约束会使地方政府通过加强环境规制，调整产业政策和财政支出结构等行为推动当地产业转型升级；主动考核的城市以及高学历官员更有积极性推动本地产业结构升级。天津大学法学院的田亦尧和郑溯源运用运筹学等研究了中央、地方和私营主体在环境治理中的博弈及制度选择。研究发现，无论是中央、地方还是私营主体都不能完全解决经济与环保之间的矛盾；不同的制度模式都有着各自的局限性，只能适用于特定的经济发展阶段。安徽财经大学财政与公共管理学院的崔亚飞从环境税“双重红利”视角，借鉴弧弹性理论，构建了一个间接衡量环境质量是否改善的红利指标——绿色敏感度；并据此把税制绿色化程度区分为深灰绿区、浅灰绿区、浅绿区和深绿区四个象限；以中国排污收费制度为例进行的应用检验显示，中国排污收费制度的绿色化激励效应较弱，绿色化程度仍处于第一象限的浅灰绿区。江西财经大学经济学院的刘淼基于中央政府、地方政府及农民的互动视角，采用博弈分析方法，系统考察了我国农村人居环境污染的逻辑机制。研究发现：我国农村居住环境污染的根源在于规制失灵；农村人居环境公共资源的“公地悲剧”不是必然现象，可以在农民之间建立一种自实施的自治机制，避免导致“公地悲剧”；由于利益目标的差异，中央政府与地方政府、地方政府与农户之间存在博弈行为，进而导致了农村居住环境规制失灵。

完善基础设施和宏观政策调节是缩小城乡差距和反贫困的重要途径。同济大学经济与管理学院的程名望和张家平实证研究了互联网应用对城乡差距缩小的影响。结果表明，互联网使用显著降低了城乡居民消费差距，并且是通过城乡居民生存型消费、享受型消费差距和发展型消费差距多维路径实现的。就时间趋势看，互联网使用对城乡居民消费差距的改善效应有所下降，存在边际递减现象。山东大学经济研究院的张馨月利用2005～2016年我国27个省份的面板数据和GMM估计方法，从金融分工的角度探究了银行发展对收入不平等的影响。结果表明，现阶段，我国银行规模的扩大有助于缓解城镇居民收入不平等；银行集中度的提高会导致城镇地区收入分配的恶化，并且在经济发展水平较高、国有企业（大型企业）所占比重较大的省份，银行集中度上升所带来收入分配恶化的效果更加显著。天津财经大学经济学院的杨峥利用中国家庭追踪调查（CFPS）数据，基于反事实推断方法评估城乡居民基本医疗保障制度对贫困脆弱性的影响。结果发现，样本家庭的贫困发生率以及贫困脆弱性均表现出下降趋势，但是新增贫困以及持续贫困人群不容忽视；更为重要的是，贫困与脆弱性存在着密切联系，贫困家庭中的脆弱性群体比重明显高于非贫困家庭，某一年的贫困脆弱性很大程度上不是暂时的；在当年的贫困线下，参与城乡居民基本医疗保险制度的家庭都显著降低了贫困脆弱性，说明该制度帮助居民抵御风险具有持续性的积极作用。

中山大学岭南学院的黄晓光、李胜兰和王妙妙从交易费用的视角研究了中国税务稽查的绩效。他们认为，税务稽查的检查面表现出与地区税收收入之间明显的负相关性；且随着经济发展水平的提高，稽查准确度不断提高而检查面不断缩减；并运用2000～2007年中国税务稽查的省级面板数据进行了检验。研究发现：税务稽查准确度对税收收入始终能够产生正向的边际影响；税务稽查检查面会对税收收入产生负向的边际影响，并且随着检查面下降，该负向边际影响大小也会随之下降；税务稽查的法治化水平能够有效降低检查面扩大带来的负向影响。

南京审计大学政治与经济研究院的刘瑞翔和朱贝贝基于2003～2016年长三角26个城市的面板数据，构建了一个两部门的完全竞争模型，测算出长三角26个城市的资本错配指数和劳动错配指数，并根据加权平均法将资本和劳动错配指数合成为资源错配指数；并实证考察了区域经济一体化对于区域内部资源错配的影响。研究发现，资本错配状况在考察期内先升后降，劳动力错配状况趋于下降，区域经济一体化能显著改善区域内部资源配置效率，但是这种改善作用距离中心城市越远越不明显。

山东大学经济研究院的黄少安、赵娅和潍坊学院的张帅从食品需求角度，考虑中国消费者群体巨大、消费者收入水平低这一基本国情，构建了消费者对食品安全度的有效需求函数，并建立了政府、企业与消费者三者间的博弈模型，刻画消费者食品安全度的有效需求对企业生产决策的影响。研究认为：中国现阶段食品安全问题普遍存在的根本原因在于消费者对食品安全度的有效需求低，而这又是由现阶段中国的基本国情导致的；消费者对食品安全度的有效需求过低，导致劣质食品总有存在的空间，造成政府监管落入陷阱；

无论是资本和技术的限制，还是市场中信息不对称带来的机会，都不是企业生产劣质食品的根本原因。

山东大学经济研究院的田燕梅和魏建结合当前技术进步带来的传播新形势，细分了版权传播的类型，在兰德斯和波斯纳（2003）版权模型的基础上，构建了版权价值决定模型，说明传播是放大版权价值的关键，版权保护应当以有利于传播为宗旨。

青岛大学经济学院的邵志浩和中山大学岭南学院的才国伟利用中国上市公司媒体报道的大样本数据，实证研究了媒体情绪对公司业绩变化的影响。结果发现，在整体上，媒体的负面情绪有助于提高公司业绩，媒体的正面情绪能够降低公司业绩；媒体负面情绪的业绩改善效应主要存在于非国有企业、市场化程度高的地区和权威财经类媒体中；媒体正面情绪的业绩恶化效应主要存在于国有企业、市场化程度低的地区和权威财经类媒体中。

论坛各小组还分别推选了产生了 14 篇优秀论文并分别在 11 月 11 日上午和下午进行了大会汇报。优秀论文分别是：中山大学岭南学院毕青苗等《行政审批改革与企业制度性成本》、西南财经大学赵国昌等《唐山地震及其灾后重建对当地经济增长的长期影响》、西南财经大学何石军等《清代的婚姻与彩礼：基于刑科题本的量化分析》、山东大学经济研究院的张原野《机构交易如何影响市场质量》、华南农业大学国家农业制度与发展研究院米运生等《私人资本虐待、役畜异常损失与大跃进饥荒》、北京师范大学经管学院陈济冬等《地方政府作为与减贫成效》、中国人民大学吴海军等 The Effect of Sustaining Economic Growth on Local Government Finance：An Analysis of China's Chengtou Bond under the Stimulus Plan、山东大学经济研究院刘姝辰等《房屋产权归属、家庭内部不平等及其代际影响》、中央财经大学经济学院黄乃静等《美国经济政策不确定性和中国宏观经济》、浙江财经大学姜树广等《群内监督、内生严打与反腐败：一项实验研究》、山东大学经济研究院曾琳华《耐用品消费和消费难题的讨论》、山东建筑大学陈健等《土地发展权、财富效用与农村“以地养老”》、南京财经大学国际经贸学院余泳泽等《地方政府环境目标约束是否影响了产业转型升级?》、北京大学经济学院方达《农地经营权抵押的政治经济学思考：基于资本、信用与收入视角》。

11 月 11 日下午论坛举行了闭幕式。闭幕式由中国社科院刘霞辉研究员主持。黄少安院长在闭幕致辞中总结了论坛的基本情况并展望了制度经济学的发展前景，并宣布 2019 年制度经济学论坛将由中山大学岭南学院承办。随后，中山大学岭南大学副院长才国伟教授代表 2019 年中国制度经济学承办方做了表态。

经过协商讨论，中国制度经济学论坛成立了理事会和学术委员会。黄少安、史晋川和姚洋三位教授（按姓氏字母顺序）被推选为学术委员会主席，黄少安教授被推选为理事长，黄先海教授、刘霞辉研究员和姚洋教授（按姓氏字母顺序）被推选为副理事长。

论坛共收到64个单位、近200名学者的120余篇论文。中国制度经济学论坛既注重制度经济学基本理论问题的研究，又结合中国改革开放的实践发展制度经济学的理论，对构建中国特色、中国风格、中国气派的经济学体系具有重要的推动作用。

后　　记

《制度经济学研究》已经入选中国社会科学引文索引（CSSCI）来源集刊，加入中国学术期刊网全文数据库（www. cnki. net）、中国台湾·华艺数位股份有限公司中文电子期刊服务数据库（www. ceps. com. tw），成为中国人民大学书报资料中心、《中国社会科学文摘》等收录来源书刊。为进一步规范《制度经济学研究》的稿件格式，要求所有来稿必须符合以下体例：

1. 除海外学者外，稿件一律使用中文。应将打印稿一式三份寄至：山东省济南市山大南路 27 号山东大学经济研究院（中心）《制度经济学研究》编辑部，邮编：250100；或者通过电子邮件发送至：zdjjxyj@ 126. com 或者 casslzg@ 126. com。

2. 稿件第一页应包含以下信息：（1）文章标题；（2）作者姓名、单位以及通信地址、电话和电子邮箱；（3）感谢语（如果有的话）。

3. 稿件的第二页应提供以下信息：（1）文章标题；（2）200 字左右的文章摘要；（3）三个中文关键词；（4）中图分类号；（5）文献标识码；（6）文章的英文标题；（7）200 字左右的英文摘要；（8）三个 JEL（Journal of Economic Literature）分类号。（注："中图分类号"、"文献标识码"、"JEL 分类号" 可以直接从 http：//www. cer. sdu. edu. cn 中 "制度经济学" 栏目中查询）。

4. 稿件一律用 Microsoft Word 软件编辑。文章正文的标题、表格、图、等式必须分别连续编号；注释一律采用脚注，不得采用尾注，并请采用自动格式，按页编号；大标题居中，用中文数字一、二、三等编号，字体为四号、加粗、宋体；小标题左对齐，用中文数字（一）、（二）、（三）等编号，字体为五号、加粗、宋体；正文字体采用五号、宋体；其他编号一律使用阿拉伯数字；正文行距为单倍行距，页边距采用自动格式（上下各为 2. 54 厘米；左右各为 3. 17 厘米）。

5. 正文中的外国人名、地名翻译成中文。在文章中第一次出现时，在中文译名后用括号标出外文，以后再出现时直接采用中文，参考文献除外。

6. 文章的参考文献必须一律放在结尾处，按照先中文文献、后英文文献根据作者姓名的汉语拼音（或英文字母）顺序排列。以下为参考体例：

1. 黄少安：《关于制度变迁的三个假说及其验证》，载于《中国社会科学》2000 年第 4 期。

2. 张军：《"双轨制" 经济学：中国的经济改革（1978 ~ 1992）》，上海三联书店、上海人民出版社 1997 年版。

3. Alchian, Armen A., 1950, "Uncertainty, Evolution, and Economic Theory", *Journal of Political Economy*, Vol. 58, No. 3, June, pp. 211 – 221.

4. Tullock, Gordon, 1998, *On Voting: A Public Choice Approach*, Northampton, MA: Edward Elgar Publishing, Inc.

7. 译文须注明原文出处，是否取得原文作者授权（投稿时同时提供作者或原出版单位的授权许可）；译文可以不提供中英文摘要，参考文献不必译成中文。

8.《制度经济学研究》不采用已经发表过的学术成果；稿件一经发表，未经允许不得转载或在其他地方再次发表。所有稿件自发出后三个月若无回音，请自行处理，恕不退稿；作者也可以在稿件发出两个月之后，通过 E-mail或电话询问审稿信息，联系电话：0531 – 88364050。

山东大学经济研究院
2018 年 6 月